बिहार पुनर्निर्माण : एक रोडमैप

REVIVAL OF BIHAR - A ROADMAP

अविनाश रंजन झा

बिहार की संघर्षशील और स्वाभिमानी जनता को,
जिनकी आँखों में एक बेहतर भविष्य का सपना पलता है,

बिहार, मिथिला की गौरवशाली धरती और उसकी जीवंत संस्कृति को,
संगम तट पर स्तिथ मेरी जन्मभूमि प्रयागराज को,
गंगा, यमुना,सरस्वती एवं गंगा-जमुनी संस्कृति को,
भारत माता को,जिसकी प्रगति बिहार के उत्थान के बिना अधूरी है,

उन हजारों मित्रों, सहयोगियों, शुभचिंतकों और आम नागरिकों को,
जिनके सपनों, विचारों, पीड़ाओं और आशाओं ने
इस पुस्तक को आकार दिया और मुझे निरंतर प्रेरित किया,
और जो बिहार के पुनर्निर्माण के लिए निःस्वार्थ भाव से प्रयासरत हैं,

तथा
मेरे श्रद्धेय माता-पिता, सहोदर एवं समस्त परिवार को,
मेरे पुत्र, पुत्री, भतीजा, भतीजी और समस्त युवा पीढ़ी को

सादर समर्पित।

क्रम-सूची

प्रस्तावना

प्रिय पाठकगण,

यह पुस्तक, "बिहार पुनर्निर्माण : एक रोडमैप", केवल स्याही और कागज का संग्रह नहीं, बल्कि मेरे हृदय की गहराइयों से निकला एक उद्गार है, बिहार और उस संपूर्ण गंगा-यमुना के मैदान, जिसने मुझे जन्म दिया (प्रयागराज) और कर्मभूमि प्रदान की (बिहार), के प्रति मेरे अगाध प्रेम और उसकी वर्तमान दुर्दशा के प्रति मेरी गहरी पीड़ा का प्रतिबिंब है। मैं, अविनाश रंजन झा, इसी संगम और संघर्ष की भूमि का एक बेटा, जिसने प्रबंधन (पीजीडीएम/एमबीए) और प्रौद्योगिकी (एमएससीई, सीसीएनए) में शिक्षा पाई और कॉर्पोरेट जगत (2001-2008) का अनुभव लिया, आज आपके समक्ष अपने तीन दशकों के सामाजिक-राजनीतिक जीवन के चिंतन, अनुभव और एक एकीकृत, पुनर्जीवित भारत के सपने को साझा करने का साहस कर रहा हूँ।

यह पुस्तक केवल समस्याओं का दस्तावेज़ नहीं है। यह बिहार के सम्पूर्ण पुनर्निर्माण (कायाकल्प) के लिए एक महत्वाकांक्षी, एकीकृत और व्यावहारिक रोडमैप भी प्रस्तुत करती है - "बिहार समृद्धि पंचसूत्री परियोजना"। कैसे क्रांतिकारी अद्भुत समृद्धि नहर बाढ़ को वरदान में बदल सकती है, कैसे हर प्रमंडल में SEZ और सैटेलाइट आईटी सिटीज़ लाखों रोजगार पैदा कर पलायन रोक सकते हैं, कैसे 'पग-पग पोखर' ग्रामीण अर्थव्यवस्था को मजबूत कर सकता है, और कैसे जानकी सर्किट सांस्कृतिक गौरव को लौटा सकता है।

यह पुस्तक प्रौद्योगिकी, डेटा-संचालित समाधान, सतत विकास और गांधी-लोहिया-जेपी के आदर्शों को एकीकृत कर एक नए, आत्मनिर्भर और समृद्ध बिहार का मार्ग प्रशस्त करती है।

नीति निर्माताओं, दुनिया भर में बसे बिहारियों, निवेशकों, छात्रों और भारत के विकास की चुनौतियों तथा समाधानों में रुचि रखने वाले प्रत्येक व्यक्ति के लिए यह एक अनिवार्य पठनीय कृति है।

बिहार! यह नाम सुनते ही मन में कैसी छवियाँ उभरती हैं? एक ओर जहाँ हमें अपने गौरवशाली अतीत – मगध साम्राज्य की शक्ति, नालंदा का ज्ञान, बुद्ध-महावीर की करुणा, अशोक की शांति, मिथिला की संस्कृति – पर गर्व होता है, वहीं दूसरी ओर वर्तमान की कड़वी सच्चाइयाँ – बाढ़ की विभीषिका, गरीबी की भयावहता, अशिक्षा का अंधकार, युवाओं का पलायन, स्वास्थ्य सेवाओं की

बदहाली, भ्रष्टाचार का दीमक – हमें झकझोर कर रख देती हैं। स्वर्णिम अतीत और अंधकारमय वर्तमान के बीच की यह गहरी खाई मेरे जैसे लाखों बिहारियों के मन में एक सतत प्रश्न, एक अंतहीन पीड़ा उत्पन्न करती है – आखिर क्यों? कब तक? और कैसे निकलेगा बिहार इस दुष्चक्र से? मेरे जन्मभूमि उत्तर प्रदेश की स्तिथि भी कुछ भिन्न नहीं है।

यही पीड़ा और यही प्रश्न मुझे भीतर से लगातार मथते रहे। सुरक्षित कॉर्पोरेट जीवन को छोड़कर 2008 में बिहार की सेवा में पूर्णतः समर्पित होने का निर्णय इसी अंतर्द्वंद्व की उपज था। कोसी त्रासदी ने इस संकल्प को और भी दृढ़ किया। तब यह स्पष्ट हुआ कि बदलाव केवल आलोचना या नियति को दोष देने से नहीं, बल्कि सकारात्मक सोच, ठोस योजना और साझा प्रयास से ही संभव है। इसी सोच से 'बिहार रिवाइवल फोरम' की स्थापना हुई—एक ऐसा मंच, जो नीतिगत शोध और ज़मीनी हस्तक्षेप के लिए समर्पित रहा।

कांग्रेस और राजद में कार्यकर्ता, प्रदेश महासचिव व AICC ऑब्ज़र्वर जैसे दायित्वों के दौरान प्राप्त अनुभव और 'डेटा व तकनीक आधारित विकास-राजनीति' में मेरा विश्वास, इन्हीं प्रयासों का विस्तार रहा है। यह संतोषजनक है कि समय-समय पर मेरी पहलों और विचारों को जदयू व भाजपा के वरिष्ठ नेताओं, यहाँ तक कि बिहार भाजपा के आधिकारिक सोशल मीडिया हैंडल से भी समर्थन मिला—जो इस बात का प्रमाण है कि सच्चा विकास दलगत सीमाओं से ऊपर हो सकता है।

यह पुस्तक केवल मेरे व्यक्तिगत विचारों का दस्तावेज नहीं है। यह उन हजारों मित्रों, सहयोगियों, शुभचिंतकों और आम नागरिकों के सपनों, उनकी आशाओं, उनकी पीड़ाओं और उनके विचारों का भी प्रतिबिंब है , जिनसे मैंने पिछले कई वर्षों में व्यक्तिगत रूप से, रैलियों के दौरान, चर्चाओं में, और विभिन्न सोशल मीडिया मंचों पर विचारों का आदान-प्रदान किया है। उनकी आँखों में मैंने एक बेहतर बिहार की ललक देखी है, उनकी बातों में मैंने बदलाव की छटपटाहट सुनी है। यह पुस्तक उन सभी अनगिनत आवाजों को एक सूत्र में पिरोने का प्रयास है।

इस वृहद् कार्य को इस स्वरूप में लाने, विचारों को संरचित करने, भाषा को परिष्कृत करने और जानकारी को संकलित करने में, मैंने आधुनिक तकनीक की सहायता भी ली है। ग्रोक (Grok), जेमिनी (Gemini) और चैटजीपीटी (ChatGPT) जैसे जेनेरेटिव एआई (GenAI) प्लेटफॉर्मों ने एक सहायक की भूमिका निभाई है, जिससे मैं अपने विचारों और प्रस्तावों को अधिक प्रभावी ढंग से प्रस्तुत कर सका हूँ। मैंने प्रामाणिक स्रोत से डेटा प्राप्त करने और पुस्तक की

गुणवत्ता बनाए रखने की पूरी कोशिश की है। फिर भी अगर कोई त्रुटि है तो कृपया मुझसे संपर्क करें ताकि इसे ठीक किया जा सके।

मैं उन सभी व्यक्तियों और स्रोतों के प्रति हार्दिक आभार व्यक्त करता हूँ जिन्होंने प्रत्यक्ष या अप्रत्यक्ष रूप से इस पुस्तक के निर्माण में योगदान दिया है – वे हजारों मित्र जिनसे मैंने विचारों का आदान-प्रदान किया, वे विशेषज्ञ जिनकी रिपोर्टों और विश्लेषणों का मैंने उपयोग किया, वे महान विचारक (गांधी, लोहिया, जेपी) जिनकी विचारधाराओं ने मुझे प्रेरित किया, वे जेनरेटिव एआई प्लेटफॉर्म जिन्होंने सहायक की भूमिका निभाई, और ज्ञान के उस असीम सागर – इंटरनेट का भी आभारी हूँ।

इस पुस्तक के माध्यम से मेरा प्रयास बिहार की समस्याओं का केवल विश्लेषण करना नहीं, बल्कि "बिहार समृद्धि पंचसूत्री परियोजना" और अन्य पूरक विचारों के रूप में एक ठोस, व्यावहारिक और महत्वाकांक्षी समाधान प्रस्तुत करना है। यह बिहार के समग्र पुनर्निर्माण का एक रोडमैप है, जो आर्थिक विकास के साथ-साथ सामाजिक न्याय, सांस्कृतिक पुनरुत्थान, पर्यावरणीय स्थिरता और नैतिक शासन पर आधारित है।

सन 2000 में बिहार का बंटवारा कर झारखंड को अलग किया गया था। इससे बिहार को राजस्व आय में भारी नुकसान होना था। उस समय बिहार के सभी सांसदों ने पार्टी की राजनीति से उठकर एक लाख उनासी हजार (1,79,000) करोड़ रूपये और विशेष राज्य के स्टेटस की मांग की थी। ये मांग पूरी तरह जायज है। पोस्टऑफिस के फिक्स्ड डिपाजिट योजना के अनुसार अनुमानन आज ये राशि 16 लाख करोड़ होनी चाहिए। उसी अनुरूप केंद्र सरकार को ये राशि बिहार को देनी चाहिए। साथ ही और विशेष राज्य का दर्जा मिलना चाहिए, ये बिहार का हक़ है। इससे बिहार का काया कल्प हो सकता है। "बिहार समृद्धि पंचसूत्री परियोजना" को पूरा कर बिहार का भाग्य बदला जा सकता है। इसलिए मैं केंद्र सरकार से 16 लाख करोड़ और विशेष दर्जे की मांग को बार बार दोहराता रहा हूँ और रहूँगा और आपसे से भी यही अनुरोध करूंगा।

मुझे आशा है कि यह पुस्तक बिहार के भविष्य पर एक सार्थक और सकारात्मक विमर्श को जन्म देगी, निराशा में आशा का संचार करेगी, और सबसे महत्वपूर्ण, बिहार के पुनर्निर्माण के लिए सामूहिक कार्रवाई को प्रेरित करेगी। यह एक आह्वान है – हम सब मिलकर अपनी नियति को अपने हाथों में लें और एक नए, समृद्ध, न्यायपूर्ण और गौरवशाली बिहार का निर्माण करें।

शुभकामनाओं सहित,

अविनाश रंजन झा
जय मिथिला! जय बिहार! जय भारत!

पावती (स्वीकृति)

यह पुस्तक, "बिहार पुनर्निर्माण : एक रोडमैप", किसी एक व्यक्ति के अकेले के प्रयासों का परिणाम नहीं है, बल्कि यह एक सामूहिक चिंतन, सहयोग और प्रेरणा की यात्रा का प्रतिफल है। इस यात्रा में मुझे अनगिनत व्यक्तियों और संस्थाओं का अमूल्य सहयोग, मार्गदर्शन और प्रोत्साहन मिला, जिनके प्रति मैं हृदय की गहराइयों से कृतज्ञता ज्ञापित करता हूँ।

सर्वप्रथम, मैं बिहार की महान जनता का आभारी हूँ। पिछले तीन दशकों के अपने सार्वजनिक जीवन में, गाँवों की धूल भरी पगडंडियों से लेकर शहरों की गलियों तक, रैलियों की भीड़ से लेकर व्यक्तिगत मुलाकातों तक, जिनसे भी संवाद हुआ, उनकी आँखों में बेहतर भविष्य की आशा, उनकी बातों में बदलाव की ललक और उनकी पीड़ा की गूंज ने मुझे निरंतर प्रेरित किया और इस पुस्तक की आत्मा का निर्माण किया।

मैं अपने श्रद्धेय माता-पिता का चिर ऋणी हूँ, जिनके आशीर्वाद और संस्कारों ने मुझे समाज के प्रति संवेदनशील और सेवा के लिए समर्पित बनाया। मेरे परिवार , का अटूट प्रेम, धैर्य और समर्थन मेरी शक्ति का स्रोत रहा है, जिसके बिना सार्वजनिक जीवन की चुनौतियों का सामना करना और इस तरह के वृहद् कार्य को पूरा करना संभव नहीं था।

मैं अपने उन सभी मित्रों, सहयोगियों और शुभचिंतकों का अत्यंत आभारी हूँ जिन्होंने समय-समय पर अपने बहुमूल्य विचारों, रचनात्मक आलोचनाओं और निरंतर प्रोत्साहन से मेरा मार्गदर्शन किया। "बिहार रिवाइवल फोरम" के सभी सदस्यों और समर्थकों का विशेष धन्यवाद, जिनके सामूहिक प्रयासों और बिहार के प्रति जुनून ने इस दृष्टि को आकार देने में महत्वपूर्ण भूमिका निभाई।

इस पुस्तक को लिखने के दौरान मैंने विभिन्न विशेषज्ञों, शिक्षाविदों, पत्रकारों और सामाजिक कार्यकर्ताओं के कार्यों, रिपोर्टों और विश्लेषणों से बहुत कुछ सीखा है। उन सभी ज्ञात और अज्ञात ज्ञान स्रोतों के प्रति मैं अपना आभार व्यक्त करता हूँ। सार्वजनिक रूप से उपलब्ध सरकारी रिपोर्टों, सर्वेक्षणों और आँकड़ों ने इस पुस्तक को तथ्यात्मक आधार प्रदान किया, जिसके लिए संबंधित विभागों और संस्थाओं का धन्यवाद।

आधुनिक तकनीक के इस युग में, मैं ग्रोक (Grok), जेमिनी (Gemini) और चैटजीपीटी (ChatGPT) जैसे जेनरेटिव एआई (GenAI) प्लेटफॉर्मों का

भी आभार व्यक्त करना चाहूँगा, जिन्होंने एक अत्यंत कुशल सहायक की भांति विचारों को संरचित करने, भाषा को परिष्कृत करने, शोध में सहायता करने और इस पुस्तक को वर्तमान स्वरूप प्रदान करने में महत्वपूर्ण भूमिका निभाई। ज्ञान के असीम सागर, इंटरनेट , का भी मैं आभारी हूँ, जिसने जानकारी तक पहुँच को सुगम बनाया।

मैं उन सभी राजनीतिक गुरुओं और साथियों का भी आभारी हूँ जिनके साथ मुझे काम करने और सीखने का अवसर मिला, भले ही हमारे रास्ते अलग रहे हों। उनके अनुभवों ने मेरी समझ को विकसित किया।

अंत में, मैं उन सभी पाठकों का अग्रिम धन्यवाद करता हूँ जो इस पुस्तक को पढ़ेंगे और इसमें प्रस्तुत विचारों पर मनन करेंगे। आपकी प्रतिक्रियाएं और सुझाव मेरे लिए बहुमूल्य होंगे।

यह पुस्तक वास्तव में एक सामूहिक प्रयास का परिणाम है, और इसकी किसी भी सफलता का श्रेय उन सभी को जाता है जिन्होंने इसमें किसी भी रूप में योगदान दिया है। हालाँकि, पुस्तक में किसी भी प्रकार की त्रुटि या कमी के लिए मैं स्वयं पूर्ण रूप से उत्तरदायी हूँ।

अविनाश रंजन झा

आमुख

मुझे अविनाश रंजन झा द्वारा लिखित पुस्तक "बिहार पुननिर्माण: एक रोडमैप" का आमुख लिखने का अवसर पाकर अत्यंत प्रसन्नता हो रही है। यह पुस्तक न केवल बिहार की वर्तमान स्थिति का एक मार्मिक और यथार्थवादी चित्रण प्रस्तुत करती है, बल्कि उसके गौरवशाली अतीत से प्रेरणा लेते हुए भविष्य के लिए एक महत्वाकांक्षी और सुविचारित कार्ययोजना भी प्रस्तावित करती है।

बिहार, जो कभी ज्ञान, शक्ति और संस्कृति का वैश्विक केंद्र था, आज अनेक गंभीर चुनौतियों से जूझ रहा है। बाढ़ की वार्षिक विभीषिका, गरीबी और अशिक्षा का दंश, युवाओं का बड़े पैमाने पर पलायन, और व्यवस्थागत भ्रष्टाचार ने राज्य के विकास को बाधित कर रखा है। ऐसी निराशाजनक परिस्थितियों में, अक्सर लोग या तो उदासीन हो जाते हैं या केवल आलोचना तक सीमित रह जाते हैं। लेकिन अविनाश रंजन झा उन विरले व्यक्तियों में से हैं जिन्होंने न केवल इन समस्याओं को गहराई से समझा है, बल्कि उनके समाधान के लिए अपना जीवन समर्पित कर दिया है।

मैं अविनाश जी को वर्षों से जानता हूँ। उनकी प्रबंधन और तकनीकी पृष्ठभूमि, तीन दशकों का सामाजिक-राजनीतिक अनुभव, और बिहार की मिट्टी से उनका गहरा जुड़ाव उन्हें एक अनूठा दृष्टिकोण प्रदान करता है। वे केवल हवा में बातें करने वाले नेता नहीं, बल्कि तथ्यों, आँकड़ों और जमीनी हकीकत पर आधारित विश्लेषण प्रस्तुत करने वाले एक गंभीर चिंतक हैं। "बिहार रिवाइवल फोरम" के माध्यम से उन्होंने बिहार की समस्याओं, विशेषकर बाढ़, के समाधान के लिए जो निरंतर प्रयास किए हैं, वे प्रशंसनीय हैं।

यह पुस्तक उनके इसी चिंतन और प्रयासों का परिणाम है। इसमें उन्होंने बिहार की समस्याओं की केवल सतही चर्चा नहीं की है, बल्कि उनकी ऐतिहासिक, भौगोलिक, सामाजिक और राजनीतिक जड़ों तक पहुँचने का प्रयास किया है। अध्याय 1 से 4 तक का विश्लेषण अत्यंत व्यापक और ज्ञानवर्धक है, जो पाठक को बिहार की जटिलताओं को समझने में मदद करता है।

लेकिन इस पुस्तक की सबसे बड़ी शक्ति इसके अंतिम दो अध्यायों में निहित है। अध्याय 5, 6 में प्रस्तुत "बिहार समृद्धि पंचसूत्री परियोजना" (अद्भुत समृद्धि नहर, SEZ, पग-पग पोखर, आईटी सिटी, जानकी सर्किट) एक साहसिक और एकीकृत समाधान प्रस्तुत करती है, जो बिहार की प्रमुख चुनौतियों का एक

साथ समाधान करने की क्षमता रखती है। यह केवल हवाई किले नहीं, बल्कि सुविचारित और व्यावहारिक प्रस्ताव हैं, जिनकी प्रासंगिकता और आवश्यकता स्पष्ट है।

पुस्तक का अंतिम विशेष पूरक अध्याय 7, 8 इसे और भी महत्वपूर्ण बना देता है। इसमें न केवल पंचसूत्री योजना के कार्यान्वयन के लिए आवश्यक ऊर्जा, पर्यावरण और शासन संबंधी रणनीतियों पर विस्तार से चर्चा की गई है, बल्कि डिजिटल शिक्षा, टेलीमेडिसिन, निवेशक आउटरीच, ई-कॉमर्स सशक्तिकरण जैसे कई नवोन्मेषी और भविष्योन्मुखी विचारों को भी शामिल किया गया है। यह दर्शाता है कि लेखक की दृष्टि केवल वर्तमान समस्याओं तक ही सीमित नहीं है, बल्कि वे बिहार को 21वीं सदी की ज्ञान अर्थव्यवस्था में एक अग्रणी राज्य बनाने का सपना देखते हैं।

यह पुस्तक केवल नीति निर्माताओं या प्रशासकों के लिए ही नहीं, बल्कि बिहार के हर उस नागरिक के लिए पठनीय और विचारणीय है जो अपने राज्य के भविष्य के प्रति चिंतित है और उसमें सकारात्मक बदलाव लाना चाहता है। यह निराशा के अंधकार में आशा की किरण जगाती है और हमें याद दिलाती है कि सामूहिक संकल्प और सही दिशा में किए गए निरंतर प्रयास से बिहार का पुनर्निर्माण संभव है।

मुझे विश्वास है कि "बिहार पुनर्निर्माण: एक रोडमैप" बिहार के भविष्य पर होने वाले विमर्श में एक महत्वपूर्ण योगदान देगी और राज्य को प्रगति के पथ पर अग्रसर करने के लिए एक उत्प्रेरक का कार्य करेगी। मैं अविनाश रंजन झा को इस महत्वपूर्ण और सामयिक कृति के लिए हार्दिक बधाई देता हूँ और इसकी व्यापक सफलता की कामना करता हूँ।

अमिताभ रंजन झा

अस्वीकरण

यह पुस्तक, "बिहार पुनर्निर्माण: एक रोडमैप", लेखक, अविनाश रंजन झा, द्वारा बिहार के विकास और भविष्य पर अपने व्यक्तिगत विचारों, विश्लेषणों और प्रस्तावों को प्रस्तुत करने के सद्भावनापूर्ण प्रयास का परिणाम है। इसे पाठकों को बिहार की जटिल वास्तविकताओं से अवगत कराने, संभावित समाधानों पर विचार-विमर्श को प्रेरित करने और राज्य के पुनर्जनन के लिए एक सकारात्मक संवाद शुरू करने के उद्देश्य से लिखा गया है।

कृपया निम्नलिखित बातों पर ध्यान दें:

1. व्यक्तिगत विचार: इस पुस्तक में व्यक्त किए गए सभी विचार, राय, विश्लेषण और प्रस्ताव लेखक के व्यक्तिगत हैं। ये आवश्यक रूप से उन किसी भी राजनीतिक दल, संगठन या संस्था के आधिकारिक विचारों या नीतियों को प्रतिबिंबित नहीं करते हैं जिनसे लेखक अतीत में या वर्तमान में जुड़े रहे हैं।

2. सूचना के स्रोत और सटीकता: पुस्तक में प्रस्तुत जानकारी और आँकड़े विभिन्न सार्वजनिक रूप से उपलब्ध स्रोतों, सरकारी रिपोर्टों (जैसे बिहार आर्थिक सर्वेक्षण, NFHS, UDISE+, PLFS, NDMA रिपोर्ट, जाति सर्वेक्षण), मीडिया रिपोर्टों, विशेषज्ञ विश्लेषणों, लेखक के व्यक्तिगत अनुभवों, साक्षात्कारों और चर्चाओं पर आधारित हैं। लेखक ने जानकारी की सटीकता सुनिश्चित करने का यथासंभव प्रयास किया है, हालाँकि, सभी स्रोतों की पूर्ण सटीकता या नवीनतम होने की गारंटी नहीं दी जा सकती है। पाठकों से अनुरोध है कि वे किसी भी महत्वपूर्ण जानकारी या आँकड़े का उपयोग करने से पहले उसे स्वतंत्र रूप से सत्यापित कर लें।

3. प्रस्तावों की प्रकृति: पुस्तक में प्रस्तुत "बिहार समृद्धि पंचसूत्री परियोजना" और अन्य प्रस्तावित योजनाएँ तथा समाधान मुख्य रूप से वैचारिक ढाँचे (Conceptual Frameworks) और दृष्टिकोण (Visions) हैं। इन्हें लागू करने से पहले विस्तृत तकनीकी, आर्थिक, सामाजिक और पर्यावरणीय व्यवहार्यता अध्ययन (Feasibility Studies) तथा विस्तृत परियोजना रिपोर्ट (DPRs) तैयार करना अनिवार्य होगा। पुस्तक में उल्लिखित लागत अनुमान, समय-सीमा और अपेक्षित प्रभाव केवल सांकेतिक और प्रारंभिक अनुमान हैं, जो विस्तृत अध्ययन के बाद बदल सकते हैं।

4. जेनरेटिव एआई का उपयोग: इस पुस्तक को वर्तमान स्वरूप में लाने, विचारों को संरचित करने, भाषा को परिष्कृत करने, जानकारी संकलित करने और सामग्री उत्पन्न करने में ग्रोक (Grok), जेमिनी (Gemini) और चैटजीपीटी (ChatGPT) जैसे जेनरेटिव आर्टिफिशियल इंटेलिजेंस (GenAI) प्लेटफॉर्मों की सहायता ली गई है। हालाँकि, पुस्तक में प्रस्तुत मूल विचार, विश्लेषण, प्रस्ताव और अंतिम जिम्मेदारी पूर्णतः लेखक की है। एआई का उपयोग केवल एक सहायक उपकरण के रूप में किया गया है।

5. पेशेवर सलाह का विकल्प नहीं: यह पुस्तक किसी भी प्रकार की पेशेवर, कानूनी, वित्तीय, निवेश, इंजीनियरिंग या तकनीकी सलाह का विकल्प नहीं है। पाठकों को किसी विशिष्ट निर्णय या कार्रवाई के लिए संबंधित क्षेत्र के योग्य पेशेवरों से परामर्श करने की सलाह दी जाती है।

6. संवेदनशील मुद्दे: पुस्तक में कुछ संवेदनशील सामाजिक और राजनीतिक मुद्दों का उल्लेख किया गया है। इनका उद्देश्य केवल इन वास्तविकताओं को स्वीकार करना और उन पर एक विश्लेषणात्मक परिप्रेक्ष्य प्रस्तुत करना है, न कि किसी प्रकार का विभाजन पैदा करना, किसी समूह को ठेस पहुँचाना, या किसी विशेष राजनीतिक एजेंडे का प्रचार करना। इन मुद्दों पर अंतिम निर्णय लोकतांत्रिक और संवैधानिक प्रक्रियाओं के माध्यम से ही लिया जाना चाहिए।

7. दायित्व की सीमा: लेखक या प्रकाशक इस पुस्तक में दी गई जानकारी के आधार पर पाठक द्वारा की गई किसी भी कार्रवाई या लिए गए किसी भी निर्णय के परिणामों के लिए किसी भी प्रकार से उत्तरदायी नहीं होंगे।

इस पुस्तक का उद्देश्य बिहार के भविष्य पर एक रचनात्मक और सकारात्मक बहस को प्रोत्साहित करना है। लेखक आशा करते हैं कि पाठक इसे इसी भावना के साथ ग्रहण करेंगे और राज्य के पुनर्जनन के सामूहिक प्रयास में अपना योगदान देंगे।

भूमिका

नमस्ते।

मैं अविनाश रंजन झा, और यह पुस्तक मेरे हृदय के उद्गारों, मेरे वर्षों के चिंतन, मेरे अनुभवों और सबसे बढ़कर, बिहार तथा उस व्यापक गंगा-यमुना के मैदान, जिसने मेरी चेतना को आकार दिया, के प्रति मेरे असीम स्नेह और उसकी बेहतरी के लिए मेरे दृढ़ संकल्प का एक प्रतिबिंब है। मेरा जन्म प्रयागराज (इलाहाबाद), उत्तर प्रदेश की पवित्र संगम स्थली पर हुआ, लेकिन मेरी कर्मभूमि मुख्य रूप से बिहार रही, जहाँ मैं पला-बढ़ा और जहाँ की मिट्टी से मेरा गहरा नाता है। इस दोहरी पृष्ठभूमि ने मुझे उत्तर प्रदेश और बिहार की साझा चुनौतियों और संभावनाओं को एक एकीकृत दृष्टि से देखने की प्रेरणा दी है।

मेरी शिक्षा बिहार एवं कर्नाटक में हुई तथा मैंने प्रबंधन में स्नातकोत्तर डिप्लोमा (PGDM/MBA) प्राप्त की। साथ ही, प्रौद्योगिकी के प्रति मेरा रुझान शुरू से रहा, जिसके चलते मैंने माइक्रोसॉफ्ट सर्टिफाइड सिस्टम्स इंजीनियर (MCSE) और सिस्को सर्टिफाइड नेटवर्क एसोसिएट (CCNA) जैसे तकनीकी प्रमाणपत्र भी हासिल किए। बैंगलोर जैसे तकनीकी हब में बहुराष्ट्रीय कंपनियों (MNCs) में काम करने का अनुभव भी प्राप्त किया।

लेकिन कॉर्पोरेट जगत की चमक-दमक और तकनीकी दुनिया की जटिलताओं के बीच भी, मेरा मन हमेशा अपने प्रदेश, अपने बिहार की ओर खिंचा रहता था। मुझे हमेशा यह प्रश्न कचोटता था कि वह बिहार, वह उत्तर प्रदेश जिसका इतिहास इतना गौरवशाली रहा है – जहाँ बुद्ध और महावीर ने ज्ञान का प्रकाश फैलाया, जहाँ अशोक महान ने शांति और धम्म का संदेश दिया, जहाँ नालंदा और विक्रमशिला जैसे विश्वविद्यालयों ने दुनिया को आकर्षित किया, जहाँ चाणक्य ने अर्थशास्त्र रचा और आर्यभट्ट ने शून्य दिया – वह आज पिछड़ेपन, गरीबी, अशिक्षा, पलायन और निराशा के अंधकार में क्यों डूबा हुआ है? क्यों गंगा के मैदानों की उर्वरता यहाँ के किसानों की समृद्धि में परिवर्तित नहीं हो पाती? क्यों कोसी का 'शोक' हर साल लाखों जिंदगियों को तबाह कर देता है? क्यों हमारे युवा, जो प्रदेश की तकदीर बदल सकते हैं, वे रोजी-रोटी की तलाश में परदेस जाने को मजबूर हैं। "शिक्षित या अशिक्षित, सब मजदूरी के लिए बाहर जा रहे हैं, प्रदेश की जनता, कोशी के बाढ़ की तरह जिधर दिशा मिले बहती जा रही है"। उत्तर प्रदेश की स्तिथि भी भिन्न नहीं है।

इन्हीं सवालों के जवाब तलाशने और बिहार की स्थिति को बदलने के लिए कुछ करने की तीव्र इच्छा ने मुझे 2008 में अपने MNC करियर को छोड़कर पूरी तरह से सार्वजनिक जीवन और सामाजिक कार्यों के प्रति समर्पित होने के लिए प्रेरित किया। 2008 की विनाशकारी कोसी बाढ़ त्रासदी ने इस संकल्प को और मजबूत किया। मैंने महसूस किया कि बिहार को केवल सहानुभूति या बाहरी मदद की नहीं, बल्कि एक दूरदर्शी योजना, ठोस कार्यान्वयन और एक सामूहिक प्रयास की आवश्यकता है। इसी सोच के साथ मैंने "बिहार रिवाइवल फोरम" (Bihar Revival Forum) की स्थापना की, एक ऐसा मंच जिसके माध्यम से बिहार के पुनर्निर्माण के लिए विचारों का आदान-प्रदान हो सके, समस्याओं के समाधान खोजे जा सकें और जमीनी स्तर पर बदलाव लाने के प्रयास किए जा सकें (ब्लॉग: https://revive-bihar.blogspot.com/, Hasthtags: #MithilaNahar #ReviveBihar #BiharKaSach, #BiharRoadmap, #BiharCanal) ।

बिहार की व्यथा - जो देखा सुना महसूस करता आ रहा हूँ

पिछले लगभग डेढ़ दशक (1995 से देखें तो लगभग तीन दशक) से, मैं बिहार के सामाजिक-राजनीतिक परिदृश्य में सक्रिय रूप से शामिल रहा हूँ। मैंने भारतीय राष्ट्रीय कांग्रेस और राष्ट्रीय जनता दल जैसे प्रमुख दलों के साथ एक कार्यकर्ता से लेकर प्रदेश सचिव और महासचिव तक विभिन्न भूमिकाओं में काम किया। इस दौरान मैंने न केवल पार्टी संगठन को मजबूत करने का प्रयास किया, बल्कि जमीनी स्तर पर लोगों की समस्याओं को समझने, मतदाता जनसांख्यिकी का अध्ययन करने (जैसे मिथिला क्षेत्र की 80 विधानसभाओं और सीमांचल जिलों में), और नीतिगत मुद्दों पर अपनी राय रखने का भी काम किया। राष्ट्रीय स्तर पर भी, AICC पर्यवेक्षक और समन्वयक के रूप में गुजरात, हरियाणा और राजस्थान के चुनावों में काम करने तथा भारत जोड़ो यात्रा में भाग लेने का अवसर मिला।

ज्योतिष और अंकशास्त्र में मेरी गहरी रुचि है, जिसे मैं जीवन के दार्शनिक और व्यावहारिक पहलुओं को समझने का एक माध्यम मानता हूँ, लेकिन मेरा प्राथमिक ध्यान और समर्पण बिहार के विकास और उसके लोगों के कल्याण के प्रति ही रहा है। मेरी दृष्टि स्पष्ट है - "डेटा और प्रौद्योगिकी आधारित राजनीति के माध्यम से विकास।" मेरा मानना है कि आज के युग में, आधुनिक तकनीक, डेटा विश्लेषण और वैज्ञानिक सोच का उपयोग करके बिहार की जटिल समस्याओं का प्रभावी और स्थायी समाधान खोजा जा सकता है।

सृष्टि निर्माण एक धमाके के साथ हुआ था। जीवों की उत्पत्ति हुई, अनाज उगने लगे। परिवहन का साधन मात्र चलना और दौड़ना था। जंगली पशुओं से जान का खतरा बना रहता था। पत्थरों के नुकीले टुकड़ों से किया जाने लगा। आग के आविष्कार से पशुओं को दूर रखा जाने लगा। अन्नाज और मांस को पका के खाने से स्वाद और सेहत बढ़ने लगा। दूध देने वाले पशुओं को पालने से पता चला की पशुओं को बिना मारे भी उनसे भोजन प्राप्त हो सकता है। गुफा खोहों से निकल कर मानव छोटे छोटे कस्बों में बसने लगे। लालच, अज्ञानता, अभाव या जो भी हो छोटी छोटी बातों के लिए कबीलों में जम कर लड़ाई मार काट होने लगी। धीरे धीरे विश्व का विस्तार होना शुरू हुआ। घोड़े जैसे तेज गति के पशु को नाथ का तेज गति से यात्रा होने लगी। पहिये के निर्माण ने स्थल यात्रा को और सुगम बनाया। नाव के आ जाने से समुद्री यात्राएँ होने लगी। रेल, दूरसंचार, उद्योग, बिजली, कार के आविष्कार से मानव और समृद्ध होते गए। कबीलों की लड़ाई विश्व युद्ध में बदल गयी। परमाणु युद्ध ने मानव के अस्तित्व पर प्रश्नचिन्ह लगा दिया। बापू ने कहा था कि आँख के बदले आँख की सोच पुरे विश्व को अँधा बना देगी। घृणा एवं अज्ञानता मानव जाती के लिए घातक है। किन्तु दुर्भाग्यवश आज यही आज की राजनीति का आधार हो गया है। घृणापूर्ण दुष्प्रचार से अज्ञानतावश लोगों के सोचने समझने की शक्ति चली गया हैं। धर्म, समाज, पाखंड से लोगों को बहकाया जाता है।

बचपन से सुनता आया हूँ कि बीती ताहि बिसारिये, बीत गई जो बात गई। अमेरिका और जापान ने विश्वयुद्ध से सीख कर शत्रुता को त्याग व्यापार एवं विकास का रास्ता अपनाया। यदि दोनों अब तक लड़ते होते तो मिट गए होते। हिंसा से सिर्फ और सिर्फ विध्वंश होता है। विकास सिर्फ शान्ति, शिक्षा एवं भाईचारे से ही संभव है।

राज्य एवं केंद्र स्तर पर अलग तरह की राजनीति हो रही है। दागी भ्रष्ट अपराधी प्रवृति के लोगों को प्रशासनिक तंत्र का दुरुपयोग कर, डरा धमका वश में कर लिया जा रहा है। वो बेईमान लोग जो जी हजूरी के लिए मान जाते हैं उन्हें क्षमा कर पालतू बना लिया जाता है। जो चोर सीनाजोरी करते हैं उन्हें कैद में डाल दिया जाता है। हक़ के लिए खड़े विचारकों, ईमानदारों, मासूमों को तरह तरह से प्रताड़ित किया जाता है, फंसाया जाता है।

मैं लोकतंत्र, समाजवाद, गाँधीवाद , लोहिया के सप्त क्रांति एवं जे पी के सम्पूर्ण क्रांति को पढ़ का प्रभावित होकर राजनीति में आया। समाजवाद में धन, संपत्ति का स्वामित्व एवं वितरण मूलतह समाज के नियंत्रण में होने का प्रावधान

है। गाँधीवाद सत्य, अहिंसा, निष्ठा, सेवा, भेद भाव विहीनता सिखाता है। लोहिया की सप्त क्रांति लिंगभेद, रंगभेद, जातिभेद, परतंत्रतता, विषमता, हिंसा, पूँजीवाद से लड़ना सिखाता है। जे पी की संपूर्ण क्रांति राजनैतिक, आर्थिक, सामाजिक, सांस्कृतिक, बौद्धिक, शैक्षणिक, एवं आध्यात्मिक मार्ग पर अग्रसरित करती है एवं भ्रष्टाचार, बेरोजगारी, अशिक्षा से लड़ने के लिए प्रेरित करती हैं। ये समाजवाद एवं लोकतंत्र की सुंदरता थी कि गरीब गुरबा, गुदड़ी के अनगिनत लाल सत्ता के शीर्ष पर काबिज हुए। किन्तु आज जो इन विचारधाराओ का हश्र है वो स्तब्ध कर देने वाला है। समाजवाद को पूँजीवाद एवं परिवारवाद के विपरीत माना जाता है। आज पूँजीवाद एवं परिवारवाद समाजवाद पर हावी होता जा रहा है। तिकड़म, भ्रष्टाचार, घोटाला एवं अपराध कर अकूत संपत्ति एकत्र कर चुनाव लड़ना, प्रभाव, धन एवं बाहुबल पर सत्ता पे काबिज होने का प्रचलन हो गया है। लोकतान्त्रिक व्यवस्था के हर पायदान पर ऐसे लोगो की उपस्थिति समाज के लिए घातक है। अमीर और अमीर होते जा रहें हैं और गरीब और गरीब। गरीबों का घर जितने में एक महीना चलता है अमीर पल पल उतना खर्च करते हैं। आर्थिक एवं सामाजिक विषमता चरम पर पहुंच गयी है। आज के समय में व्यापक सुधार की आवशकता है। आज बिहार भारत के सबसे निचले पायदान पर खड़ा है। विकास के हर सूचकांक पर पिछड़ा है।

युवा जो प्रदेश की तकदीर बदल सकते, बाहर जा रहे हैं। शिक्षा एवं उच्च शिक्षा संस्थानों का आभाव है। अच्छे विश्वविद्यालय इंजीनियरिंग मेडिकल कॉलेज के अभाव, युवा बाहर जा रहे हैं। प्रदेश में पढाई होती तो खर्चा 2 लाख आता, बाहर 20 लाख आता है, 50 लाख आता है। खर्च, बच्चों के माता पिता जमीन बेच कर, गहने गिरवी रख कर, भारी कर्ज ले कर, पेट काट कर उठा रहे हैं। यहाँ का पैसा बाहर खर्च हो रहा है, दूसरे राज्य का जीडीपी बढ़ा रहा है। शिक्षित या अशिक्षित, सब मजदूरी के लिए बाहर जा रहे हैं। जो प्रदेश में पढ़े, या काम पढ़े, या पढ़ ही नहीं पाए, वो नौकरी के लिए, मजदूरी के लिए बाहर जा रहे हैं। प्रदेश की जनता, कोशी के बाढ़ की तरह जिधर दिशा मिले बहती जा रही है। बाहर स्वागत नहीं फजीहत होता है, शोषण होता है, दूसरे दर्जे के नागरिक की तरह व्यवहार किया जाता है। गरीब या अमीर, शिक्षित या अशिक्षित, सबका एक जैसा हाल है। घर परिवार से दूर रहना, माता-पिता, बीबी-बच्चों से दूर रहना जैसे सबकी की नियति हो गयी है। राज्य के युवा बेरोज़गार हैं, पलायन या डिप्रेशन के शिकार हैं। आजकल स्तिथि है जो बाहर हैं वो हिंसा दुर्व्यहार का शिकार हो रहे हैं कितने कत्ल हो रहे हैं। आपदा आने प्रवासी घर लौटते हैं किन्तु रोजगार के अभाव में वापस पलायन को मजबूर

हो जाते हैं। बेरोज़गारी की दुखद तस्वीर है । अशिक्षित छोड़िये, शिक्षित नागरिकों को भी रोज़गार नहीं मिल पा रहा है । सकल घरेलू उत्पाद प्रति व्यक्ति आय में पिछले सालों में यहाँ कोई सुधार नहीं हुई है। ग्रामीण प्रति व्यक्ति आय और व्यय में सबसे ख़राब प्रदर्शन वाले राज्यों की श्रेणी में है । पलायन एक बहुत बड़ी समस्या बनती जा रही है जिसका समाधान नितांत आवश्यक है।

बिहार के लोग मेहनती, बुद्धिमान और प्रतिभाशाली हैं। मोबाइल और डेटा ने उन्हें सीखने और मनोरंजन का शानदार माध्यम दिया है। लेकिन रोज़गार की भारी कमी है। यदि उन्हें AI, AIOT, जेनरेटिव AI, ई-कॉमर्स जैसी आधुनिक तकनीकों में सही प्रशिक्षण दिया जाए, तो वे न केवल अपने लिए आजीविका बना सकते हैं, बल्कि देश की अर्थव्यवस्था में भी अहम योगदान दे सकते हैं।

प्राथमिक शिक्षा की गुणवत्ता भगवन भरोसे है, कहीं विद्यालयों में छत नहीं है कही विद्यालयों की दीवारें टूटी हैं, अध्यापक अनुपस्थित रहते हैं या अयोग्य हैं । गावों में दो कमरे के स्कूल में 200 बच्चें (वो नौनिहाल वो बिहार का भविष्य) पढ़ रहे है, शहरों में स्तिथि अलग नहीं है। गुणवतापूर्ण शिक्षा पाना एक सपना है। प्राथमिक विद्यालयों में शिक्षकों की भारी कमी है। शिक्षक नियुक्ति में भारी धांधली हो जाती है जिससे अयोग्य शिक्षक बहाल होकर छात्रों के भविष्य को मटियामेट कर रहें हैं। प्राथमिक स्कूल छोड़ने में अन्य राज्यों के मुकाबले बिहार नीचे के स्थान पर है । जिन्हें कच्ची उम्र में पढाई छुड़वा कर मजदूरी में लगना पड़ता है । लड़कियों की शिक्षा स्वास्थ्य के स्तिथि और भी दयनीय है । यूनिसेफ के अनुसार बहुत लड़कियों की शादी 18 साल से कम उम्र में कर दी जाती है। राज्य के आधे बच्चें कुपोषण का शिकार हैं। चमकी बुखार से बच्चे मारे जा रहें हैं ।

ज्यादातर सड़कें कच्ची है । ग्रामीण इलाकों में सड़कें जर्जर हैं। पंद्रह -बीस साल पहले बनी सड़कों की कभी मरम्मत नहीं हुई है । मुख्य मार्ग से उतरते ही दीखता है कि सड़को का अभाव है, पुलों का अभाव है। कही सडको में गड्ढे है कही गड्ढों की बीच सड़क है। विदेशो मे सड़क सालोसाल चलती है यहा घंटा महीना भर भी नही टिक पाता। सड़क बनाते ही गढ्ढों से भर जाते हैं, पहली बारिश में बाह जाते हैं। पुल निर्माण के समय या उद्घाटन के समय टूट जाते हैं। लगातार सडक के ऊपर सडक बनने से लाखो घर धंसते जाते हैं, जलजमाव से त्रस्त है। टाऊन प्लानिन्ग क्या है किसी को नही मालूम। एक बारिश शहर को तालाब बना देती है। गांव की हालत मत पूछिए।

परिवहन व्यवस्था दयनीय है। राज्य निगम के अधिकांशतः बस पुराने हैं। खचा-खच भरी रेल बस में यात्रा करना पड़ता है। देश के सबसे अस्वच्छ रेलवे

स्टेशनो यहाँ हैं । लोग गाय भैंस-बोरियो की तरह ठूस, खड़े हो, उपरनीचे बैठ सफ़र करने को मजबूर हैं। शहर-गांव-गांव-शहर स्तर पे परिवहन व्यस्था एक सपना है जो कोई देखता भी नहीं है। सरकारी परिवहन के आभाव में निजी परिवहन व्यस्था लोगो का शोषण ही करती हैं-दयनीय अवस्था में रहती हैं।

उद्योगीकरण-विकास के नाम किसानो से जमीन ले कुछ नेता-अधिकारी गणों ने अपने दलाल, रिश्तेदार, मित्रो को बाँट दिए हैं। यहाँ से सस्ता जमीन हर विकसित राज्य में मिल जाएगा, फिर कोई निवेशक अविकसित यहाँ क्यों आएगा? अमीर गरीब हो रहे है एवं गरीब और गरीब। इस बेरोजगारी, अशिक्षा एवं बदहाली ने जीना दूभर कर दिया है। बिजली की पूर्ति मांग से काफी कम, आधी बिजली वितरण में बर्बाद हो जाती है, लोड फैक्टर बहुत कम रहता है। बिजली उत्पादन क्षमता काफी कम है, आयात बहुत ज्यादा हो रहा है।

किसान की संख्या में लगातार कमी होती जा रही है, ज्यादातर किसान बूढ़े हैं। युवाओं में कृषि के प्रति उदासीनता है क्यूंकि यहाँ कभी बाढ़ कभी सुखा पड़ता रहता है, कमाई होती नहीं हैं , सिर्फ गरीबी और भूख ही हासिल होती है। बाढ़ग्रस्त बिहार प्लान में मात्र कुछ दर्ज़न बांध का प्रावधान, महाराष्ट में 1400 बांध का प्रावधान है। हर गांव में अधिकांशतः तालाब सैकड़ो हजारो साल पहले के हैं। आबादी बढ़ी पर तालाब की संख्या नहीं बढ़ी। यही हाल सफाई, पेय जल-सिंचाई तंत्र का है, नहर, तालाब पोखर के रख रखाव के नाम पे घोटाले हो जाते हैं-निर्माण कागज पे होते हैं। अत्याधिक जलक्षेत्र होने के बावजूद बिहार मछली का आयात करता है। तीस हजार ग्रामीण वार्ड में से केवल कुछ हजार ग्रामीण वार्ड को ही नल का साफ़ पानी उपलब्ध है। हजारों लोगों की बिजली गिरने से मृत्यु हो रही है। पूरे प्रदेश में बिजली सेन्सर्स धुल खा रहे हैं।

डॉक्टरों की बहाली सुस्त रफ़्तार से हो रही है या हो ही नहीं रही । अस्पताल, चिकित्सक एवं चिकित्सा केन्द्रों का भारी अभाव है। लोग इलाज के लिए दर दर भटक रहे हैं । जो अस्पताल हैं उसपे लोगो का भरोसा नहीं है। अस्पताल जीर्ण शीर्ण अवस्था में हैं। अस्पतालों में घोटाले आम बात है। गांवों में कुछ निजी टेलीमेडिसिन सेंटर खुले, किन्तु बजट के आभाव में कुछ दर्जन बस चालू हैं। कहीं गलत इलाज़ हो रहा है, कही दवा घोटाला कही मरीजों के गर्भाशय और अंग से खिलवाड़ हो रहा है। औद्योगिक विकास न के बराबर है ।

1950 के दशक में पूरे भारत में 56 चीनी मिल थे उनमें से 33 मिल यहाँ थे, आज ज्यादातर चीनी मिल बंद हैं। बिहार को चीनी की कटोरी कहा जाता था, बिहार चीनी उत्पादन में श्रेष्ठ था। आज बिहार बाहर से चीनी खरीद रहा है। गिने

चुने चीनी मिल चल रहे है जो दयनीय अवस्था में हैं। प्रदेश में चीनी उद्योग के असामयिक निधन से हर वर्ग के लाखों लोगों को अपूर्णीय क्षति हुयी है। अन्य राज्य तरक्की करते जा रहे हैं बिहार पिछड़ता जा रहा है। 1950 के दशक में जूट उद्योग में बिहार का स्थान पूरे भारत में दूसरा था आज ये उद्योग भी बदहाल हो चुका है। सिल्क उद्योग, बिजली उद्योग, पर्यटन उद्योग, रसायन उद्योग, चमरा उद्योग, वस्त्र उद्योग सबकी स्तिथि एक हो गयी है। रय्याम लोहट चीनी मिल, अशोक पेपर मिल, डालमिया पेपर सीमेंट उद्योग दम तोड़ चुके हैं। बिहार स्कूटर, आई डी पी एल, आर्यावर्तउद्योग इतिहास बन चुके हैं। पहले रोजगार के लिए दुसरे राज्यों के लोग बरौनी, बोकारो, मुंगेर, जमशेदपुर सिंदरी आते थे। आज पूरा बिहार पलायन कर रहा है।

मीडिया बिक गयी है, अपना काम ठीक से नहीं करती है, अंधी होती जा रही है। । विज्ञापनों से ईमान ख़रीदा जा रहा है। ईमानदार पत्रकार लेखक निलंबित या बर्खास्त हो जाते है या नौकरी छोड़ने को मजबूर हो जाते हैं या मारे जाते हैं पीटे जाते हैं, चरित्र हनन, ट्रोलिंग के शिकार हो जाते हैं। जैसे रोग को अनदेखा करने से बढ़ता जाता है, लाइलाज हो जाता है । उसी तरह स्तिथि परिस्तिथि को झुठलाने से, अनदेखा करने से समस्या बढ़ती जाती है ।

लिखने को आज के छद्म समाजवाद, भ्रामक हिंसक राष्ट्रवाद, नफरती राजनीति, भ्रष्टाचार, अपराध, कुप्रथा, पिछड़ापन, भुखमरी, बाढ़, पलायन, अशिक्षा, कुपोषण, विषमता, दुष्प्रचार, लोकनिंदा, परनिंदा पर हजारों पृष्ठ लिखा जा सकता है। किन्तु इस रचना का उद्देश्य समस्या, परिस्तिथि, वस्तुस्तिथि को स्वीकार कर सिर्फ और सिर्फ सकारात्मक विचारों को आगे कर नए भविष्य के निर्माण पथ के दृष्टि को साझा करना है।

यह पुस्तक उसी दृष्टि, उसी अनुभव और उसी समर्पण का परिणाम है। यह केवल मेरी व्यक्तिगत राय नहीं है, बल्कि इसमें उन अनगिनत लोगों की आवाजें, पीड़ाएं और आशाएं शामिल हैं जिनसे मैं अपनी यात्रा के दौरान मिला हूँ। यह पुस्तक उन विशेषज्ञों, कार्यकर्ताओं और चिंतकों के विचार भी से भी प्रेरित है जो बिहार के भविष्य के लिए चिंतित हैं। यह बिहार के अतीत के गौरव, वर्तमान की चुनौतियों और भविष्य की संभावनाओं का एक व्यापक दस्तावेज है, जिसे छह अध्यायों में प्रस्तुत किया गया है।

अद्भुत समृद्धि नहर

"अद्भुत समृद्धि नहर" की परिकल्पना केवल एक तकनीकी प्रस्ताव तक ही सीमित नहीं रही। 2008 की विनाशकारी कोसी बाढ़ त्रासदी के तुरंत बाद,

जब बिहार शोक और हताशा में डूबा हुआ था, तब "बिहार रिवाइवल फोरम" (BRF) ने इस विचार को एक जन-आंदोलन का रूप देने का बीड़ा उठाया। हमारा मानना था कि इतनी बड़ी और परिवर्तनकारी परियोजना को साकार करने के लिए केवल सरकारी प्रयासों पर निर्भर रहना पर्याप्त नहीं होगा; इसके लिए जनता की जागरूकता, भागीदारी और सामूहिक दबाव आवश्यक है।

अभियान की शुरुआत और उद्देश्य:

2008 में कोसी त्रासदी के बाद, फोरम ने न केवल राहत कार्यों में सक्रिय भूमिका निभाई, बल्कि बाढ़ के स्थायी समाधान के लिए इस नहर परियोजना का खाका तैयार किया और उसे विभिन्न मंचों पर प्रस्तुत करना शुरू किया। हमारा उद्देश्य स्पष्ट था:

1. जागरूकता फैलाना: बिहार की जनता को, विशेषकर बाढ़ प्रभावित क्षेत्रों के लोगों को, इस नहर परियोजना के बहुआयामी लाभों (बाढ़ नियंत्रण, सिंचाई, बिजली, परिवहन, रोजगार) से अवगत कराना।

2. जन-समर्थन जुटाना: इस परियोजना के पक्ष में व्यापक जन-समर्थन हासिल करना ताकि सरकार पर इसे गंभीरता से लेने और लागू करने का दबाव बनाया जा सके।

3. नीतिगत विमर्श को प्रभावित करना: इस विचार को राजनीतिक दलों, नीति निर्माताओं, विशेषज्ञों और मीडिया के बीच चर्चा का मुख्य विषय बनाना।

रणनीति और गतिविधियाँ:

हमने एक बहु-आयामी रणनीति अपनाई:

* हस्ताक्षर अभियान (Signature Campaign): जुलाई 2011 में, हमने औपचारिक रूप से नेपाल सीमा के समानांतर 356 किलोमीटर लंबी नहर (प्रारंभिक प्रस्ताव, जिसे बाद में 500 किमी तक विस्तारित किया गया) के निर्माण के लिए एक राष्ट्रव्यापी हस्ताक्षर अभियान शुरू किया।

* उद्देश्य: लाखों लोगों के हस्ताक्षर एकत्र कर सरकार को यह दिखाना कि यह परियोजना जनता की मांग है।

* प्रचार: इसके लिए पोस्टर बनाए गए, सोशल मीडिया (विशेषकर फेसबुक) का व्यापक उपयोग किया गया, और लोगों से हस्ताक्षर करने तथा अभियान को साझा करने की अपील की गई। पटना और अन्य स्थानों पर हस्ताक्षर एकत्र करने के लिए संपर्क सूत्र उपलब्ध कराए गए।

* भागीदारी: इस अभियान में हजारों लोगों, छात्रों, सामाजिक कार्यकर्ताओं और आम नागरिकों ने उत्साहपूर्वक भाग लिया। एकत्रित हस्ताक्षरों को सरकार

और संबंधित अधिकारियों तक पहुँचाया गया।

* मीडिया कवरेज: हमने अपने विचारों और अभियान को मीडिया तक पहुँचाने का प्रयास किया।

* स्थानीय और राष्ट्रीय समाचार पत्र: हमारी गतिविधियों और नहर प्रस्ताव को दैनिक हिंदुस्तान और टाइम्स ऑफ इंडिया जैसे प्रमुख समाचार पत्रों में स्थान मिला (जैसे, 2009 में टाइम्स ऑफ इंडिया का लेख "BRF moots simple plan to check flood in north Bihar", जुलाई 2011 में हिंदुस्तान में कवरेज, और 30 सितंबर 2013 को टाइम्स ऑफ इंडिया में डॉ. कलाम द्वारा कोसी पर परियोजना की वकालत संबंधी समाचार)। यह कवरेज दर्शाता है कि इस विचार ने राष्ट्रीय स्तर पर ध्यान आकर्षित किया था।

* ऑनलाइन उपस्थिति: फोरम के ब्लॉग (revive-bihar.blogspot.com) और अन्य ऑनलाइन मंचों (जैसे Causes.com, https://www.facebook.com/groups/mybrf) के माध्यम से परियोजना का निरंतर प्रचार किया गया।

* विशिष्ट हस्तियों तक पहुँच: हमने महसूस किया कि इस अभियान को गति देने के लिए प्रतिष्ठित और प्रभावशाली व्यक्तियों का समर्थन महत्वपूर्ण होगा।

* डॉ. ए.पी.जे. अब्दुल कलाम का अमूल्य समर्थन: हमारे लिए सबसे गौरवपूर्ण क्षणों में से एक था जब भारत के पूर्व राष्ट्रपति, मिसाइल मैन, डॉ. ए.पी.जे. अब्दुल कलाम ने न केवल हमारी इस पहल का समर्थन किया, बल्कि इसे सक्रिय रूप से आगे भी बढ़ाया। हमने "बिलियन बीट्स" (Billion Beats - डॉ. कलाम का ई-पेपर) के माध्यम से उनसे संपर्क साधा था। डॉ. कलाम, जो स्वयं विकास, प्रौद्योगिकी और जल प्रबंधन के प्रबल समर्थक थे, ने न केवल इस नहर परियोजना के महत्व को समझा, बल्कि फरवरी 2010 और मई 2011 में बिहार सरकार से इस पर विचार करने का आग्रह भी किया। गया में तीसरे बिहार विज्ञान सम्मेलन (फरवरी 2010) के उद्घाटन भाषण में उन्होंने 'स्मार्ट जलमार्ग' (Smart Waterways) के विकास पर जोर दिया। सितंबर 2013 में, उन्होंने पुनः कोसी नदी के प्रबंधन और एक बहुउद्देशीय परियोजना की आवश्यकता पर बल दिया, जैसा कि टाइम्स ऑफ इंडिया ने रिपोर्ट किया, जो हमारी नहर की परिकल्पना के बिल्कुल अनुरूप था। उनका निरंतर समर्थन हमारे अभियान के लिए एक बहुत बड़ी नैतिक शक्ति और विश्वसनीयता का स्रोत बना। मुझे व्यक्तिगत रूप से भी एक बार पटना हवाई अड्डे पर उनसे संक्षिप्त मुलाकात और इस विषय पर चर्चा करने का सौभाग्य मिला।

* अन्य संपर्क: हमने विभिन्न राजनीतिक दलों के नेताओं, सार्वजनिक हस्तियों, और विशेषज्ञों को ईमेल, पत्रों और व्यक्तिगत बैठकों के माध्यम से संपर्क कर परियोजना के बारे में जानकारी दी और उनका समर्थन मांगा।

* सोशल मीडिया का उपयोग: फेसबुक ग्रुप (जैसे "WorkInBihar", "Bihar Revival Forum") और ट्विटर (@astroavinash, #BiharKaSach, #BRFCanal) का उपयोग लोगों को जोड़ने, जानकारी साझा करने और अभियान को गति देने के लिए किया गया।

2008 से अबतक मैं लगातार इस प्रस्ताव पर काम करता रहा हूँ। इसे अब बिहार समृद्धि पंचसूत्री परियोजना (बिहार पुनर्निर्माण का रोडमैप) के आकार में प्रस्तुत कर रहा हूँ।

पुस्तक का सारः बिहार पुनर्निर्माण का रोडमैप

मेरा स्वप्न है बिहार को विश्व मानचित्र पर बौद्धिक श्रम, कृषि निर्यात एवं पर्यटन के क्षेत्र के अग्रणियों में स्थापित करना। यह पुस्तक बिहार के कायाकल्प के लिए एक व्यवस्थित और चरणबद्ध दृष्टिकोण प्रस्तुत करती है। प्रत्येक अध्याय एक तार्किक कड़ी के रूप में अगले अध्याय की नींव रखता है:

1 - मानव सभ्यता का विकास और बिहार का ऐतिहासिक संदर्भः इस अध्याय में, हमने समय के विशाल कैनवास पर मानव सभ्यता के उद्भव और विकास को देखा, आग, कृषि, पहिये जैसे आविष्कारों से लेकर साम्राज्यों के निर्माण और विश्व युद्धों की विभीषिका तक। इसी पृष्ठभूमि में हमने बिहार के उस अद्वितीय और गौरवशाली अतीत को स्थापित किया, जब मगध साम्राज्य, मौर्य वंश, सम्राट अशोक, नालंदा-विक्रमशिला विश्वविद्यालय और मिथिला की सांस्कृतिक समृद्धि ने इसे विश्व पटल पर एक अग्रणी शक्ति बनाया था। उद्देश्यः यह याद दिलाना कि बिहार में महानता प्राप्त करने की ऐतिहासिक क्षमता है और अतीत से प्रेरणा लेना क्यों महत्वपूर्ण है।

2 - बिहार की वर्तमान वस्तुस्थिति - चुनौतियाँ और संकटः यहाँ हमने अतीत के गौरव से हटकर वर्तमान की कड़वी सच्चाइयों का सामना किया। नवीनतम आँकड़ों और जमीनी हकीकत ("वस्तुस्थिति") के माध्यम से हमने बिहार की गंभीर समस्याओं का एक व्यापक अवलोकन प्रस्तुत किया - चरम आर्थिक और सामाजिक विषमता, शिक्षा और स्वास्थ्य व्यवस्था का गहरा संकट, भयावह बेरोजगारी और बड़े पैमाने पर पलायन, जर्जर बुनियादी ढाँचा, कृषि और पर्यावरण का संकट, औद्योगिक पतन, और राजनीति तथा प्रशासन में व्याप्त भ्रष्टाचार। उद्देश्यः समस्याओं की भयावहता और जटिलता को स्वीकार करना, ताकि

समाधानों की आवश्यकता को गहराई से महसूस किया जा सके।

3 - विचारधाराएँ और प्रेरणा: समस्याओं के समाधान के लिए केवल योजनाएँ काफी नहीं होतीं, एक नैतिक और वैचारिक दिशा भी आवश्यक होती है। इस भाग में हमने उन तीन प्रमुख विचारधाराओं का विश्लेषण किया जिनका बिहार की मिट्टी से गहरा नाता रहा है: गांधीवाद (सत्य, अहिंसा, सर्वोदय, चंपारण सत्याग्रह), समाजवाद और लोकतंत्र (समानता, सामाजिक न्याय, जनशक्ति, और पूँजीवाद के बरक्स उनकी वर्तमान स्थिति), और लोहिया-जेपी की क्रांतियाँ (सप्त क्रांति और संपूर्ण क्रांति का सामाजिक-राजनीतिक परिवर्तन का आह्वान)। उद्देश्य: बिहार के पुनर्निर्माण के लिए आवश्यक नैतिक बल और वैचारिक प्रेरणा के स्रोतों को उजागर करना।

4 - बिहार की समस्याएँ - गहराई में: हमने अध्याय 2 में उल्लिखित समस्याओं में से पाँच प्रमुख संकटों - बाढ़ (कोसी, गंडक का कहर, विफल नियंत्रण प्रयास), शिक्षा-स्वास्थ्य का पतन (स्कूलों की दुर्दशा, कुपोषण, बाल विवाह), औद्योगिक-कृषि संकट (चीनी मिलों का अंत, जूट-सिल्क की बदहाली, कृषि उदासीनता), पलायन-बेरोजगारी (मजबूरी, शोषण, आर्थिक प्रभाव), और भ्रष्टाचार-प्रशासनिक विफलता (घोटाले, अक्षमता, ईमानदारों का दमन) - का और अधिक गहन, विस्तृत और तथ्यात्मक विश्लेषण किया। उद्देश्य: समस्याओं की जड़ों तक पहुँचना, उनके अंतर्संबंधों को समझना और उनकी वास्तविक गंभीरता को रेखांकित करना।

5 - समाधान - बिहार समृद्धि पंचसूत्री परियोजना: समस्याओं के गहन विश्लेषण के बाद, यह अध्याय बिहार के कायाकल्प के लिए एक महत्वाकांक्षी, एकीकृत और व्यावहारिक समाधान प्रस्तुत करता है। "बिहार समृद्धि पंचसूत्री परियोजना" के तहत पाँच परिवर्तनकारी पहलें प्रस्तावित की गई हैं, जिनमें से कई मेरे और बिहार रिवाइवल फोरम के वर्षों के चिंतन और प्रस्तावों पर आधारित हैं:

1. अद्भुत समृद्धि नहर: मेरे 2008 के बाढ़ नियंत्रण मास्टर प्लान का विकसित रूप, बाढ़ नियंत्रण, सिंचाई, जलविद्युत और परिवहन के लिए नेपाल सीमा के समानांतर बिहार की भूमि पर 500 किमी लंबी नहर।

2. स्पेशल इकोनॉमिक ज़ोन (SEZ): राज्य के प्रत्येक प्रमंडल में औद्योगिक क्लस्टर स्थापित करना, जो स्थानीय संसाधनों और शक्तियों पर आधारित हों (खाद्य प्रसंस्करण, वस्त्र, आईटी आदि), ताकि संतुलित विकास हो और लाखों रोजगार पैदा हों। हर एस ई ज़ी में विंड-सोलर-हाइड्रो इलेक्ट्रिसिटी प्लांट, इंजीनियरिंग कॉलेज, एग्रीकल्चरल कॉलेज, मेडिकल कॉलेज एंड हॉस्पिटल,

आउटसोर्सिंग सर्विसेज एंड डेवलपमेन्ट ट्रैनिंग सेंटर, शुगरकेन बेस्ड इंडस्ट्रीज (शुगर, गुड़, जूस, पेपर, एथेनॉल), फल, सब्जी, डेयरी पोल्ट्री आधारित इंडस्ट्रीज इत्यादि का प्रस्ताव है। प्रत्येक गांव टेलीमेडिसन केंद्र, रोजगारोन्मुख वोकेशनल एवं कंप्यूटर प्रशिक्षण केंद्र का प्रस्ताव है।

3. **पग-पग पोखर माछ मखान:** पग-पग पोखर माछ मखान मिथिला की संस्कृति रही है। पिछले दशकों में जनसँख्या के अनुपात में जलाशय नहीं बढे हैं। इस योजना के अंतर्गत सम्पूर्ण बिहार में पोखरों की संख्या को दस वर्षों में पांच गुना कर वहां मत्स्य, मखान, डेयरी, पोल्ट्री उद्योग को बढ़ावा देने का प्रस्ताव है। इस पारंपरिक जल प्रबंधन प्रणाली को पुनर्जीवित करना, लाखों तालाबों का निर्माण/जीर्णोद्धार करना, और मत्स्य पालन तथा मखाना उद्योग को बढ़ावा देकर ग्रामीण अर्थव्यवस्था को मजबूत करना।

4. **आईटी सिटी:** पटना के पास एक विश्व स्तरीय, सौर ऊर्जा चालित, हरित आईटी सिटी का निर्माण करना, जो वैश्विक निवेश आकर्षित करे, लाखों उच्च-तकनीकी रोजगार पैदा करे और प्रवासी बिहारियों (NRBs - Non Resident Biharis) को वापस लौटने का अवसर दे। राज्य के प्रत्येक प्रमंडल में सौ एकड़ में वर्ल्ड क्लास सोलर पॉवर्ड ग्रीन आई टी सिटी निर्माण का प्रस्ताव है। हर आई टी सिटी में आई टी पार्क, हजारों रेजिडेंशियल फ्लैट्स, स्कूल, शौपिंग एंड रिक्रियेशन माल, हॉस्पिटल, गेस्ट हाउस का प्रस्ताव है। रेजिडेंशियल फ्लैट्स देश विदेश में बसे प्रवासी मैथिल को सब्सिडाइज दर में अलॉट करने का प्रस्ताव है, इससे ये स्किल्ड रिसोर्सेज बिहार आ के टीम लीड कर सकते हैं और लाखो जॉब्स जेनरेट कर सकते हैं। अनुमानन वर्ष 2030 तक विश्व में 125 बिलियन सामान जैसे की घरेलु उत्पाद पंखा, लाइट, चूल्हा, ए सी कूलर वाशिंग मशीन टी वी फ्रीज़, ऑफिस उत्पाद, ट्रैफिक, इंफ्रास्ट्रक्चर इत्यादि इंटरनेट से जुड़ी होंगी। ए आई, ए आई ओ टी, बिग डाटा, मेटवर्स, डिजिटल ट्विन, सेमीकंडक्टर जैसी आधुनिक तकनीक क्षेत्र में कम से कम दस बारह करोड़ प्रशिक्षित लोगों की जरुरत होगी। यह बिहार के युवाओं के बौद्धिक टैलेंट का इस्तमाल कर कॉम्पिटिटिव दर पर उनका श्रम दुनिया को मुहैया करने का बड़ा अवसर है। हर शहर के हर कॉलेज में BCA/MCA कोर्स शुरू करने का प्रस्ताव है।

5. **जानकी आध्यात्मिक सर्किट:** मिथिला की समृद्ध सांस्कृतिक और धार्मिक विरासत (माँ जानकी से जुड़े स्थल) को एक पर्यटन सर्किट के रूप में विकसित करना, जिससे स्थानीय अर्थव्यवस्था को बढ़ावा मिले और सांस्कृतिक गौरव पुनर्जीवित हो। इसके अंतर्गत ग्यारह भव्य मंदिर बनाने कर प्रस्ताव है।

मंदिरों में माँ सीता की इक्यावन मीटर प्रतिमा और ग्यारह अलग थीम सीता उत्पत्ति मंदिर, सीता स्वंयर मंदिर, सीता अयोध्या प्रवास मंदिर, सीता वनवास यात्रा मंदिर, सीता हरण मंदिर, सीता जटायु मंदिर, सीता अशोक वाटिका मंदिर, सीता अग्नि परीक्षा मंदिर, सीता वनवास मंदिर, सीता लव कुश मंदिर, सीता समाधी मंदिर पर बनाने का प्रस्ताव है। जानकी सर्किट को अयोध्या एवं अन्य धार्मिक सर्किट से जोड़ने का प्रस्ताव है।पर्यटक अद्भुत समृद्धि नहर के जल परिवहन के माध्यम से हरिद्वार से कोलकता तक आसानी से यात्रा कर सकते हैं।

दरभंगा हवाई अड्डा, जो वर्तमान में घरेलू उड़ानों के लिए कार्यरत है, यदि इसे अंतरराष्ट्रीय हवाई अड्डे के रूप में विकसित किया जाए, तो यह न केवल काठमांडू के विकल्प के रूप में कार्य कर सकता है, बल्कि बिहार के लिए एक बड़ा आर्थिक अवसर भी बन सकता है। विदेशी पर्यटकों के लिए काठमांडू का विकल्प होगा। वो यहाँ लैंड तक सकते हैं। देश विदेश से पर्यटक सीधे दरभंगा में लैंड कर बिहार की सांस्कृतिक विरासत का अनुभव कर सकते हैं और फिर सड़क मार्ग से नेपाल की ओर यात्रा कर सकते हैं। इससे दो देशों के पर्यटन को बल मिलेगा। साथ ही, दरभंगा को एक एयर कार्गो हब के रूप में विकसित करने से स्थानीय कृषि, मछलीपालन, हस्तशिल्प और उद्योगों के उत्पादों को वैश्विक बाजारों में भेजा जा सकेगा। इससे न केवल राज्य की अर्थव्यवस्था को गति मिलेगी, बल्कि युवाओं के लिए रोजगार और व्यापार के नए अवसर भी पैदा होंगे।

उद्देशय: बिहार की प्रमुख समस्याओं का एक समग्र और एकीकृत समाधान प्रस्तुत करना, जो राज्य के कायाकल्प का मार्ग प्रशस्त करे।

6: अद्भुत समृद्धि नहरः नेपाल सीमा के समानांतर बिहार की भूमि पर चंपारण से पूर्णिया प्रमंडल तक 500 किलोमीटर नहर का प्रस्ताव है। बिहार सदियों से नेपाल जनित नदियों के बाढ़ से त्रस्त रहा है। नेपाल में बाँध बनाने की पहल भारत और नेपाल सरकार के बीच लटकी है। नहर बाढ़ से रक्षा करेगी, बाढ़ नियंत्रण, सिंचाई, जलविद्युत और जल परिवहन ले माध्यम से बिहार को समृद्ध बनाएगी। यह नहर सीमा नियंत्रण और सुरक्षा में भी महत्वपूर्ण भूमिका निभाएगी। नहर का हरिद्वार से कोलकता तक विस्तार कर विकसित जल परिवहन तंत्र में विकास किया जा सकता है। नहर के इर्द गिर्द के क्षेत्र में वनरोपण, नकदी फसल, फल, सब्जी, फूल, जड़ी, बूटी, गन्ना उत्पादन एवं आधारित उद्योग स्थापित करने का प्रस्ताव है। यह मेरे 2008 के बाढ़ नियंत्रण मास्टर प्लान का विकसित रूप है।

7: भविष्य का दृष्टिकोण और कार्यान्वयन: यह अध्याय पंचसूत्री परियोजना और बिहार के पुनर्निर्माण के सपने को हकीकत में बदलने पर केंद्रित है। इसमें शामिल हैं:

1. ऊर्जा और पर्यावरण: नवीकरणीय ऊर्जा (विशेषकर सौर ऊर्जा का महाअभियान) पर जोर और वर्षा जल संचयन तथा समग्र पर्यावरण प्रबंधन की रणनीति।

2. भ्रष्टाचार से निपटना: पारदर्शिता, प्रौद्योगिकी, कठोर दंड और नागरिक निगरानी के माध्यम से भ्रष्टाचार के उन्मूलन की कार्ययोजना।

3. मिथिला की सांस्कृतिक समृद्धि: मखाना, मधुबनी पेंटिंग और विक्रमशिला जैसे सांस्कृतिक/आर्थिक संपदाओं को विकसित करने की ठोस योजनाएँ।

4. निष्कर्ष और आह्वान: अतीत से सीख, कार्यान्वयन के लिए एक सामूहिक मंच (जैसे 'बिहार रिवाइवल फोरम') का प्रस्ताव, शांति-शिक्षा पर जोर, और सभी हितधारकों से बिहार के पुनर्निर्माण के लिए एकजुट होने का आह्वान।

उद्देश्य: योजनाओं को लागू करने के लिए एक व्यावहारिक दृष्टिकोण प्रदान करना और एक सामूहिक संकल्प का आह्वान करना।

8: नव बिहार का सूर्योदय - एकीकृत दृष्टि, डिजिटल छलांग और सामूहिक संकल्प: यह विशेष पूरक अध्याय उसी दिशा में एक प्रयास है। यह पिछले अध्याय का विस्तार है, जिसमें न केवल ऊर्जा, पर्यावरण, भ्रष्टाचार उन्मूलन और सांस्कृतिक समृद्धि पर हमारी चर्चा को और गहरा किया गया है, बल्कि इसमें दस अतिरिक्त, परिवर्तनकारी विचारों को भी एकीकृत किया गया है जो बिहार के विकास को अप्रत्याशित गति दे सकते हैं। ये विचार शिक्षा में डिजिटल क्रांति लाने, स्वास्थ्य सेवाओं को गांवों तक पहुँचाने, निवेशकों को रणनीतिक रूप से आकर्षित करने, आईटी विकास को विकेन्द्रीकृत करने, किसानों और कारीगरों को सीधे वैश्विक बाजार से जोड़ने, अंतरराष्ट्रीय सांस्कृतिक आदान-प्रदान को बढ़ावा देने, वैश्विक आईटी अवसरों का लाभ उठाने, और यहाँ तक कि कुछ संवेदनशील लेकिन महत्वपूर्ण राजनीतिक एवं प्रशासनिक मुद्दों को संबोधित करने से संबंधित हैं।

बिहार का एक समग्र पुनर्निर्माण

मेरी दृष्टि केवल आर्थिक विकास के आँकड़ों तक सीमित नहीं है। मैं बिहार का एक समग्र पुनर्निर्माण (Holistic Revival) चाहता हूँ, जिसमें आर्थिक समृद्धि के साथ-साथ सामाजिक न्याय, शैक्षिक उत्कृष्टता, सांस्कृतिक जीवंतता, पर्यावरणीय स्थिरता और नैतिक शासन शामिल हो। मेरे विचार कुछ प्रमुख

सिद्धांतों पर आधारित हैं:

1. **समस्या-समाधान दृष्टिकोण (Problem-Solving Approach):** बिहार की समस्याओं (विशेषकर बाढ़, पलायन, बेरोजगारी) को स्वीकार करना और उनके मूल कारणों को समझकर व्यावहारिक, दीर्घकालिक समाधान खोजना। मेरा बाढ़ नियंत्रण मास्टर प्लान (अब अद्भुत समृद्धि नहर का हिस्सा) इसी सोच का परिणाम है, जिसे मैं 2008 से प्रस्तावित कर रहा हूँ।

2. **डेटा और प्रौद्योगिकी का उपयोग:** मेरा मानना है कि 21वीं सदी में विकास के लिए डेटा विश्लेषण और आधुनिक तकनीक का उपयोग अनिवार्य है। चाहे वह मतदाता जनसांख्यिकी का विश्लेषण हो, योजनाओं की निगरानी हो, प्रशासन में पारदर्शिता लाना हो, या आईटी सिटी जैसे नए अवसर पैदा करना हो - प्रौद्योगिकी एक शक्तिशाली उपकरण है।

3. **स्थानीय संसाधनों और शक्तियों का लाभ उठाना:** बिहार के पास उपजाऊ भूमि, प्रचुर जल संसाधन (जिसे प्रबंधित करने की आवश्यकता है), एक बड़ी युवा आबादी और समृद्ध सांस्कृतिक विरासत है। विकास मॉडल ऐसा होना चाहिए जो इन शक्तियों का लाभ उठाए (जैसे SEZ में कृषि-आधारित उद्योग, पग-पग पोखर, जानकी सर्किट)।

4. **समावेशी और संतुलित विकास:** विकास का लाभ समाज के सभी वर्गों - गरीब, वंचित, महिला, दलित, पिछड़े - तक पहुँचना चाहिए और यह राज्य के सभी क्षेत्रों में संतुलित रूप से होना चाहिए (इसीलिए प्रत्येक प्रमंडल में SEZ का प्रस्ताव)।

5. **शिक्षा और कौशल विकास पर जोर:** मैं मानता हूँ कि शिक्षा और कौशल विकास बिहार के युवाओं को सशक्त बनाने और उन्हें भविष्य के लिए तैयार करने की कुंजी है। तकनीकी शिक्षा (जैसे इंजीनियरिंग, MCA/BCA) और व्यावसायिक प्रशिक्षण को बढ़ावा देना आवश्यक है।

6. **रोजगार सृजन और पलायन पर रोक:** स्थानीय स्तर पर बड़े पैमाने पर रोजगार के अवसर पैदा करना मेरी सर्वोच्च प्राथमिकताओं में से एक है, ताकि युवाओं को पलायन के लिए मजबूर न होना पड़े। SEZ, आईटी सिटी, मखाना-मत्स्य उद्योग, पर्यटन - ये सभी इसी लक्ष्य की ओर निर्देशित हैं।

7. **सुशासन और भ्रष्टाचार मुक्त प्रशासन:** बिना ईमानदार और कुशल प्रशासन के कोई भी योजना सफल नहीं हो सकती। पारदर्शिता, जवाबदेही और भ्रष्टाचार के खिलाफ जीरो टॉलरेंस अनिवार्य है।

8. **प्रवासी बिहारियों की भूमिका:** मैं देश-विदेश में बसे लाखों प्रतिभाशाली और अनुभवी बिहारियों को राज्य के पुनर्निर्माण में एक महत्वपूर्ण भागीदार मानता हूँ। आईटी सिटी में उनके लिए रियायती आवास का प्रस्ताव या निवेश के लिए उन्हें आमंत्रित करना इसी सोच का हिस्सा है।

9. **शांति, सद्भाव और भाईचारा:** गांधी, लोहिया और जेपी के आदर्शों से प्रेरणा लेते हुए, मैं मानता हूँ कि स्थायी विकास के लिए सामाजिक सद्भाव, धार्मिक सहिष्णुता और शांतिपूर्ण माहौल आवश्यक है। नफरत और विभाजन की राजनीति ("घृणापूर्ण दुष्प्रचार") बिहार को पीछे ही ले जाएगी।

संक्षेप में, मेरी दृष्टि एक ऐसे आत्मनिर्भर, प्रगतिशील, न्यायपूर्ण और गौरवशाली बिहार की है, जो अपनी ऐतिहासिक विरासत पर गर्व करते हुए आधुनिक तकनीक और वैश्विक अवसरों का लाभ उठाकर भविष्य की ओर अग्रसर हो।

सीमाएँ और भविष्य की दिशा

कोई भी पुस्तक संपूर्ण नहीं हो सकती, और यह पुस्तक भी इसका अपवाद नहीं है। बिहार जैसे जटिल और विशाल राज्य की सभी समस्याओं और संभावनाओं को एक ही ग्रंथ में समेटना असंभव है। इस पुस्तक की कुछ प्रमुख सीमाएँ और वे क्षेत्र जिन पर भविष्य में और अधिक कार्य करने की आवश्यकता है, निम्नलिखित हैं:

1. **सूक्ष्म-स्तरीय योजना का अभाव:** यह पुस्तक एक व्यापक, राज्य-स्तरीय दृष्टि और रणनीति प्रस्तुत करती है। प्रत्येक जिले, ब्लॉक और पंचायत की अपनी विशिष्ट चुनौतियाँ और अवसर होते हैं। इस पुस्तक में प्रस्तुत पंचसूत्री और अन्य योजनाओं को सफलतापूर्वक लागू करने के लिए विस्तृत, विकेन्द्रीकृत, जिला-स्तरीय कार्ययोजनाओं की आवश्यकता होगी, जो स्थानीय परिस्थितियों और जरूरतों के अनुरूप हों।

2. **गहन समाजशास्त्रीय विश्लेषण की कमी:** हालाँकि हमने जातिगत असमानता, बाल विवाह, और सामाजिक न्याय जैसे मुद्दों का उल्लेख किया है, लेकिन बिहार के जटिल सामाजिक ताने-बाने, विभिन्न समुदायों की आकांक्षाओं और अंतःक्रियाओं, तथा सामाजिक परिवर्तन की धीमी गति के गहन समाजशास्त्रीय और मानवशास्त्रीय विश्लेषण के लिए और अधिक शोध की आवश्यकता है। समाधानों को सामाजिक रूप से स्वीकार्य और प्रभावी बनाने के लिए इस समझ को गहरा करना होगा।

3. **विस्तृत वित्तीय और तकनीकी व्यवहार्यता अध्ययन का अभाव:** पंचसूत्री परियोजना के तहत प्रस्तावित नहर, SEZs, आईटी सिटी आदि के लिए दिए गए लागत अनुमान और समय-सीमा प्रारंभिक और सांकेतिक हैं। प्रत्येक बड़ी परियोजना के लिए विस्तृत परियोजना रिपोर्ट (DPR), गहन तकनीकी सर्वेक्षण, इंजीनियरिंग डिजाइन, पर्यावरणीय और सामाजिक प्रभाव आकलन (EIA/SIA), और विस्तृत वित्तीय व्यवहार्यता तथा फंडिंग मॉडल तैयार करने की आवश्यकता होगी। यह एक विशाल कार्य है जो विशेषज्ञों और संस्थानों द्वारा किया जाना चाहिए।

4. **राजनीतिक बाधाओं और आम सहमति निर्माण पर सीमित चर्चा:** पुस्तक में राजनीतिक इच्छाशक्ति की आवश्यकता का उल्लेख है, लेकिन बिहार के खंडित और अक्सर अवसरवादी राजनीतिक माहौल में इन महत्वाकांक्षी योजनाओं के लिए राजनीतिक आम सहमति कैसे बनाई जाए , विभिन्न दलों और निहित स्वार्थों के प्रतिरोध का सामना कैसे किया जाए, इस पर अधिक रणनीतिक और व्यावहारिक चर्चा की जा सकती थी।

5. **कार्यान्वयन की विस्तृत प्रक्रिया:** अध्याय 6 कार्यान्वयन पर केंद्रित है, लेकिन यह मुख्य रूप से 'क्या' करना है, यह बताता है। प्रत्येक सुधार या परियोजना को लागू करने की कदम-दर-कदम प्रक्रिया (Step-by-step process) , जिम्मेदारियों का स्पष्ट निर्धारण (Who will do what?), निगरानी और मूल्यांकन (M&E) का विस्तृत तंत्र, और जोखिम प्रबंधन (Risk Management) की रणनीतियों पर और अधिक विस्तार आवश्यक है।

6. **कुछ अन्य महत्वपूर्ण क्षेत्रों पर सीमित फोकस:** शहरीकरण बिहार में तेजी से बढ़ रहा है, और शहरी योजना, आवास, परिवहन और अपशिष्ट प्रबंधन जैसी चुनौतियाँ महत्वपूर्ण हैं, जिन पर पुस्तक में सीमित चर्चा है। इसी तरह, खेलकूद, कला (मधुबनी के अलावा अन्य रूप), साहित्य, उच्च शिक्षा में गुणवत्ता सुधार, न्यायिक सुधार, पुलिस सुधार जैसे कई अन्य महत्वपूर्ण पहलू हैं जिन पर अलग से ध्यान देने की आवश्यकता है।

7. **राष्ट्रीय और वैश्विक संदर्भ:** पुस्तक मुख्य रूप से बिहार पर केंद्रित है। हालाँकि राष्ट्रीय नीतियों (जैसे जीएसटी, नोटबंदी, आयुष्मान) का उल्लेख है, लेकिन बिहार के विकास को राष्ट्रीय और वैश्विक आर्थिक तथा भू-राजनीतिक रुझानों के संदर्भ में और अधिक गहराई से स्थापित करने की आवश्यकता है। ।

राशि कहाँ से आएगी?

सन 2000 में बिहार का बंटवारा कर झारखंड को अलग किया गया था। इससे बिहार को राजस्व आय में भारी नुकसान होना था। उस समय बिहार के सभी सांसदों ने पार्टी की राजनीति से उठकर एक लाख उनासी हजार (1, 79, 000) करोड़ रूपये और विशेष राज्य के स्टेटस की मांग की थी। ये मांग पूरी तरह जायज है। पोस्टऑफिस के फिक्स्ड डिपाजिट योजना के अनुसार अनुमानन आज ये राशि 16 लाख करोड़ होनी चाहिए। उसी अनुरूप केंद्र सरकार को ये राशि बिहार को देनी चाहिए। साथ ही और विशेष राज्य का दर्जा मिलना चाहिए, ये बिहार का हक़ है। इससे बिहार का काया कल्प हो सकता है। "बिहार समृद्धि पंचसूत्री परियोजना" को पूरा कर बिहार का भाग्य बदला जा सकता है।

इन सीमाओं को स्वीकार करते हुए, मेरा मानना है कि यह पुस्तक बिहार के भविष्य पर एक गंभीर और रचनात्मक संवाद शुरू करने के लिए एक ठोस आधार और एक स्पष्ट दिशा प्रदान करती है। यह अंतिम शब्द नहीं है, बल्कि एक खुला निमंत्रण है - बिहार के पुनर्निर्माण के लिए सोचने, बहस करने, योजना बनाने और सबसे महत्वपूर्ण, मिलकर काम करने के लिए। यह नीति निर्माताओं के लिए एक संदर्भ बिंदु, छात्रों और शोधकर्ताओं के लिए एक संसाधन, कार्यकर्ताओं के लिए एक प्रेरणा स्रोत, और बिहार के हर नागरिक के लिए आशा की एक किरण बन सकती है।

आइए, इस पुस्तक के पन्नों में प्रस्तुत अतीत के ज्ञान, वर्तमान की चुनौतियों और भविष्य के सपनों की इस यात्रा में मेरे साथ शामिल हों, और मिलकर उस नए बिहार का निर्माण करें जिसका हम सब सपना देखते हैं।

आप मुझसे X (ट्विटर) हैंडल @astroavinash, वेबसाइट www.avinashjha.in और फेसबुक पर संपर्क कर सकते हैं।

शुभकामनाओं सहित,

अविनाश रंजन झा

जय मिथिला! जय बिहार! जय भारत!

1

मानव सभ्यता का विकास और बिहार का ऐतिहासिक संदर्भ

प्रस्तावनाः अतीत का आईना, भविष्य का संकल्प

यह अध्याय मानव सभ्यता के उस विराट और विस्मयकारी सफर का पहला पड़ाव है, जिसकी शुरुआत ब्रह्मांड के महाविस्फोट से हुई और जो आज की जटिल, तकनीकी रूप से उन्नत, फिर भी अनगिनत संकटों से जूझती दुनिया तक फैला है। सृष्टि निर्माण एक धमाके के साथ हुआ था, और उसी आदिम ऊर्जा से कण बने, तारे चमके, आकाशगंगाएँ आकार लेने लगीं, और अंततः, लगभग 4.5 अरब साल पहले, हमारी पृथ्वी, जीवन का यह अनूठा और अद्भुत आश्रय, अस्तित्व में आई। यहाँ समुद्रों में जीवन की पहली कोंपलें फूटीं, सरल जीवों से जटिल प्राणी विकसित हुए, और लाखों वर्षों के क्रमिक विकास के बाद, लगभग दो-तीन लाख साल पहले, आधुनिक मानव, होमो सेपियन्स, का उदय हुआ।

यह कहानी है उस मानव की, जो प्रारंभ में एक शिकारी-संग्रहकर्ता था, गुफाओं और खोहों में रहता था, प्रकृति की शक्तियों और जंगली पशुओं के भय के साये में जीता था। लेकिन फिर उसने आग पर नियंत्रण पाना सीखा। आग के आविष्कार से पशुओं को दूर रखा जाने लगा, जिसने उसे गर्मी, सुरक्षा और पका हुआ भोजन दिया। लगभग दस हजार साल पहले, उसने पौधों को उगाना सीखा – कृषि क्रांति हुई, जिसने उसे भोजन की तलाश में भटकने से मुक्ति दी और स्थायी बस्तियों

की नींव रखी, "गुफा खोहों से निकल कर मानव छोटे छोटे कस्बों में बसने लगे"। उसने पशुओं को पालतू बनाया, दूध और श्रम का नया स्रोत पाया, "दूध देने वाले पशुओं को पालने से पता चला की पशुओं को बिना मारे भी उनसे भोजन प्राप्त हो सकता है"। ये आविष्कार – आग, खेती, पशुपालन – मानव सभ्यता के आधार स्तंभ बने।

इसी विराट कहानी के विशाल कैनवास पर, भारत की भूमि, और विशेष रूप से बिहार की धरती, एक असाधारण और अमिट स्थान रखती है। बिहार केवल नदियों और मैदानों का एक भौगोलिक क्षेत्र नहीं, बल्कि यह सहस्राब्दियों से विचारों, संस्कृतियों, साम्राज्यों और क्रांतियों का संगम स्थल, एक प्रयोगशाला रहा है। यहाँ की उर्वर भूमि ने न केवल दुनिया की कुछ सबसे प्राचीन और प्रभावशाली सभ्यताओं को पोषित किया, बल्कि ज्ञान, दर्शन, कला, विज्ञान और शासन कला के ऐसे प्रतिमान स्थापित किए जिन्होंने सदियों तक न केवल भारत, बल्कि एशिया और विश्व को भी आलोकित किया।

पाटलिपुत्र (आधुनिक पटना) की राजनीतिक शक्ति, जिसने मौर्य साम्राज्य जैसे विशाल और सुसंगठित शासन को जन्म दिया; नालंदा और विक्रमशिला का बौद्धिक तेज, जिन्होंने ज्ञान के ऐसे अंतरराष्ट्रीय केंद्र स्थापित किए जहाँ दुनिया भर से छात्र और विद्वान खिंचे चले आते थे; वैशाली का गणतांत्रिक प्रयोग, जो दुनिया के प्राचीनतम गणराज्यों में से एक था; और मिथिला की सांस्कृतिक गहराई, जहाँ राजा जनक और याज्ञवल्क्य जैसे दार्शनिकों ने आत्म-तत्व पर गहन चिंतन किया, जहाँ देवी सीता का प्राकट्य हुआ, और जहाँ विद्यापति जैसे महाकवियों ने मैथिली भाषा को अमरता प्रदान की – ये सब उस स्वर्णिम अतीत के प्रमाण हैं जब बिहार वास्तव में विश्व पटल पर एक अग्रणी शक्ति था, एक ऐसा प्रकाश स्तंभ था जो दुनिया को राह दिखा रहा था।

यह अध्याय हमें मानव सभ्यता के उद्भव और विकास की उस लंबी और विस्मयकारी यात्रा पर ले जाने का एक प्रयास है। कैसे हमनें सृष्टि की रहस्यमयी शुरुआत, जीवन की उत्पत्ति, और मानव के उदय से लेकर आग, कृषि, पशुपालन और पहिये जैसे युगांतरकारी आविष्कारों तक का सफर तय लिया। पहिये के निर्माण ने स्थल यात्रा को और सुगम बनाया। कैसे मानव ने स्थायी बस्तियाँ बसाई, श्रम का विभाजन हुआ, और सामाजिक संरचनाएँ विकसित हुईं। कैसे सभ्यता के विस्तार के साथ संसाधनों के लिए संघर्ष शुरू हुआ। कैसे लालच, अज्ञानता, अभाव या जो भी हो छोटी छोटी बातों के लिए कबीलों में जम कर लड़ाई मार काट होने लगी, कबीलों की छोटी लड़ाइयाँ कैसे साम्राज्यों के संगठित

युद्धों में बदलीं, और परिवहन के साधनों (घोड़ा, नाव, रेल, कार) तथा तकनीकी प्रगति (दूरसंचार, उद्योग, बिजली) ने कैसे दुनिया को जोड़ा और मानव जीवन को समृद्ध बनाया, लेकिन साथ ही संघर्षों को भी अधिक विनाशकारी बना दिया (विश्व युद्ध, परमाणु खतरा - "कबीलों की लड़ाई विश्व युद्ध में बदल गयी। परमाणु युद्ध ने मानव के अस्तित्व पर प्रश्नचिन्ह लगा दिया")।

इसी व्यापक ऐतिहासिक और वैश्विक परिप्रेक्ष्य में, हम बिहार के विशिष्ट और गौरवशाली अतीत को स्थापित करेंगे। हम मगध साम्राज्य के उत्थान और मौर्य वंश की महानता, विशेषकर सम्राट अशोक के शांति और धम्म के अद्वितीय संदेश (जो बापू के इस कथन - "आँख के बदले आँख की सोच पुरे विश्व को अँधा बना देगी" - की सार्थकता को सदियों पहले प्रमाणित करता है) का विस्तृत अवलोकन करेंगे। हम नालंदा और विक्रमशिला जैसे विश्वस्तरीय ज्ञान केंद्रों की स्थापना और उनके योगदान को रेखांकित करेंगे। हम मिथिला की सांस्कृतिक जीवंतता, उसके दार्शनिक चिंतन, उसकी कला और साहित्य (विशेषकर विद्यापति) के महत्व पर प्रकाश डालेंगे। हम मध्यकाल में शेरशाह सूरी जैसे शासकों के योगदान को भी जानेंगे।

लेकिन हम केवल स्वर्णिम अतीत का ही गुणगान नहीं करेंगे। हम उन ऐतिहासिक शक्तियों और घटनाओं का भी विश्लेषण करेंगे जिनके कारण यह प्रकाशमान प्रदेश धीरे-धीरे अंधकार की ओर बढ़ने लगा – कैसे तुर्क आक्रमणों ने ज्ञान केंद्रों को नष्ट किया, कैसे औपनिवेशिक शोषण (नील की खेती, उद्योगों का पतन) ने इसकी अर्थव्यवस्था की कमर तोड़ दी, और कैसे स्वतंत्रता के बाद की राजनीतिक अस्थिरता, गलत नीतियाँ और उपेक्षा ने इसे विकास की दौड़ में पीछे धकेल दिया, जिससे आज यह गरीबी, पिछड़ेपन और पलायन जैसी समस्याओं से जूझ रहा है।

इस अध्याय का उद्देश्य केवल इतिहास का वर्णन करना नहीं है, बल्कि मानव सभ्यता के उत्थान और पतन की व्यापक कहानी के संदर्भ में बिहार के विशिष्ट अनुभव को समझना है। यह समझना महत्वपूर्ण है कि बिहार का अतीत केवल इतिहास की किताबों में दर्ज कुछ नाम और तारीखें नहीं है; यह उन मूल्यों, विचारों, क्षमताओं, और सबकों का एक जीवित भंडार है जो आज भी प्रासंगिक हैं और जो बिहार के भविष्य के पुनर्निर्माण के लिए एक मजबूत नींव और प्रेरणा का स्रोत बन सकते हैं। नालंदा हमें सिखाता है कि ज्ञान की शक्ति किसी भी भौतिक शक्ति से

बड़ी होती है। अशोक हमें सिखाते हैं कि सच्ची विजय शस्त्रों से नहीं, बल्कि धम्म और शांति से मिलती है। मिथिला हमें सांस्कृतिक जड़ों और बौद्धिक स्वतंत्रता का महत्व सिखाती है।

यह ऐतिहासिक समझ हमें वर्तमान की चुनौतियों का सही परिप्रेक्ष्य में विश्लेषण करने और भविष्य के लिए एक सार्थक मार्ग प्रशस्त करने की दृष्टि प्रदान करेगी। यह अध्याय हमें यह समझने में मदद करेगा कि बिहार का अतीत उसकी वर्तमान स्थिति के लिए कैसे जिम्मेदार है, और इससे भी महत्वपूर्ण बात यह है कि यही अतीत, उसकी आत्मा, उसके भविष्य को कैसे आकार दे सकती है और कैसे उस खोए हुए गौरव को पुनः प्राप्त करने के लिए हमें प्रेरित और सशक्त कर सकती है। "बचपन से सुनता आया हूँ कि बीती ताहि बिसारिये, बीत गई जो बात गई।" लेकिन इतिहास को बिसारना नहीं, उससे सीखना है, ताकि हम अतीत की गलतियों को न दोहराएं और उसकी सफलताओं से प्रेरणा लेकर एक बेहतर भविष्य का निर्माण कर सकें। अमेरिका और जापान ने विश्वयुद्ध से सीखकर शत्रुता को त्याग दिया और विकास का रास्ता अपनाया, हमें भी अपने संकटों से सीखकर शांति, शिक्षा और भाईचारे के मार्ग पर आगे बढ़ना होगा, क्योंकि "विकास सिर्फ शान्ति, शिक्षा एवं भाईचारे से ही संभव है।"

2

बिहार की वर्तमान वस्तुस्थिति - चुनौतियाँ और संकट

प्रस्तावना: बिहार की वर्तमान दशा - एक यथार्थवादी विश्लेषण

बिहार, एक नाम जो भारत के इतिहास और संस्कृति के पन्नों पर स्वर्णाक्षरों में अंकित है। पाटलिपुत्र की राजनीतिक शक्ति, नालंदा और विक्रमशिला का ज्ञानदीप, वैशाली का गणतांत्रिक गौरव, अशोक का धम्म और बुद्ध तथा महावीर की कर्मभूमि – यह सब उस गौरवशाली अतीत की गवाही देते हैं जिस पर हर भारतीय को गर्व होना चाहिए। वह समय था जब सभ्यताएं आकार ले रही थीं, मानव ज्ञान और संगठन के नए क्षितिज तलाश रहा था, और बिहार उस यात्रा में दुनिया को राह दिखा रहा था।

लेकिन, दुर्भाग्यवश, समय का चक्र ऐसा घूमा कि आज वही बिहार अपने अतीत की भव्यता की एक धुंधली छाया मात्र बनकर रह गया है। वह भूमि जो कभी ज्ञान और समृद्धि का प्रतीक थी, आज अनगिनत चुनौतियों और गहरे संकटों के जाल में उलझी हुई प्रतीत होती है। गौरवशाली इतिहास के ठीक विपरीत, बिहार का वर्तमान निराशा और अवसरों की कमी का पर्याय बन गया है।

आर्थिक ठहराव ने प्रदेश की कमर तोड़ दी है। विकास के दावे भले ही कागजों पर दिखते हों, लेकिन जमीनी हकीकत यह है कि बिहार आज भी भारत के सबसे गरीब और पिछड़े राज्यों में से एक है,"बिहार आर्थिक सर्वेक्षण 2024-25 आँकड़ा

चीख-चीख कर कहता है"। सामाजिक विषमता की खाई इतनी गहरी हो चुकी है कि एक तरफ राजधानी पटना और कुछ चुनिंदा शहरी इलाकों की चमक है, तो दूसरी तरफ लाखों गाँवों में गरीबी, अभाव और अवसरों की कमी पसरी हुई है। पटना की प्रति व्यक्ति आय और शिवहर या अररिया जैसे जिले की प्रति व्यक्ति आय के बीच का भारी अंतर इसी कड़वी सच्चाई को उजागर करता है। विकास कुछ टापुओं तक सीमित रह गया है, जबकि बाकी प्रदेश अभाव के समुद्र में डूबा है। यह विषमता केवल आर्थिक नहीं, बल्कि सामाजिक भी है। नीति आयोग का बहुआयामी गरीबी सूचकांक (MPI) 2023 बताता है कि राज्य की लगभग एक तिहाई आबादी गरीबी के कई आयामों (आय, शिक्षा, स्वास्थ्य, जीवन स्तर) में एक साथ फंसी हुई है, जो देश में सर्वाधिक है। इसके पीछे बेलगाम पूँजीवाद और गहरे तक पैठ बना चुका परिवारवाद प्रमुख कारक हैं, जिन्होंने समाजवाद के मूल सिद्धांतों को हाशिए पर धकेल दिया है और संसाधनों पर कुछ प्रभावशाली वर्गों का कब्जा स्थापित कर दिया है। नतीजा सामने है - "अमीर और अमीर होते जा रहे हैं, और गरीब और गरीब।" स्वयं सहायता समूहों (SHGs) के प्रयास सराहनीय हैं, लेकिन वे इस गहरी खाई को पाटने में अभी तक पूरी तरह सफल नहीं हो पाए हैं।

शिक्षा और स्वास्थ्य, जो किसी भी समाज के विकास के आधार स्तंभ होते हैं, उनकी स्थिति बिहार में अत्यंत दयनीय है, लगभग "भगवान भरोसे"। साक्षरता दर भले ही राष्ट्रीय औसत के करीब पहुँच रही हो, लेकिन गुणवत्ता का संकट भयावह है। अधिकांश सरकारी स्कूल, जहाँ राज्य के गरीब बच्चे पढ़ते हैं, बुनियादी सुविधाओं (भवन, शौचालय, पानी) और पर्याप्त शिक्षकों से वंचित हैं, "7% स्कूलों के पास अपना भवन ही नहीं", "गावों में दो कमरे के स्कूल में २०० बच्चें (वो नौनिहाल वो बिहार का भविष्य) पढ़ रहे हैं"। शिक्षक-छात्र अनुपात बिगड़ा हुआ है, और शिक्षक भर्ती में भ्रष्टाचार की खबरें आम हैं, जो हमारे बच्चों के भविष्य के साथ खिलवाड़ है। प्राथमिक स्तर पर स्कूल छोड़ने की दर चिंताजनक है, खासकर लड़कियों की, जिन्हें कच्ची उम्र में ही पढ़ाई छोड़कर मजदूरी या घरेलू कामों में धकेल दिया जाता है। उच्च शिक्षा का हाल और भी बुरा है। पटना विश्वविद्यालय को छोड़कर शायद ही कोई संस्थान राष्ट्रीय स्तर पर अपनी पहचान बना पाया है। नालंदा विश्वविद्यालय का पुनर्जनन आशा जगाता है, पर अभी मीलों चलना बाकी है। गुणवत्तापूर्ण उच्च शिक्षा संस्थानों के अभाव में हमारे मेधावी छात्र 'ब्रेन ड्रेन' का शिकार हो रहे हैं, उन्हें भारी कीमत चुकाकर (माता-पिता की जमीन-गहने बेचकर) दूसरे राज्यों में जाना पड़ता है, जिससे बिहार की प्रतिभा और पैसा दोनों का पलायन होता है। लड़कियों की शिक्षा की राह में बाल विवाह (NFHS-5 के

अनुसार चिंताजनक रूप से उच्च दर) और कुपोषण (NFHS-5 के अनुसार आधे से अधिक बच्चे शिकार) जैसी सामाजिक-स्वास्थ्य समस्याएं बड़ी बाधाएं हैं। यह अशिक्षा और कुपोषण का एक दुष्चक्र है जो पीढ़ी-दर-पीढ़ी चलता रहता है।

इस निराशाजनक परिदृश्य का सीधा परिणाम है बेरोजगारी और पलायन का अंतहीन सिलसिला। बिहार की बेरोजगारी दर (PLFS 2022-23) राष्ट्रीय औसत से काफी अधिक है। "अशिक्षित तो छोड़िए, शिक्षित नागरिकों को भी रोजगार नहीं मिल पा रहा है।" जब अपने ही घर में अवसर नहीं मिलते, तो लाखों युवा (अनुमानतः 60-70 लाख) अपनी जड़ों को छोड़ने और परदेस (दिल्ली, मुंबई, सूरत, खाड़ी देश) में दो जून की रोटी के लिए भटकने को मजबूर हो जाते हैं, ठीक वैसे ही जैसे "कोशी की बाढ़ में फंसा इंसान दिशाहीन बहता जाता है।" वे हर साल हजारों करोड़ रुपये घर भेजते हैं, जो ग्रामीण अर्थव्यवस्था के लिए जीवन रेखा है, लेकिन यह पैसा मुख्यतः उपभोग पर खर्च होता है, उत्पादक निवेश में नहीं। परदेस में उनका जीवन आसान नहीं होता। उन्हें अक्सर शोषण, अपमान और भेदभाव का सामना करना पड़ता है ("बाहर स्वागत नहीं फजीहत होता है, शोषण होता है, दूसरे दर्जे के नागरिक की तरह व्यवहार किया जाता है")। कम वेतन, असुरक्षित काम, खराब रहने की स्थिति, और परिवार से दूरी उनके जीवन की कड़वी सच्चाई है। यह अलगाव और संघर्ष उन्हें अवसाद और मानसिक बीमारियों की ओर धकेलता है। कोरोना काल में लाखों मजदूरों की दर्दनाक घर वापसी और फिर रोजगार के अभाव में वापस जाने की मजबूरी ने इस त्रासदी को और उजागर कर दिया। कृषि अलाभकारी है, उद्योग लगभग ठप हैं, सेवा क्षेत्र सीमित है – आखिर युवा जाएँ तो जाएँ कहाँ? यह पलायन बिहार की सबसे बड़ी त्रासदी है, जो उसकी युवा ऊर्जा को दीमक की तरह चाट रहा है।

विकास की गति में सबसे बड़ा रोड़ा है राज्य का जर्जर बुनियादी ढाँचा। सड़कें बनती तो हैं, लेकिन उनकी गुणवत्ता इतनी खराब होती है कि वे पहली बारिश भी नहीं झेल पातीं ("कही सडको में गइ्ढे है कही गइ्ढों की बीच सड़क है," "विदेशो मे सडक सालोसाल चलती है यहा घंटा महीना भर भी नही टिक पाता")। पुल उद्घाटन से पहले ही ढह जाते हैं। ग्रामीण सड़कें आज भी खस्ताहाल हैं। सार्वजनिक परिवहन व्यवस्था दयनीय है, लोग भेड़-बकरियों की तरह बसों और ट्रेनों में ठूंसे जाते हैं ("गाय भैंस-बोरियो की तरह ठूस,खड़े हो,उपरनीचे बैठ सफ़र करने को मंजबूर हैं")। बिजली की स्थिति कुछ सुधरी है, हर गांव तक पहुँची है, लेकिन उत्पादन क्षमता कम है, आयात पर निर्भरता अधिक है, और ग्रामीण क्षेत्रों में कटौती आम है, जो औद्योगिक और कृषि विकास में बाधा डालती है। साफ

पेयजल आज भी लाखों लोगों के लिए सपना है। यह ढाँचागत दुर्दशा बिहार को विकास की दौड़ में लगातार पीछे खींच रही है।

कृषि, जिसे बिहार की अर्थव्यवस्था की रीढ़ कहा जाता है, स्वयं गहरे संकट में है। बाढ़ और सूखे का वार्षिक दुष्चक्र किसानों की कमर तोड़ देता है (76% क्षेत्र बाढ़ प्रभावित)। जल प्रबंधन की विफलता जगजाहिर है – नेपाल से आने वाली नदियों पर नियंत्रण नहीं, राज्य के भीतर पारंपरिक जल स्रोतों (तालाब, पोखर, आहर-पईन) की घोर उपेक्षा ("आबादी बढ़ी पर तालाब की संख्या नहीं बढ़ी"), और सिंचाई नहरों का अपर्याप्त नेटवर्क तथा खराब रखरखाव। नतीजा, प्रचुर जल संसाधन होते हुए भी हम न बाढ़ रोक पाते हैं, न सूखे से निपट पाते हैं, और मछली तक आयात करनी पड़ती है। खेती अलाभकारी होने के कारण युवा पीढ़ी इससे विमुख हो रही है, और किसानों की संख्या घट रही है, जिनमें अधिकतर अब बूढ़े हैं। रासायनिक उर्वरकों के अंधाधुंध प्रयोग और वनों की कटाई से पर्यावरणीय संतुलन बिगड़ रहा है, मिट्टी की उर्वरता कम हो रही है।

स्वास्थ्य सेवाओं की बदहाली जीवन और मृत्यु का प्रश्न बन गई है। अस्पतालों और स्वास्थ्य केंद्रों की भारी कमी है, खासकर ग्रामीण क्षेत्रों में। डॉक्टर, नर्स और दवाएं उपलब्ध नहीं हैं। सरकारी अस्पतालों पर लोगों का भरोसा नहीं है, और निजी इलाज महंगा है। कुपोषण और एनीमिया महामारी का रूप ले चुके हैं। मातृ एवं शिशु मृत्यु दर चिंताजनक है। चमकी बुखार जैसी बीमारियाँ हर साल मासूमों की जान लेती हैं।

औद्योगिक क्षेत्र का पतन भी उतना ही गंभीर है। कभी 'चीनी का कटोरा' कहलाने वाला बिहार आज चीनी आयात करता है, 33 में से अधिकांश मिलें बंद हैं। जूट और सिल्क जैसे पारंपरिक उद्योग भी दम तोड़ चुके हैं। बरौनी, डालमियानगर, बिहार स्कूटर – ये सब अब इतिहास बन चुके हैं। कभी यहाँ बाहर से लोग रोजगार के लिए आते थे, आज पूरा बिहार बाहर जा रहा है।

और इन सभी समस्याओं के मूल में या इन्हें और विकराल बनाने वाला कारक है – राजनीति और प्रशासन में व्याप्त भ्रष्टाचार तथा अक्षमता। बिहार की राजनीति दशकों से अपराध, जातिवाद, परिवारवाद और अवसरवादिता के दलदल में फंसी हुई है। भ्रष्टाचार एक दीमक की तरह पूरी व्यवस्था को खोखला कर रहा है – अस्पताल, गर्भाशय, दवाई, अनाज, घोटाले से लेकर पुल निर्माण और शिक्षक भर्ती तक, हर जगह लूट मची है। आम आदमी को अपना जायज काम कराने के लिए भी रिश्वत देनी पड़ती है। "दागी भ्रष्ट अपराधी प्रवृति के लोग" सत्ता के गलियारों में पहुँच रहे हैं और "हक़ के लिए खड़े विचारकों, ईमानदारों, मासूमों

को तरह तरह से प्रताड़ित किया जाता है, फंसाया जाता है।" धनबल और बाहुबल लोकतंत्र का मखौल उड़ा रहे हैं। मीडिया का एक बड़ा हिस्सा भी अपनी निष्पक्ष भूमिका निभाने में विफल रहा है ("मीडिया बिक गयी है")। इस राजनीतिक संस्कृति का परिणाम है एक कमजोर, अक्षम और गैर-जवाबदेह प्रशासन, जो नीतियों को लागू करने में विफल रहता है और विकास की राह में सबसे बड़ा रोड़ा बनता है।

यह अध्याय बिहार की वर्तमान वस्तुस्थिति का एक ईमानदार, यथार्थवादी और शायद कुछ हद तक कठोर विश्लेषण प्रस्तुत करने का प्रयास है। यहाँ उद्देश्य केवल समस्याओं का रोना रोना या निराशा फैलाना नहीं है। बल्कि, जैसा किसी चिकित्सक के लिए रोग का सही निदान आवश्यक होता है, उसी तरह बिहार के पुनर्निर्माण के लिए इन समस्याओं की गहराई, उनकी जटिलता और उनके अंतर्संबंधों को समझना अनिवार्य है। "जैसे रोग को अनदेखा करने से बढ़ता जाता है, लाइलाज हो जाता है । उसी तरह स्तिथि परिस्तिथि को झुठलाने से, अनदेखा करने से समस्या बढ़ती जाती है।" हमें स्वीकार करना होगा कि बिहार आज कहाँ खड़ा है, कौन सी शक्तियाँ उसे पीछे खींच रही हैं, और किन कठोर सच्चाइयों का हमें सामना करना है।

यह विश्लेषण किसी निराशावादी दृष्टिकोण से नहीं, बल्कि एक आशावादी यथार्थवाद (Optimistic Realism) से किया जा रहा है। क्योंकि इन्हीं चुनौतियों के बीच संभावनाओं के बीज भी छिपे हैं। बिहार के लोगों में अदम्य जिजीविषा और अपनी स्थिति को बदलने की गहरी आकांक्षा है। कुछ क्षेत्रों में सीमित ही सही, पर प्रगति भी हुई है। आवश्यकता है एक सही दिशा, एक ईमानदार प्रयास और एक सामूहिक संकल्प की। यह अध्याय उसी ईमानदार प्रयास की दिशा में पहला कदम है – वर्तमान स्थिति का सटीक आकलन करना, ताकि आने वाले भागों में हम अतीत की प्रेरणा और वर्तमान के यथार्थ के आधार पर भविष्य के समाधानों की राह तलाश सकें। बिहार का भविष्य इस बात पर निर्भर करेगा कि हम इन संकटों को कितनी गंभीरता से लेते हैं और इनसे उबरने के लिए कितने साहस और संकल्प के साथ प्रयास करते हैं।

3
विचारधाराएँ और प्रेरणा

प्रस्तावना: प्रेरणा की अजस्र धारा

जब हम बिहार के पुनर्जनन की बात करते हैं, तो हमारा ध्यान अक्सर आर्थिक पिछड़ेपन, ढाँचागत कमियों और सामाजिक चुनौतियों पर केंद्रित हो जाता है। ये समस्याएँ वास्तविक और गंभीर हैं, जिनका समाधान अनिवार्य है। लेकिन बिहार की कहानी केवल अभाव और संघर्ष की कहानी नहीं है। यह भूमि ज्ञान, कला, साहित्य, विज्ञान और आध्यात्मिकता की एक ऐसी गहरी और समृद्ध विरासत को भी अपने सीने में सँजोए हुए है, जो न केवल हमें गौरवान्वित करती है, बल्कि भविष्य के निर्माण के लिए प्रेरणा और दिशा भी प्रदान करती है। विचारधाराओं की शक्ति (जैसा कि इस अध्याय के पिछले खंडों में चर्चा की गई है) को जब इस सांस्कृतिक और बौद्धिक विरासत की ऊर्जा से जोड़ा जाता है, तो परिवर्तन की एक अदम्य शक्ति का निर्माण होता है।

यह विशेष खंड बिहार और विशेष रूप से मिथिला की इसी गौरवशाली विरासत की एक संक्षिप्त झलक प्रस्तुत करने का प्रयास है। हमारा उद्देश्य केवल अतीत का महिमामंडन करना नहीं, बल्कि यह समझना है कि यह विरासत आज हमारे लिए क्या मायने रखती है। कैसे नालंदा का ज्ञान-आग्रह आज की शिक्षा व्यवस्था को सुधारने की प्रेरणा बन सकता है? कैसे आर्यभट्ट की वैज्ञानिक चेतना हमें नवाचार की ओर ले जा सकती है? कैसे विद्यापति की मधुर पदावली और मधुबनी की जीवंत कला हमारी सांस्कृतिक पहचान को मजबूत कर सकती है और आर्थिक अवसर पैदा कर सकती है? कैसे बुद्ध, महावीर, गुरु गोबिंद सिंह और सूफी संतों के संदेश हमें शांति और सद्भाव का मार्ग दिखा सकते हैं? और कैसे दिनकर और रेणु जैसे साहित्यकारों की लेखनी हमें सामाजिक यथार्थ का सामना करने और बदलाव

के लिए संघर्ष करने का साहस दे सकती है?

यह विरासत हमें याद दिलाती है कि बिहार केवल समस्याओं का गढ़ नहीं, बल्कि संभावनाओं का खजाना भी है। यह हमारे आत्मविश्वास को जगाती है और हमें विश्वास दिलाती है कि हम अपने भविष्य को स्वयं गढ़ने में सक्षम हैं। आइए, इस प्रेरणा के स्रोत में डुबकी लगाएं और पुनर्जनन के मार्ग को आलोकित करें।

1. ज्ञान और दर्शन: चिंतन की गहन परंपरा

* मिथिला का दार्शनिक वैभव: प्राचीन विदेह (मिथिला) ज्ञान का एक विश्व प्रसिद्ध केंद्र था। राजा जनक की सभा में याज्ञवल्क्य और गार्गी जैसे प्रकांड विद्वानों के बीच हुए आत्म-तत्व और ब्रह्म पर संवाद (बृहदारण्यक उपनिषद) भारतीय दर्शन की पराकाष्ठा हैं। यह परंपरा बाद में नव्य-न्याय के केंद्र के रूप में विकसित हुई (गंगेश उपाध्याय)। यह विरासत हमें तर्क, विमर्श और सत्य की खोज के महत्व को सिखाती है।

* विश्व धर्मों की उद्गम स्थली: बिहार की धरती ने बौद्ध धर्म (बुद्ध को बोधगया में ज्ञान) और जैन धर्म (महावीर का जन्म वैशाली के पास, निर्वाण पावापुरी में) को जन्म दिया। इन धर्मों ने अहिंसा, करुणा, समानता और नैतिकता का विश्वव्यापी संदेश दिया, जो आज भी शांतिपूर्ण सह-अस्तित्व और सामाजिक न्याय के लिए प्रासंगिक है।

* कौटिल्य का 'अर्थशास्त्र': पाटलिपुत्र में रचित यह ग्रंथ कुशल शासन, लोक कल्याण और प्रभावी प्रशासन का एक कालातीत मैनुअल है, जो आज के शासकों और प्रशासकों को भी दिशा दे सकता है।

2. विज्ञान और गणित: विश्व को बिहार का उपहार

* आर्यभट्ट और शून्य: पाटलिपुत्र के महान खगोलविद और गणितज्ञ आर्यभट्ट (5वीं शताब्दी) ने विश्व को शून्य (0) और दशमलव प्रणाली का अमूल्य सिद्धांत दिया, जिसने गणित और विज्ञान की दिशा बदल दी। उन्होंने पाई (π) का सटीक मान बताया और यह स्थापित किया कि पृथ्वी अपनी धुरी पर घूमती है तथा ग्रहणों का वैज्ञानिक कारण समझाया। आर्यभट्ट की विरासत हमें वैज्ञानिक सोच, तर्कशीलता और नवाचार को अपनाने के लिए प्रेरित करती है।

* ज्ञान केंद्र: नालंदा और विक्रमशिला जैसे विश्वविद्यालय केवल धर्म और दर्शन ही नहीं, बल्कि तर्कशास्त्र, चिकित्सा (आयुर्वेद) और गणित जैसे विषयों के भी महत्वपूर्ण केंद्र थे, जो एक समग्र ज्ञान परंपरा को दर्शाते हैं।

3. साहित्य: जन-मन की अभिव्यक्ति

* विद्यापति और मैथिली: मिथिला के महाकवि विद्यापति (14वीं-15वीं शताब्दी) ने मैथिली को साहित्यिक गौरव प्रदान किया। उनकी पदावली (राधा-कृष्ण प्रेम, शिव भक्ति) अपनी मधुरता, गेयता और लोकानुभूति के लिए अद्वितीय है और आज भी करोड़ों लोगों की जुबान पर है। वे हमें अपनी मातृभाषा और लोक संस्कृति से प्रेम करने और उसे समृद्ध करने की प्रेरणा देते हैं।

* आधुनिक हिंदी के स्तंभ: 'राष्ट्रकवि' रामधारी सिंह 'दिनकर' ने अपनी ओजस्वी कविताओं से राष्ट्रीय चेतना जगाई। फणीश्वर नाथ 'रेणु' ने 'मैला आँचल' जैसे उपन्यासों से आंचलिकता को साहित्य में स्थापित किया। 'जनकवि' नागार्जुन ने आम आदमी के दर्द और विद्रोह को आवाज दी। रामबृक्ष बेनीपुरी ने अपनी लेखनी से स्वतंत्रता संग्राम को बल दिया। इन साहित्यकारों ने हमें सामाजिक यथार्थ का सामना करने और अपनी आवाज बुलंद करने का साहस दिया।

* भोजपुरी के शेक्सपियर: भिखारी ठाकुर ने 'बिदेसिया' जैसे लोकनाट्यों के माध्यम से भोजपुरी भाषा और लोक संस्कृति को नई पहचान दी और पलायन जैसे सामाजिक मुद्दों को मार्मिकता से उठाया।

* उर्दू और अन्य भाषाएँ: बिहार उर्दू शायरी (शाद अज़ीमाबादी, कलीम आजिज़) और अन्य क्षेत्रीय भाषाओं (मगही, अंगिका, वज्जिका) की भी समृद्ध परंपरा रही है।

यह साहित्यिक विविधता बिहार की बहुलतावादी संस्कृति का प्रमाण है।

4. कला और स्थापत्य: सौंदर्य और कौशल का संगम

* मौर्यकालीन कला: अशोक स्तंभों की भव्यता और चमकदार पॉलिश, बराबर की गुफाओं की इंजीनियरिंग, और दीदारगंज यक्षी का सौंदर्य प्राचीन बिहार के कलात्मक शिखर को दर्शाते हैं।

* मधुबनी चित्रकला: मिथिला की महिलाओं द्वारा पीढ़ी-दर-पीढ़ी जीवित रखी गई यह अनूठी लोक कला आज वैश्विक पहचान बना चुकी है। इसकी जीवंत रेखाएं, प्राकृतिक रंग और गहरे प्रतीकवाद इसे विशिष्ट बनाते हैं। यह हमारी लोक कलाओं की शक्ति और आर्थिक क्षमता का प्रतीक है।

* पाल कला: काले पत्थर की मूर्तियाँ और पांडुलिपि चित्र इस काल की विकसित कलात्मक संवेदनशीलता के प्रमाण हैं।

* पटना कलम: मुगल और ब्रिटिश शैली का यह संगम बिहार की कलात्मक यात्रा का एक महत्वपूर्ण पड़ाव था।

* **शेरशाह का मकबरा:** मध्यकालीन भारतीय-इस्लामी वास्तुकला का एक उत्कृष्ट नमूना।

* **अन्य लोक कलाएं:** सिक्की कला, टेराकोटा, काष्ठ शिल्प, खटवा कला आदि बिहार की रचनात्मक विविधता को दर्शाती हैं।

यह कलात्मक विरासत हमें सौंदर्य बोध, कौशल के सम्मान और अपनी सांस्कृतिक जड़ों को सहेजने की प्रेरणा देती है।

5. आध्यात्मिकता और सद्भाव: अनेकता में एकता

* **बहु-धार्मिक संगमः** बिहार हिंदू, बौद्ध, जैन, सिख (गुरु गोबिंद सिंह जी का जन्मस्थान पटना साहिब), इस्लाम (सूफी केंद्र जैसे बिहार शरीफ, मनेर शरीफ) और ईसाई धर्मों का संगम स्थल रहा है। यह धार्मिक सहिष्णुता और शांतिपूर्ण सह-अस्तित्व की एक लंबी परंपरा का प्रतीक है।

* **आध्यात्मिक ऊर्जाः** बुद्ध, महावीर, गुरु गोबिंद सिंह और सूफी संतों की आध्यात्मिक ऊर्जा आज भी इस भूमि में महसूस की जा सकती है। यह हमें नैतिक मूल्यों, सेवा भाव और आंतरिक शांति की ओर प्रेरित करती है।

5. वैचारिक ईंधन से बिहार का पुनर्निर्माण

बिहार की मिट्टी ने न केवल साम्राज्य और ज्ञान की मशालें जलाईं, बल्कि उन विचारों और आंदोलनों को भी जन्म दिया जिन्होंने भारत के भाग्य को आकार दिया। अध्याय 1 में हमने प्रेरणादायक ऐतिहासिक गौरव देखा, और अध्याय 2 में वर्तमान संकटों का सामना किया। यह तीसरा भाग उस वैचारिक ईंधन की तलाश है जो बिहार के पुनर्निर्माण के इंजन को शक्ति दे सके। विकास केवल भौतिक निर्माण नहीं, बल्कि एक दृष्टि, दर्शन और सामूहिक इच्छाशक्ति की भी मांग करता है।

बिहार का पुनर्निर्माण केवल आर्थिक योजनाओं या प्रशासनिक सुधारों से संभव नहीं। इसके लिए उन गहरी जड़ों वाली विचारधाराओं और प्रेरणाओं की आवश्यकता है जो लोगों को अन्याय के खिलाफ लड़ने और बेहतर भविष्य बनाने के लिए एकजुट कर सकें। यह भाग तीन शक्तिशाली वैचारिक धाराओं पर केंद्रित है जिनका बिहार से गहरा नाता है और जो आज भी प्रासंगिक हैं: गांधीवाद (सत्य, अहिंसा, सर्वोदय), समाजवाद (समानता, न्याय), और लोहिया-जेपी की क्रांतिकारी चेतना (सप्त क्रांति, संपूर्ण क्रांति)।

चंपारण में गांधीवाद की विजय हमें नैतिक बल की शक्ति सिखाती है। समाजवाद का आदर्श, जिसने कभी वंचितों को शिखर तक पहुँचाया, हमें समानता के अधूरे एजेंडे की याद दिलाता है। लोहिया और जेपी की क्रांतियाँ हमें भ्रष्टाचार

और अन्याय के खिलाफ लड़ने की भावना देती हैं।

ये विचारधाराएँ केवल अतीत की धरोहर नहीं, बल्कि बिहार के वर्तमान संकटों (शिक्षा, बेरोजगारी, पलायन, विषमता, भ्रष्टाचार) का सामना करने के लिए नैतिक और रणनीतिक ढाँचा प्रदान करती हैं। यह अध्याय इन विचारों की शक्ति, प्रासंगिकता और प्रेरणादायक क्षमता को समझने का प्रयास है, क्योंकि विचारों में ही समाज बदलने की शक्ति होती है, और बिहार को आज ऐसे ही परिवर्तनकारी विचारों की आवश्यकता है।

i. गांधीवाद और अहिंसा: नैतिक शक्ति से परिवर्तन

गांधीवाद सत्य और अहिंसा पर आधारित है – अन्याय के खिलाफ निर्भयता से खड़े होना और बिना हिंसा के सक्रिय प्रतिरोध करना ('सत्याग्रह')। गांधी ने इसे चंपारण (1917) में नील किसानों के शोषण के विरुद्ध सफलतापूर्वक लागू किया, जिसने ब्रिटिश सत्ता को झुकाया और गांधी को राष्ट्रीय नेता बनाया। यह बिहार के लिए गौरव और प्रेरणा का क्षण है।

गांधीवाद का तीसरा स्तंभ भेदभाव-विहीनता है – जाति, धर्म, लिंग के आधार पर कोई भेद नहीं ('सर्वोदय')। उन्होंने अस्पृश्यता को कलंक माना ('हरिजन' सेवा), धार्मिक सहिष्णुता पर बल दिया, और लिंग समानता की वकालत की (बाल विवाह जैसी कुरीतियों का विरोध)। उनका 'ग्राम स्वराज' का सिद्धांत आत्मनिर्भर गाँवों और विकेंद्रीकृत सत्ता की बात करता है, जो बिहार के ग्रामीण संकट और पलायन का समाधान बन सकता है।

गांधी की अहिंसा ने मार्टिन लूथर किंग (अमेरिकी नागरिक अधिकार आंदोलन) और नेल्सन मंडेला जैसे वैश्विक नेताओं को प्रेरित किया। अमेरिका-जापान का युद्ध के बाद सहयोग का मार्ग अपनाना भी दिखाता है कि "हिंसा से सिर्फ विध्वंश होता है। विकास सिर्फ शान्ति, शिक्षा एवं भाईचारे से ही संभव है।"

बिहार के लिए प्रेरणा: गांधी के सत्य, अहिंसा, समानता और सेवा के सिद्धांत आज भी बिहार के भ्रष्टाचार, सामाजिक असमानता, पलायन और बेरोजगारी जैसे संकटों से लड़ने के लिए सबसे शक्तिशाली हथियार हैं। चंपारण की विरासत हमें नैतिक शक्ति से बदलाव लाने का मार्ग दिखाती है।

ii. समाजवाद और लोकतंत्र: समानता और जनशक्ति का संगम

समाजवाद का मूल सिद्धांत समानता और सामाजिक न्याय है – उत्पादन के साधनों और धन का वितरण समाज के हित में हो, न कि व्यक्तिगत लाभ के लिए। यह पूंजीवाद की शोषणकारी और असमानता बढ़ाने वाली प्रवृत्तियों की आलोचना करता है। "अमीर और अमीर होते जा रहें हैं और गरीब और गरीब"।

भारत और बिहार में समाजवाद गांधी-लोहिया-जेपी के विचारों से प्रभावित रहा, जिसने लोकतांत्रिक तरीकों और सामाजिक न्याय (विशेषकर जातिगत भेदभाव के खिलाफ) पर जोर दिया। बिहार की सामंती पृष्ठभूमि में, समाजवाद ने वंचितों को आवाज दी।

लोकतंत्र 'जनता का शासन' है, जो जन संप्रभुता, मौलिक अधिकार, कानून का शासन और जवाबदेही पर आधारित है। इसकी सुंदरता आम आदमी को सशक्त बनाने में है। "ये समाजवाद एवं लोकतंत्र की सुंदरता थी कि गरीब गुरबा, गुदड़ी के अनगिनत लाल सत्ता के शीर्ष पर काबिज हुए"। बिहार ने लोकतंत्र को अपनाया, लेकिन यह धनबल, बाहुबल, जातिवाद और भ्रष्टाचार से ग्रस्त भी रहा। फिर भी, जेपी आंदोलन (1974) ने बिहार में लोकतंत्र की अंतर्निहित शक्ति का प्रदर्शन किया, जब जनता ने तानाशाही के खिलाफ आवाज उठाई।

आज पूंजीवाद और परिवारवाद समाजवाद पर हावी होते दिख रहे हैं, जिससे असमानता बढ़ी है और लोकतांत्रिक मूल्य कमजोर हुए हैं। आर्थिक वृद्धि (जैसे बिहार की GSDP वृद्धि) का लाभ सब तक नहीं पहुँच रहा।

बिहार के लिए सबक: समाजवाद गरीबी (33% MPI) और असमानता से लड़ने का हथियार है, जबकि लोकतंत्र जन सशक्तिकरण का माध्यम। इन दोनों का सही समन्वय ही बिहार को पिछड़ेपन से निकालकर समावेशी विकास की ओर ले जा सकता है।

iii. लोहिया और जेपी की क्रांतियाँ: परिवर्तन की मशाल

डॉ. राम मनोहर लोहिया ने भारतीय समाजवाद को मौलिक दिशा दी। उनकी 'सप्त क्रांति' सात प्रकार की असमानताओं - लिंग, जाति/रंग, जन्म, परतंत्रता (विदेशी शासन), आर्थिक (पूंजी), निजी जीवन में हस्तक्षेप, और शस्त्र - के खिलाफ एक साथ संघर्ष का आह्वान था। उन्होंने 'जाति तोड़ो' और पिछड़ों के लिए विशेष अवसर की वकालत की। उनका मानना था कि सामाजिक क्रांति के बिना आर्थिक प्रगति अधूरी है। उनके विचार बिहार में सामाजिक न्याय और समानता की लड़ाई के लिए आज भी प्रासंगिक हैं।

जयप्रकाश नारायण (जेपी) ने 1974 में बिहार से 'संपूर्ण क्रांति' का आह्वान किया। यह केवल सरकार बदलने का नहीं, बल्कि समाज के हर पहलू (राजनीतिक, आर्थिक, सामाजिक, सांस्कृतिक, शैक्षणिक, नैतिक) में आमूल-चूल परिवर्तन लाने का आंदोलन था। इसके मुख्य लक्ष्य थे – भ्रष्टाचार मुक्त शासन, बेरोजगारी/अशिक्षा का अंत, आर्थिक/सामाजिक समानता, और जनशक्ति का उभार। इस आंदोलन ने युवाओं को प्रेरित किया और आपातकाल के बाद लोकतंत्र

की बहाली में महत्वपूर्ण भूमिका निभाई।

बिहार पर प्रभाव और प्रेरणा: लोहिया और जेपी के विचारों ने बिहार की राजनीति और समाज पर गहरी छाप छोड़ी है। उन्होंने सामाजिक न्याय की चेतना जगाई और लोकतांत्रिक अधिकारों के प्रति जागरूकता बढ़ाई। उनकी विरासत आज भी प्रेरणा का स्रोत है। लोहिया की बहुआयामी समानता की मांग और जेपी का जनशक्ति तथा व्यवस्था परिवर्तन का आह्वान बिहार को भ्रष्टाचार, असमानता, पलायन और शिक्षा संकट जैसी समस्याओं से लड़ने के लिए दिशा और ऊर्जा प्रदान करते हैं। यद्यपि "आज जो इन विचारधाराओं का हश्र है वो स्तब्ध कर देने वाला है"। समाजवाद क्षद्म समाजवादियों से, पूंजीवाद, परिवारवाद से, ढकोसला, दिखावा से हारता दिख रहा है।

निष्कर्ष: प्रेरणा लेकर भविष्य गढ़ना

बिहार और मिथिला का ज्ञान, कला, साहित्य, विज्ञान और आध्यात्मिकता की समृद्ध विरासत केवल अतीत की वस्तु नहीं है। यह एक जीवंत प्रेरणा स्रोत है जो बिहार के पुनर्जनन के प्रयासों को दिशा और ऊर्जा प्रदान कर सकता है। नालंदा की ज्ञान परंपरा हमें शिक्षा में उत्कृष्टता लाने, आर्यभट्ट की वैज्ञानिक चेतना हमें नवाचार अपनाने, विद्यापति और मधुबनी की कला हमें अपनी सांस्कृतिक जड़ों से जुड़ने और आर्थिक अवसर पैदा करने, दिनकर और रेणु हमें सामाजिक यथार्थ का सामना करने, और बुद्ध, महावीर, गांधी तथा गुरुओं के संदेश हमें शांति, सद्भाव और नैतिक बल प्रदान करने की प्रेरणा देते हैं।

मैं लोकतंत्र, समाजवाद, गाँधीवाद, लोहिया के सप्त क्रांति एवं जे पी के सम्पूर्ण क्रांति को पढ़ का प्रभावित होकर राजनीति में आया। समाजवाद में धन, संपत्ति का स्वामित्व एवं वितरण मूलतह समाज के नियंत्रण में होने का प्रावधान है। गाँधीवाद सत्य, अहिंसा, निष्ठा, सेवा, भेद भाव विहीनता सिखाता है। लोहिया की सप्त क्रांति लिंगभेद, रंगभेद, जातिभेद, परतंत्रता, विषमता, हिंसा, पूँजीवाद से लड़ना सिखाता है। जे पी की संपूर्ण क्रांति राजनैतिक, आर्थिक, सामाजिक, सांस्कृतिक, बौद्धिक, शैक्षणिक, एवं आध्यात्मिक मार्ग पर अग्रसरित करती है एवं भ्रष्टाचार, बेरोजगारी, अशिक्षा से लड़ने के लिए प्रेरित करती हैं। ये समाजवाद एवं लोकतंत्र की सुंदरता थी कि गरीब गुरबा, गुदड़ी के अनगिनत लाल सत्ता के शीर्ष पर काबिज हुए। किन्तु आज जो इन विचारधाराओं का हश्र है वो स्तब्ध कर देने वाला है। समाजवाद को पूँजीवाद एवं परिवारवाद के विपरीत माना जाता है। आज पूँजीवाद एवं परिवारवाद समाजवाद पर हावी होता जा रहा है। वितकइम, भ्रष्टाचार, घोटाला एवं अपराध कर अकूत संपत्ति एकत्र कर चुनाव लड़ना, प्रभाव, धन एवं

बाहुबल पर सत्ता पे काबिज होने का प्रचलन हो गया है। लोकतान्त्रिक व्यवस्था के हर पायदान पर ऐसे लोगो की उपस्थिति समाज के लिए घातक है। अमीर और अमीर होते जा रहें हैं और गरीब और गरीब। गरीबों का घर जितने में एक महीना चलता है अमीर पल पल उतना खर्च करते हैं। आर्थिक एवं सामाजिक विषमता चरम पर पहुंच गयी है। आज के समय में व्यापक सुधार की आवशकता है। आज बिहार भारत के सबसे निचले पायदान पर खड़ा है। विकास के हर सूचकांक पर पिछड़ा है।

जब हम गांधीवाद, समाजवाद और लोहिया-जेपी की क्रांतिकारी विचारधाराओं को अपनी इस गहरी सांस्कृतिक और बौद्धिक विरासत से जोड़ते हैं, तो हमें बिहार के पुनर्जनन का एक समग्र और शक्तिशाली मॉडल प्राप्त होता है। यह मॉडल न केवल आर्थिक प्रगति पर, बल्कि ज्ञान, संस्कृति, नैतिकता और सामाजिक न्याय पर भी आधारित होगा। यही वह नींव है जिस पर एक नए, आत्मनिर्भर, समृद्ध और गौरवशाली बिहार का निर्माण संभव है। हमें अपनी इस विरासत को पहचानना होगा, उसका सम्मान करना होगा और उसे भविष्य के निर्माण में एक सक्रिय शक्ति बनाना होगा।

4

बिहार की समस्याएँ - गहन आंकलन

प्रस्तावनाः बिहार की वर्तमान दशा - एक यथार्थवादी विश्लेषण

बिहार, भारत के इतिहास और संस्कृति का एक गौरवशाली अध्याय, आज दुर्भाग्यवश अनेक गंभीर चुनौतियों के चौराहे पर खड़ा है। पाटलिपुत्र की भव्यता, नालंदा का ज्ञान और अशोक की शांति की विरासत के बावजूद, वर्तमान बिहार आर्थिक ठहराव, सामाजिक विषमता, शिक्षा-स्वास्थ्य के संकट, बेरोजगारी-पलायन की त्रासदी और ढाँचागत कमजोरियों से जूझ रहा है।

यह अध्याय बिहार की इसी कड़वी सच्चाई का एक ईमानदार और संक्षिप्त विश्लेषण प्रस्तुत करता है। हमारा उद्देश्य केवल समस्याओं का रोना रोना नहीं, बल्कि नवीनतम आँकड़ों और जमीनी हकीकत के आईने में यह समझना है कि बिहार आज कहाँ है और इसके पुनर्जनन के लिए किन मूल मुद्दों को संबोधित करना होगा। हम सात प्रमुख क्षेत्रों - आर्थिक विषमता, शिक्षा, बेरोजगारी, ढाँचा, कृषि, स्वास्थ्य, और राजनीति/भ्रष्टाचार - पर ध्यान केंद्रित करेंगे।

यह विश्लेषण यथार्थवादी है, निराशावादी नहीं। समस्याओं को स्वीकार करना ही समाधान की ओर पहला कदम है। "जैसे रोग को अनदेखा करने से वह लाइलाज हो जाता है," उसी तरह बिहार की समस्याओं को अनदेखा करने से वे और विकराल होंगी। यह अध्याय उन कारणों की पड़ताल करता है जिन्होंने बिहार को पीछे धकेला है, ताकि हम अगले भागों में समाधान की राह तलाश सकें। बिहार का भविष्य इन संकटों से उबरने की हमारी सामूहिक क्षमता और संकल्प पर निर्भर है।

1. आर्थिक और सामाजिक विषमता

बिहार की अर्थव्यवस्था में हालिया वृद्धि के दावे उसकी जमीनी हकीकत से मेल नहीं खाते। राज्य की प्रति व्यक्ति आय राष्ट्रीय औसत से बहुत कम है, जो इसे भारत के सबसे गरीब राज्यों में से एक बनाती है। यह वृद्धि अत्यंत असमान है, जो पटना जैसे शहरी केंद्रों तक सीमित है, जबकि ग्रामीण बिहार (जहाँ अधिकांश आबादी रहती है) गरीबी और अभाव में जी रहा है। नीति आयोग के MPI 2023 के अनुसार, राज्य की लगभग एक तिहाई आबादी बहुआयामी गरीबी में है। इसके पीछे बेलगाम पूँजीवाद और गहराता परिवारवाद प्रमुख कारण हैं, जहाँ संसाधनों पर कुछ प्रभावशाली वर्गों का कब्जा है और विकास का लाभ आम आदमी तक नहीं पहुँच पा रहा। यह अमीर-गरीब की बढ़ती खाई बिहार के समग्र विकास में सबसे बड़ी बाधा है।

2. शिक्षा का संकट

शिक्षा, जो प्रगति की कुंजी है, बिहार में जंग खा रही है। साक्षरता दर बढ़ी है, पर राष्ट्रीय औसत से कम है, खासकर महिलाओं की। असल संकट गुणवत्ता और पहुँच का है। अधिकांश सरकारी स्कूल RTE मानकों (शिक्षक-छात्र अनुपात) को पूरा नहीं करते, कई स्कूलों में भवन तक नहीं हैं, और बुनियादी सुविधाओं का घोर अभाव है। शिक्षकों की कमी और नियुक्ति में भ्रष्टाचार ने गुणवत्ता को और गिराया है। उच्च शिक्षा की स्थिति भी दयनीय है, प्रतिष्ठित संस्थानों का अभाव है, जिससे ब्रेन ड्रेन और संसाधनों का पलायन होता है (छात्रों को भारी खर्च पर बाहर जाना पड़ता है)। बाल विवाह और कुपोषण (NFHS-5 आँकड़े) लड़कियों की शिक्षा और समग्र मानव विकास को गंभीर रूप से बाधित कर रहे हैं। यह शिक्षा संकट बिहार के भविष्य को अंधकारमय बना रहा है।

3. बेरोजगारी और पलायन

बेरोजगारी और पलायन बिहार की सबसे बड़ी त्रासदी हैं, जो एक-दूसरे को जन्म देती हैं। राज्य की बेरोजगारी दर राष्ट्रीय औसत से काफी अधिक है (PLFS 2022-23)। शिक्षित युवा भी नौकरियों के लिए भटक रहे हैं। अवसरों की कमी के कारण लाखों बिहारी (60-70 लाख अनुमानित) अपनी जड़ों को छोड़कर देश-विदेश में मजदूरी करने को मजबूर हैं। वे हजारों करोड़ का रेमिटेंस भेजते हैं, जो ग्रामीण अर्थव्यवस्था को चलाता है, लेकिन यह उत्पादक निवेश में नहीं बदलता। परदेस में उन्हें अक्सर शोषण, भेदभाव और अपमान ("दूसरे दर्जे के नागरिक") का सामना करना पड़ता है। परिवार से दूरी और अनिश्चितता मानसिक तनाव और अवसाद को जन्म देती है। यह युवा मानव पूंजी का पलायन राज्य के विकास

के लिए घातक है। स्थानीय स्तर पर सम्मानजनक रोजगार सृजन बिहार की सबसे बड़ी और तत्काल आवश्यकता है।

4. बुनियादी ढाँचे की दुर्दशा

विकास की धमनी प्रणाली, यानी बुनियादी ढाँचा, बिहार में रुग्ण है। सड़कें बनती हैं, पर गुणवत्ता खराब होती है ("कही सडको में गड्ढे है कही गड्ढों की बीच सड़क है"), वे जल्दी टूट जाती हैं। पुल निर्माण भ्रष्टाचार का पर्याय बन गए हैं। ग्रामीण कनेक्टिविटी आज भी एक बड़ी चुनौती है। सार्वजनिक परिवहन व्यवस्था दयनीय है, लोग असुरक्षित और भीड़भाड़ भरी यात्रा करने को मजबूर हैं। बिजली की स्थिति सुधरी है, पर उत्पादन क्षमता कम है, आयात पर निर्भरता अधिक है, और ग्रामीण क्षेत्रों में कटौती आम है, जो उद्योगों और कृषि को बाधित करती है। स्वच्छ पेयजल और सिंचाई सुविधाओं का भी अभाव है। यह ढाँचागत कमजोरी विकास की गति को धीमा करती है।

5. कृषि और पर्यावरण संकट

कृषि, बिहार की अर्थव्यवस्था की रीढ़, स्वयं गहरे संकट में है। बाढ़ (76% क्षेत्र प्रभावित) और सूखे का वार्षिक प्रकोप फसलों को तबाह कर देता है। जल प्रबंधन की विफलता (नेपाल से आने वाली नदियों पर नियंत्रण नहीं, पारंपरिक जल स्रोतों की उपेक्षा, अपर्याप्त सिंचाई) इस संकट को बढ़ाती है। छोटे और सीमांत किसानों की बहुलता, संसाधनों की कमी, और कम उत्पादकता कृषि को अलाभकारी बना रही है। युवा पीढ़ी खेती से विमुख हो रही है, और किसानों की संख्या घट रही है। पर्यावरणीय असंतुलन (मिट्टी की उर्वरता में कमी, भूजल स्तर गिरना) भविष्य की खाद्य सुरक्षा के लिए खतरा है।

6. स्वास्थ्य और औद्योगिक पतन

बिहार में स्वास्थ्य सेवाएँ बदहाल हैं। ग्रामीण क्षेत्रों में अस्पतालों, डॉक्टरों, नर्सों और दवाओं की भारी कमी है। सरकारी अस्पतालों पर लोगों का भरोसा नहीं है। कुपोषण और एनीमिया (NFHS-5) महामारी की तरह फैले हैं। मातृ एवं शिशु मृत्यु दर चिंताजनक है। चमकी बुखार जैसी बीमारियाँ सार्वजनिक स्वास्थ्य प्रणाली की विफलता को दर्शाती हैं। दूसरी ओर, राज्य औद्योगिक पतन का शिकार है। कभी 'चीनी का कटोरा' कहलाने वाला बिहार आज चीनी आयात करता है, अधिकांश चीनी मिलें बंद हैं। जूट और सिल्क जैसे पारंपरिक उद्योग भी मर चुके हैं। नए उद्योगों का अभाव है। यह दोहरा संकट (स्वास्थ्य और उद्योग का) जीवन और आजीविका दोनों को खतरे में डाल रहा है।

7. राजनीति और भ्रष्टाचार

बिहार की समस्याओं को गहरा करने में राजनीति और प्रशासन में व्याप्त भ्रष्टाचार, अपराध, जातिवाद, परिवारवाद और अवसरवादिता की बड़ी भूमिका है। भ्रष्टाचार एक दीमक की तरह व्यवस्था को खोखला कर रहा है (बड़े घोटालों से लेकर रोजमर्रा की रिश्वतखोरी तक)। राजनीति का अपराधीकरण और अपराध का राजनीतिकरण आम है। ईमानदार अधिकारियों का दमन होता है। जातिगत समीकरण और परिवारवाद विकास के मुद्दों पर हावी रहते हैं। विचारधाराओं का पतन हुआ है और अवसरवादिता बढ़ी है। धनबल और बाहुबल लोकतंत्र का मखौल उड़ाते हैं। मीडिया के एक वर्ग की भूमिका भी संदिग्ध रही है। यह प्रशासनिक विफलता बिहार के विकास में सबसे बड़ा रोड़ा है।

निष्कर्ष

बिहार की वर्तमान वस्तुस्थिति चुनौतियों और संकटों का एक जटिल जाल है, जहाँ आर्थिक, सामाजिक, शैक्षिक, ढाँचागत, पर्यावरणीय और राजनीतिक समस्याएँ एक-दूसरे से गहराई से जुड़ी हुई हैं। राज्य विकास के कई मानकों पर पिछड़ा हुआ है। लेकिन, तस्वीर पूरी तरह निराशाजनक नहीं है। प्रगति की संभावनाएं मौजूद हैं और लोगों में बदलाव की आकांक्षा है। इन समस्याओं को ईमानदारी से स्वीकार करना और समझना ही समाधान की ओर पहला कदम है। अगले अध्यायों में हम इन्हीं चुनौतियों से उबरने के लिए संभावित उपायों और रणनीतियों पर विचार करेंगे। बिहार का पुनर्जनन संभव है, यदि हम इन संकटों का साहस और संकल्प के साथ सामना करें।

5

समाधान - बिहार समृद्धि पंचसूत्री परियोजना: एक नए बिहार का रोडमैप

प्रस्तावना

बिहार की नियति निराशा और पिछड़ेपन में कैद नहीं रह सकती। इतिहास साक्षी है कि यह भूमि असाधारण क्षमता रखती है - ज्ञान का प्रकाश फैलाने की, शक्तिशाली साम्राज्य बनाने की, और परिवर्तनकारी विचारों को जन्म देने की। पिछले भागों में, हमने इस गौरवशाली अतीत (अध्याय 1) की धूल झाड़ी, वर्तमान संकटों की भयावह तस्वीर (अध्याय 2) का सामना किया, उन विचारधाराओं (अध्याय 3) से प्रेरणा ली जिन्होंने न्याय और समानता का सपना देखा, और उन समस्याओं (अध्याय 4) की गहराई में उतरे जो आज बिहार को जकड़े हुए हैं। मेरा स्वप्न है बिहार को विश्व मानचित्र पर बौद्धिक श्रम (ए आई, ए आई ओ टी, बिग डाटा, मेटवर्स, डिजिटल ट्विन, सेमीकंडक्टर जैसी आधुनिक तकनीक), कृषि निर्यात एवं पर्यटन के क्षेत्र के अग्रणियों में स्थापित करना। अब समय है निराशा के बादलों को चीरकर आशा की किरण जगाने का, समस्याओं के विश्लेषण से आगे बढ़कर ठोस समाधानों की ओर कदम बढ़ाने का।

यह अध्याय, इस यात्रा का सबसे महत्वपूर्ण पड़ाव, केवल समस्याओं का रोना रोने के लिए नहीं है, बल्कि बिहार के पुनर्निर्माण , उसके कायाकल्प के लिए

एक महत्वाकांक्षी, एकीकृत और व्यावहारिक रोडमैप प्रस्तुत करने के लिए है। यह रोडमैप है - "बिहार समृद्धि पंचसूत्री परियोजना"। यह कोई हवाई किला या खोखला वादा नहीं, बल्कि बिहार की विशिष्ट भौगोलिक, सामाजिक और आर्थिक वास्तविकताओं को ध्यान में रखते हुए तैयार की गई पाँच परस्पर जुड़ी हुई, परिवर्तनकारी परियोजनाओं का एक समूह है।

यह पंचसूत्री योजना उन पाँच प्रमुख क्षेत्रों पर लक्षित है जो बिहार के भविष्य को आकार दे सकते हैं:

1. **अद्भुत समृद्धि नहर:** जो सदियों पुराने बाढ़ के अभिशाप को वरदान में बदलेगी, पानी का प्रबंधन करेगी और कृषि में क्रांति लाएगी।

2. **स्पेशल इकोनॉमिक ज़ोन (SEZ):** जो राज्य के हर कोने में औद्योगिक विकास और रोजगार के अवसर पैदा करेंगे, पलायन को रोकेंगे और निर्यात को बढ़ावा देंगे।

3. **पग-पग पोखर माछ मखानः** जो मिथिला की पारंपरिक बुद्धिमत्ता को पुनर्जीवित कर ग्रामीण अर्थव्यवस्था को मजबूत करेगी, जल संरक्षण करेगी और पोषण सुरक्षा बढ़ाएगी।

4. **आईटी सिटीः** जो बिहार को ज्ञान अर्थव्यवस्था के वैश्विक मानचित्र पर स्थापित करेगी, शिक्षित युवाओं के लिए उच्च-मूल्य वाले रोजगार सृजित करेगी और ब्रेन ड्रेन को ब्रेन गेन में बदलेगी।

5. **जानकी आध्यात्मिक सर्किटः** जो बिहार की समृद्ध सांस्कृतिक और धार्मिक विरासत को पुनर्जीवित कर पर्यटन को बढ़ावा देगी, स्थानीय कलाओं को संरक्षित करेगी और मिथिला के गौरव को पुनस्थार्पित करेगी।

यह पंचसूत्री परियोजना केवल अलग-अलग योजनाओं का संग्रह नहीं है, बल्कि एक एकीकृत दृष्टि (Integrated Vision) है। नहर से मिलने वाला पानी और बिजली SEZs और IT City को चलाएंगे; SEZs में लगने वाले खाद्य प्रसंस्करण उद्योग 'पग-पग पोखर' योजना के उत्पादों के लिए बाजार बनाएंगे; IT City बिहार के युवाओं को वैश्विक अवसर प्रदान करेगी; और जानकी सर्किट राज्य की सांस्कृतिक पहचान को मजबूत कर समग्र विकास के लिए एक सकारात्मक माहौल बनाएगा।

इस अध्याय में, हम प्रत्येक सूत्र का विस्तृत विश्लेषण करेंगे – उनकी परिकल्पना, उनके अपेक्षित लाभ, उनकी अनुमानित लागत और समयसीमा, उनके सामने आने वाली चुनौतियाँ और उन चुनौतियों से निपटने के उपाय। हम देखेंगे कि कैसे यह पंचसूत्री योजना बिहार की सबसे बड़ी समस्याओं –

बाढ़, बेरोजगारी, कृषि संकट, औद्योगिक पिछड़ापन, पलायन और यहाँ तक कि अप्रत्यक्ष रूप से भ्रष्टाचार – का एक समग्र समाधान प्रस्तुत करती है। यह योजना बिहार को केवल रेंगने के लिए नहीं, बल्कि उड़ने के लिए पंख देने का एक प्रयास है। यह समय है बिहार के लिए बड़े सपने देखने का और उन्हें साकार करने के लिए साहस और संकल्प के साथ आगे बढ़ने का।

1. अद्भुत समृद्धि नहर: शोक को समृद्धि में बदलने का महाअभियान

नेपाल सीमा के समानांतर बिहार की भूमि पर चंपारण से पूर्णिया प्रमंडल तक 500 किलोमीटर अद्भुत समृद्धि नहर का प्रस्ताव है। बिहार सदियों से नेपाल जनित नदियों के बाढ़ से त्रस्त रहा है। नेपाल में बाँध बनाने की पहल भारत और नेपाल सरकार के बीच लटकी है। नहर बाढ़ से रक्षा करेगी, बाढ़ नियंत्रण, सिंचाई, जलविद्युत और जल परिवहन ले माध्यम से बिहार को समृद्ध बनाएगी। यह नहर सीमा नियंत्रण और सुरक्षा में भी महत्वपूर्ण भूमिका निभाएगी। नहर का हरिद्वार से कोलकता तक विस्तार कर विकसित जल परिवहन तंत्र में विकास किया जा सकता है। नहर के इर्द गिर्द के क्षेत्र में वनरोपण, नकदी फसल, फल, सब्जी, फूल, जड़ी, बूटी, गन्ना उत्पादन एवं आधारित उद्योग स्थापित करने का प्रस्ताव है। यह मेरे 2008 के बाढ़ नियंत्रण मास्टर प्लान का विकसित रूप है।

(i) मुख्य उद्देश्य और लाभ:

* बाढ़ नियंत्रण: नेपाल से आने वाली नदियों (कोसी, गंडक, बागमती, कमला, महानंदा) के अतिरिक्त पानी को नियंत्रित तरीके से निकालकर बाढ़ से राहत।

* सिंचाई और कृषि विकास: नहर से 20 लाख हेक्टेयर अतिरिक्त भूमि को सिंचाई सुविधा मिलेगी, जिससे फसल उत्पादन बढ़ेगा और हरित क्रांति संभव होगी।

* जल परिवहन: इसे हरिद्वार से कोलकाता तक विस्तारित कर सस्ता और पर्यावरण-अनुकूल जल परिवहन तंत्र विकसित किया जा सकता है।

* जलविद्युत उत्पादन: नहर मार्ग में छोटे जलविद्युत संयंत्र लगाकर सैकड़ों मेगावाट स्वच्छ ऊर्जा उत्पन्न की जा सकती है।

* रोजगार और उद्योग: नहर के किनारे मत्स्य पालन, नकदी फसलें, औद्योगिक इकाइयाँ और पर्यटन को बढ़ावा मिलेगा, जिससे रोजगार सृजन होगा।

* पर्यावरण संरक्षण: बड़े पैमाने पर वनरोपण और जल पुनर्भरण से भूजल स्तर में सुधार होगा।

(ii) वित्तपोषण और कार्यान्वयन:

* परियोजना की लागत हजारों करोड़ रुपये होगी, जिसे केंद्र, राज्य सरकार, अंतरराष्ट्रीय संस्थानों और निजी निवेश के सहयोग से पूरा किया जाएगा।

* निर्माण 2025-2035 के बीच चरणबद्ध तरीके से पूरा करने की योजना।

(iii) चुनौतियाँ और समाधानः

*भूमि अधिग्रहणः पारदर्शी मुआवजा नीति और पुनर्वास योजनाएँ लागू करनी होंगी।

* नेपाल से समन्वयः कूटनीतिक स्तर पर नेपाल को शामिल कर सहयोग बढ़ाना होगा।

* गाद प्रबंधनः सेटलिंग बेसिन, साइड चैनल और ड्रेजिंग तकनीकों का उपयोग किया जाएगा।

इसके लिए अभूतपूर्व राजनीतिक इच्छाशक्ति, कुशल योजना, ईमानदार कार्यान्वयन और जन भागीदारी की आवश्यकता होगी। यह एक ऐसा निवेश है जो आने वाली पीढ़ियों के लिए बिहार का भाग्य बदल सकता है। यह समय है कि बिहार अपने जल संसाधनों के प्रबंधन की जिम्मेदारी अपने हाथों में ले और शोक को समृद्धि में बदलने के इस महाअभियान को शुरू करे।

यह विषय अत्यंत महत्वपूर्ण और सारगर्भित है, जो अपने आप में एक सम्पूर्ण अध्याय का पात्र है। इसलिए, इसे विस्तारपूर्वक समझाने के लिए अगले अध्याय में विशेष रूप से प्रस्तुत किया गया है।

2. स्पेशल इकोनॉमिक ज़ोन (SEZ): औद्योगिक क्रांति के नए केंद्र

राज्य के प्रत्येक प्रमंडल में औद्योगिक क्लस्टर स्थापित करना, जो स्थानीय संसाधनों और शक्तियों पर आधारित हों (खाद्य प्रसंस्करण, वस्त्र, आईटी आदि), ताकि संतुलित विकास हो और लाखों रोजगार पैदा हों। हर एस ई ज़ी में विंड-सोलर-हाइड्रो इलेक्ट्रिसिटी प्लांट, इंजीनियरिंग कॉलेज, एग्रीकल्चरल कॉलेज, मेडिकल कॉलेज एंड हॉस्पिटल, आउटसोर्सिंग सर्विसेज एंड डेवलपमेन्ट ट्रैनिंग सेंटर, शुगरकेन बेस्ड इंडस्ट्रीज (शुगर, गुड़, जूस, पेपर, एथेनॉल), फल, सब्जी, डेयरी पोल्ट्री आधारित इंडस्ट्रीज इत्यादि का प्रस्ताव है। प्रत्येक गांव टेलीमेडिसन केंद्र, रोजगारोन्मुख वोकेशनल एवं कंप्यूटर प्रशिक्षण केंद्र का प्रस्ताव है।

(i) प्रस्तावनाः औद्योगिक पिछड़ेपन का समाधान

बिहार का औद्योगिक परिदृश्य दशकों से निराशाजनक रहा है। कभी चीनी, जूट और सिल्क जैसे उद्योगों का गढ़ रहा यह राज्य आज देश के सबसे कम औद्योगीकृत क्षेत्रों में गिना जाता है। जैसा हमने भाग 4 में देखा, पुरानी मिलें बंद हो चुकी हैं, पारंपरिक उद्योग दम तोड़ रहे हैं, और नए निवेश का घोर अभाव है। इसका सीधा परिणाम है - बड़े पैमाने पर बेरोजगारी और लाखों युवाओं का बेहतर अवसरों की तलाश में पलायन। बिहार की अर्थव्यवस्था मुख्य रूप से कृषि और

रेमिटेंस पर निर्भर होकर रह गई है, जो टिकाऊ और समावेशी विकास के लिए पर्याप्त नहीं है।

इस औद्योगिक जड़ता को तोड़ने और राज्य में विनिर्माण तथा सेवा क्षेत्र को बढ़ावा देने के लिए एक केंद्रित और आक्रामक रणनीति की आवश्यकता है। यहीं पर स्पेशल इकोनॉमिक ज़ोन (SEZ) या विशेष आर्थिक क्षेत्र की अवधारणा एक शक्तिशाली उपकरण के रूप में सामने आती है। SEZ एक विशेष रूप से सीमांकित भौगोलिक क्षेत्र होता है जहाँ आर्थिक कानूनों और नियमों को देश के बाकी हिस्सों की तुलना में अधिक उदार रखा जाता है, ताकि घरेलू और विदेशी निवेश को आकर्षित किया जा सके, निर्यात को बढ़ावा दिया जा सके और रोजगार पैदा किया जा सके।

इस पंचसूत्री परियोजना के तहत, प्रस्ताव है कि बिहार के प्रत्येक नौ प्रमंडलों (Patna, Tirhut, Saran, Darbhanga, Kosi, Purnia, Bhagalpur, Munger, Magadh) में कम से कम एक बहु-उत्पाद या क्षेत्र-विशिष्ट SEZ स्थापित किया जाए। यह दृष्टिकोण न केवल औद्योगिक विकास को गति देगा, बल्कि यह भी सुनिश्चित करेगा कि विकास का लाभ राज्य के किसी एक हिस्से तक सीमित न रहकर क्षेत्रीय संतुलन के साथ सभी क्षेत्रों तक पहुँचे। ये SEZ बिहार की औद्योगिक क्रांति के नए केंद्र बन सकते हैं, जो राज्य को कृषि-प्रधान अर्थव्यवस्था से एक विविध और गतिशील औद्योगिक अर्थव्यवस्था में बदलने में मदद करेंगे।

(ii) SEZ मॉडल और क्षेत्रीय विशिष्टता

बिहार में प्रस्तावित SEZ का मॉडल विश्व स्तरीय बुनियादी ढाँचे, व्यवसाय-अनुकूल माहौल और लक्षित क्षेत्रों पर केंद्रित होना चाहिए, जो राज्य की शक्तियों का लाभ उठाए और निवेशकों को आकर्षित करे।

* आकार और बुनियादी ढाँचा: प्रत्येक SEZ का न्यूनतम क्षेत्रफल 500 हेक्टेयर या उससे अधिक होना चाहिए ताकि विभिन्न प्रकार की इकाइयों और सहायक सुविधाओं को समायोजित किया जा सके। इन क्षेत्रों में उच्चतम गुणवत्ता वाला बुनियादी ढाँचा सुनिश्चित करना होगा:

* विश्वसनीय बिजली: 24x7 निर्बाध और स्थिर बिजली आपूर्ति (अद्भुत समृद्धि नहर या अन्य स्रोतों से उत्पन्न बिजली, साथ ही सौर ऊर्जा पर जोर)।

* उत्कृष्ट कनेक्टिविटी: SEZ को प्रमुख राजमार्गों, रेलवे लाइनों और (जहाँ संभव हो) हवाई अड्डों या प्रस्तावित जलमार्गों से जोड़ने वाली समर्पित सड़कें और लॉजिस्टिक लिंक। उच्च गति की फाइबर ऑप्टिक कनेक्टिविटी।

* **जल आपूर्ति और अपशिष्ट प्रबंधन:** पर्याप्त जल आपूर्ति और औद्योगिक अपशिष्ट के उपचार के लिए आधुनिक कॉमन एफ्लुएंट ट्रीटमेंट प्लांट (CETP)।

* **आंतरिक सुविधाएँ:** अच्छी तरह से डिजाइन की गई आंतरिक सड़कें, स्ट्रीट लाइटिंग, सुरक्षा व्यवस्था, हरित क्षेत्र।

* **क्षेत्रीय विशिष्टता (Sectoral Focus):** सभी SEZs में कुछ सामान्य सुविधाएँ होंगी, लेकिन प्रत्येक SEZ को उस प्रमंडल की विशिष्ट शक्तियों, संसाधनों और पारंपरिक कौशल के आधार पर कुछ प्रमुख क्षेत्रों पर ध्यान केंद्रित करना चाहिए। इससे विशेषज्ञता विकसित होगी और क्लस्टर प्रभाव (Cluster Effect) पैदा होगा। उदाहरण के लिए:

- तिरहुत/दरभंगा/कोसी प्रमंडल (उत्तर बिहार): खाद्य प्रसंस्करण (आम, लीची, मखाना, गन्ना आधारित उत्पाद जैसे चीनी, इथेनॉल, गुड़, सब्जियाँ, डेयरी उत्पाद, मत्स्य मांस उद्योग।

- पूर्णिया/कटिहार प्रमंडल (पूर्वी बिहार): जूट विविधीकरण (geo-textiles, सजावटी सामान), मक्का प्रसंस्करण, चाय प्रसंस्करण (किशनगंज), वस्त्र/परिधान।

- भागलपुर प्रमंडल: रेशम (उत्पादन से लेकर वस्त्र निर्माण तक मूल्य श्रृंखला का विकास), वस्त्र/परिधान, खाद्य प्रसंस्करण।

- पटना/मगध प्रमंडल (मध्य/दक्षिण बिहार): आईटी/आईटीईएस, इलेक्ट्रॉनिक्स, इंजीनियरिंग सामान, फार्मास्यूटिकल्स, खाद्य प्रसंस्करण (सब्जियाँ, अनाज), चमड़ा उत्पाद (पटना के पास)।

- सारण/मुंगेर प्रमंडल: इंजीनियरिंग, रेलवे संबंधित उद्योग, खाद्य प्रसंस्करण।

* **सहायक पारिस्थितिकी तंत्र (Supporting Ecosystem):** SEZ केवल कारखानों का समूह नहीं होना चाहिए, बल्कि एक संपूर्ण पारिस्थितिकी तंत्र होना चाहिए:

* **कौशल विकास केंद्र:** उद्योग की जरूरतों के अनुरूप स्थानीय युवाओं को प्रशिक्षित करने के लिए आधुनिक आईटीआई, पॉलिटेक्निक या विशेष प्रशिक्षण संस्थान। (#ReviveBihar गांव गांव टेलीमेडिसिन, रोजगारन्मुख वोकेशनल, कंप्यूटर शिक्षा केंद्र)

* **अनुसंधान एवं विकास (R&D) और डिजाइन केंद्र:** नवाचार और उत्पाद विकास को बढ़ावा देने के लिए।

* परीक्षण और प्रमाणन प्रयोगशालाएँ: उत्पादों की गुणवत्ता सुनिश्चित करने के लिए।

* लॉजिस्टिक्स और वेयरहाउसिंग हब: कच्चे माल और तैयार माल के कुशल भंडारण और आवाजाही के लिए।

* एकल खिड़की क्लीयरेंस (Single Window Clearance): निवेशकों को सभी आवश्यक मंजूरी और लाइसेंस प्राप्त करने के लिए एक सुव्यवस्थित और समयबद्ध प्रणाली।

* सामाजिक बुनियादी ढाँचा: कर्मचारियों और उनके परिवारों के लिए आवास, स्कूल, अस्पताल, शॉपिंग सेंटर और मनोरंजन की सुविधाएँ SEZ के भीतर या आसपास विकसित करना।

* सार्वजनिक-निजी भागीदारी (PPP) मॉडल: इन SEZs को विकसित करने और संचालित करने के लिए PPP मॉडल सबसे उपयुक्त होगा।

* सरकार की भूमिका: भूमि अधिग्रहण (एक चुनौतीपूर्ण कार्य), बाहरी बुनियादी ढाँचा (कनेक्टिविटी, बिजली ग्रिड तक पहुँच), नीतिगत ढाँचा तैयार करना, और प्रारंभिक प्रोत्साहन प्रदान करना।

* निजी डेवलपर/निवेशक की भूमिका: SEZ के आंतरिक बुनियादी ढाँचे का विकास करना, औद्योगिक इकाइयों की स्थापना करना, संचालन और रखरखाव करना। निजी क्षेत्र की विशेषज्ञता, दक्षता और पूंजी का लाभ उठाना महत्वपूर्ण होगा।

* प्रोत्साहन: निवेशकों को आकर्षित करने के लिए, केंद्र और राज्य सरकारों को मिलकर आकर्षक प्रोत्साहन पैकेज प्रदान करने होंगे, जैसे:

- आयकर में छूट (Income Tax exemptions) या रियायतें।

- जीएसटी (GST) और अन्य स्थानीय करों में छूट या वापसी।

- सस्ती दरों पर भूमि और बिजली।

- पूंजीगत सब्सिडी (Capital subsidies)।

- श्रम कानूनों में लचीलापन (Flexibility in labour laws) - संतुलन के साथ।

यह सुविचारित मॉडल बिहार को निवेशकों के लिए एक आकर्षक गंतव्य बना सकता है और राज्य के औद्योगिक परिदृश्य को बदल सकता है।

(iii) रोजगार सृजन और निर्यातः पलायन का अंत, समृद्धि की शुरुआत

SEZ की स्थापना का मुख्य उद्देश्य बड़े पैमाने पर रोजगार पैदा करना और राज्य की अर्थव्यवस्था को गति देना है।

* रोजगार सृजन की क्षमता:

- प्रत्यक्ष रोजगार: प्रस्तावित प्रत्येक SEZ से 1 लाख प्रत्यक्ष रोजगार का अनुमान लगाया गया है, जिससे कुल 9 लाख नौकरियाँ पैदा होंगी। यह प्रस्ताव महत्वाकांक्षी है, लेकिन विभिन्न क्षेत्रों (विनिर्माण, खाद्य प्रसंस्करण, आईटी, वस्त्र) में श्रम-गहन उद्योगों (Labour-intensive industries) को आकर्षित करके इसे प्राप्त किया जा सकता है। खाद्य प्रसंस्करण क्षेत्र में ही 5 लाख रोजगार की क्षमता का उल्लेख (बिहार आर्थिक सर्वेक्षण के हवाले से) इसकी पुष्टि करता है।

- अप्रत्यक्ष रोजगार: प्रत्येक प्रत्यक्ष नौकरी के लिए कई अप्रत्यक्ष नौकरियाँ (जैसे परिवहन, रसद, आपूर्ति श्रृंखला, खानपान, सुरक्षा, खुदरा) पैदा होती हैं। अनुमान है कि ये SEZ प्रत्यक्ष और अप्रत्यक्ष रूप से कुल मिलाकर 20-25 लाख से अधिक रोजगार के अवसर पैदा कर सकते हैं।

- निर्माण चरण में रोजगार: SEZ के निर्माण चरण के दौरान भी लाखों लोगों को अस्थायी रोजगार मिलेगा।

- स्थानीय रोजगार पर जोर: यह सुनिश्चित करना महत्वपूर्ण है कि इन SEZs में पैदा होने वाले रोजगारों में स्थानीय बिहारी युवाओं को प्राथमिकता मिले। इसके लिए कौशल विकास कार्यक्रमों को उद्योगों की जरूरतों के साथ जोड़ना होगा। इससे न केवल बेरोजगारी कम होगी, बल्कि पलायन की समस्या पर भी सीधा प्रहार होगा। जब युवाओं को अपने ही राज्य में सम्मानजनक काम मिलेगा, तो उन्हें बाहर जाने की जरूरत महसूस नहीं होगी।

* निर्यात को बढ़ावा:

- लक्ष्य: प्रस्ताव में सालाना हज़ारों करोड़ रुपये के अतिरिक्त निर्यात का प्रस्ताव रखा गया है। यह बिहार के वर्तमान नगण्य निर्यात आधार को देखते हुए एक महत्वपूर्ण छलांग होगी।

- संभावित उत्पाद: SEZs में बनने वाले उत्पादों, विशेष रूप से खाद्य प्रसंस्करण (आम का गूदा, लीची उत्पाद, मखाना, प्रसंस्कृत सब्जियाँ), वस्त्र और परिधान (भागलपुरी सिल्क, रेडीमेड गारमेंट्स), हस्तशिल्प (मधुबनी पेंटिंग), चमड़े के सामान और आईटी सेवाओं में महत्वपूर्ण निर्यात क्षमता है। यूरोप में बसे भारतीयों के लिए फल-सब्जी निर्यात एक विशिष्ट अवसर है, जिसके लिए एयर कार्गो सुविधाएँ विकसित करनी होंगी।

- निर्यात सुविधाएँ: SEZs में सीमा शुल्क निकासी (Customs clearance), गुणवत्ता प्रमाणन और लॉजिस्टिक्स के लिए विशेष सुविधाएँ प्रदान करनी होंगी।

इन्हें प्रस्तावित नहर जलमार्ग या मौजूदा रेल/सड़क नेटवर्क के माध्यम से बंदरगाहों से जोड़ना होगा।

* आर्थिक विकास पर प्रभाव:

- GSDP में वृद्धि: बड़े पैमाने पर औद्योगिक गतिविधि और निर्यात से राज्य के सकल घरेलू उत्पाद (GSDP) में उल्लेखनीय वृद्धि होगी।

- औद्योगिक विविधीकरण: अर्थव्यवस्था की कृषि पर अत्यधिक निर्भरता कम होगी और औद्योगिक तथा सेवा क्षेत्रों का योगदान बढ़ेगा।

- राजस्व वृद्धि: औद्योगिक विकास से राज्य सरकार के कर राजस्व में भी वृद्धि होगी, जिसका उपयोग सामाजिक क्षेत्र में और निवेश के लिए किया जा सकता है।

SEZ परियोजना बिहार की अर्थव्यवस्था को ठहराव से निकालकर तीव्र विकास के पथ पर लाने की क्षमता रखती है, जिससे लाखों लोगों के जीवन में सकारात्मक बदलाव आएगा।

(iv) लागत, वित्तपोषण और समयसीमा: निवेश और क्रियान्वयन

SEZ जैसी महत्वाकांक्षी परियोजना के लिए महत्वपूर्ण वित्तीय संसाधनों और कुशल कार्यान्वयन की आवश्यकता होगी।

* अनुमानित लागत: सभी 9 SEZs के लिए कुल लागत हज़ारों करोड़ रुपये अनुमानित है, जो सरकार द्वारा और निजी निवेश से आने की उम्मीद है।

- सरकारी हिस्सा: यह राशि मुख्य रूप से भूमि अधिग्रहण (जो महंगा हो सकता है), बाहरी बुनियादी ढाँचे (सड़क, बिजली, पानी की लाइनें SEZ तक लाना), और शुरुआती प्रोत्साहन प्रदान करने पर खर्च होगी।

- निजी निवेश: यह राशि निजी डेवलपर्स और व्यक्तिगत कंपनियों द्वारा SEZ के भीतर आंतरिक बुनियादी ढाँचा (सड़कें, इमारतें, संयंत्र) विकसित करने और अपनी इकाइयाँ स्थापित करने पर खर्च की जाएगी। वास्तविक निजी निवेश हज़ारों करोड़ से कहीं अधिक हो सकता है, अगर माहौल अनुकूल हो।

* वित्तपोषण:

- सरकारी बजट: राज्य और केंद्र सरकार को अपने बजट में इसके लिए पर्याप्त प्रावधान करना होगा। केंद्र सरकार की SEZ योजनाओं और औद्योगिक विकास निधियों का लाभ उठाया जा सकता है।

- निजी निवेश आकर्षित करना: यह सबसे महत्वपूर्ण पहलू है। इसके लिए एक स्थिर और निवेशक-अनुकूल नीति, नौकरशाही बाधाओं को दूर करना (Ease of Doing Business), सुरक्षा का आश्वासन और आकर्षक प्रोत्साहन देना होगा।

राज्य सरकार को सक्रिय रूप से राष्ट्रीय और अंतरराष्ट्रीय निवेशकों को लक्षित करना होगा, रोड शो आयोजित करने होंगे और बिहार की निवेश क्षमता का प्रचार करना होगा।

- **बैंक ऋण:** निजी डेवलपर्स और कंपनियों को बैंकों और वित्तीय संस्थानों से ऋण प्राप्त करने में सहायता प्रदान करनी होगी।

* **समयसीमा और चरणबद्ध कार्यान्वयन:** परियोजना को 2025-2035 तक पूरा करने का प्रस्ताव रखा गया है।

- **चरण 1 (जैसे 2025-2028):** भूमि अधिग्रहण की प्रक्रिया पूरी करना, नीतिगत ढाँचा तैयार करना, और कम से कम 2-3 SEZs (जैसे पटना और मिथिला/दरभंगा के पास) में बुनियादी ढाँचे का विकास शुरू करना। इन पायलट परियोजनाओं की सफलता अन्य निवेशकों को आकर्षित करने के लिए महत्वपूर्ण होगी।

- **चरण 2 और उसके बाद (2028-2032):** शेष SEZs का विकास करना और सभी को पूरी तरह से क्रियाशील बनाना।

कार्यान्वयन की कुंजी एक समर्पित परियोजना प्रबंधन टीम, राजनीतिक इच्छाशक्ति और नौकरशाही की सक्रियता में निहित होगी।

(v) चुनौतियाँ और समाधान: बाधाओं को अवसर में बदलना

SEZ परियोजना को सफल बनाने के रास्ते में कई बाधाएँ आएँगी, जिन्हें पहले से पहचानकर उनके समाधान की रणनीति बनाना आवश्यक है।

* **भूमि अधिग्रहण:** यह सबसे बड़ी चुनौती बनी रहेगी। कृषि भूमि का अधिग्रहण किसानों के विरोध का कारण बन सकता है।

- **समाधान:** केवल बंजर या कम उपजाऊ सरकारी भूमि का उपयोग करने को प्राथमिकता दें। यदि कृषि भूमि लेनी ही पड़े, तो न्यूनतम अधिग्रहण करें, उचित और त्वरित मुआवजा दें (भूमि अधिग्रहण कानून, 2013 के तहत), और प्रभावित परिवारों के लिए व्यापक पुनर्वास और कौशल विकास योजनाएँ लागू करें। उन्हें SEZ में रोजगार में प्राथमिकता दी जा सकती है।

* **बुनियादी ढाँचे की कमी (राज्य स्तर पर):** SEZ के भीतर विश्व स्तरीय ढाँचा बनाना पर्याप्त नहीं है, अगर राज्य में समग्र बिजली, सड़क और परिवहन व्यवस्था खराब है।

- **समाधान:** SEZ परियोजना को राज्य के समग्र बुनियादी ढाँचा विकास योजना के साथ एकीकृत करना होगा। अद्भुत समृद्धि नहर, समर्पित फ्रेट कॉरिडोर, और राजमार्गों का उन्नयन SEZs की सफलता के लिए महत्वपूर्ण होंगे।

बिजली उत्पादन और वितरण में सुधार पर भी ध्यान देना होगा।

* **निवेशकों को आकर्षित करना:** बिहार की नकारात्मक छवि और अन्य राज्यों से प्रतिस्पर्धा निवेशकों को आकर्षित करने में बाधा बन सकती है।

- **समाधान:** एक आक्रामक निवेश प्रोत्साहन अभियान चलाना, 'ब्रांड बिहार' को सकारात्मक रूप से प्रस्तुत करना, नीतिगत स्थिरता का आश्वासन देना, और 'ईज ऑफ डूइंग बिजनेस' रैंकिंग में सुधार के लिए ठोस कदम उठाना। सफल निवेशकों के अनुभवों को प्रचारित करना।

* **कुशल श्रमशक्ति का अभाव:** स्थानीय स्तर पर उद्योगों की जरूरतों के अनुरूप कुशल श्रमिकों की कमी एक बड़ी बाधा हो सकती है।

- **समाधान:** SEZ के भीतर और बाहर बड़े पैमाने पर कौशल विकास कार्यक्रम चलाना। पाठ्यक्रम को उद्योग की आवश्यकताओं के अनुरूप बनाना। उद्योगों को प्रशिक्षुता (Apprenticeship) कार्यक्रम चलाने के लिए प्रोत्साहित करना।

* **लालफीताशाही और भ्रष्टाचार:** मंजूरी प्राप्त करने में देरी और भ्रष्टाचार निवेशकों को हतोत्साहित कर सकता है।

- **समाधान:** एक प्रभावी एकल खिड़की प्रणाली स्थापित करना जो समयबद्ध तरीके से मंजूरी दे। प्रक्रियाओं को ऑनलाइन और पारदर्शी बनाना। भ्रष्टाचार के खिलाफ जीरो टॉलरेंस की नीति अपनाना।

* **सामाजिक और पर्यावरणीय चिंताएँ:** औद्योगिक विकास से स्थानीय समुदायों के विस्थापन, प्रदूषण और संसाधनों पर दबाव जैसी चिंताएँ पैदा हो सकती हैं।

- **समाधान:** सख्त पर्यावरणीय नियमों का पालन सुनिश्चित करना (जैसे CETP का प्रभावी संचालन)। उद्योगों को स्थायी और हरित प्रौद्योगिकियों को अपनाने के लिए प्रोत्साहित करना। स्थानीय समुदायों को विकास प्रक्रिया में भागीदार बनाना और लाभों को साझा करना (CSR गतिविधियों के माध्यम से)।

इन चुनौतियों का सफलतापूर्वक सामना करके ही SEZ परियोजना बिहार के औद्योगिक कायाकल्प के अपने वादे को पूरा कर सकती है।

(vi) निष्कर्ष: बिहार के औद्योगिक भविष्य की नींव

स्पेशल इकोनॉमिक ज़ोन (SEZ) बिहार के औद्योगिक पिछड़ेपन को दूर करने, लाखों रोजगार पैदा करने और राज्य को एक आधुनिक औद्योगिक अर्थव्यवस्था में बदलने की अपार क्षमता रखते हैं। प्रत्येक प्रमंडल में एक SEZ स्थापित करने का दृष्टिकोण यह सुनिश्चित करेगा कि विकास समावेशी और संतुलित हो। यह परियोजना न केवल बेरोजगारी और पलायन की गंभीर

समस्याओं का समाधान करेगी, बल्कि बिहार की GSDP को बढ़ाएगी, निर्यात क्षमता विकसित करेगी और राज्य को निवेशकों के लिए एक आकर्षक गंतव्य बनाएगी। हालाँकि भूमि अधिग्रहण, बुनियादी ढाँचा, निवेश आकर्षित करना और भ्रष्टाचार जैसी चुनौतियाँ मौजूद हैं, लेकिन एक दृढ़ राजनीतिक इच्छाशक्ति, कुशल योजना और ईमानदार कार्यान्वयन के साथ इन बाधाओं को पार किया जा सकता है। SEZs अद्भुत समृद्धि नहर, पग-पग पोखर और आईटी सिटी जैसी अन्य पहलों के साथ मिलकर बिहार के आर्थिक पुनर्निर्माण की मजबूत नींव रख सकते हैं।

3. पग-पग पोखर माछ मखानः ग्रामीण समृद्धि का पारंपरिक मंत्र

पग-पग पोखर माछ मखान मिथिला की संस्कृति रही है। इसे समस्त बिहार में अपनाने का प्रस्ताव है। पिछले दशकों में जनसँख्या के अनुपात में जलाशय नहीं बढे हैं। इस योजना के अंतर्गत सम्पूर्ण बिहार में पोखरों की संख्या को दस वर्षों में पांच गुना कर वहां मत्स्य, मखान, डेयरी, पोल्ट्री उद्योग को बढ़ावा देने का प्रस्ताव है। इस पारंपरिक जल प्रबंधन प्रणाली को पुनर्जीवित करना, लाखों तालाबों का निर्माण/जीर्णोद्धार करना, और मत्स्य पालन तथा मखाना उद्योग को बढ़ावा देकर ग्रामीण अर्थव्यवस्था को मजबूत करना।

(i) प्रस्तावनाः ग्रामीण संकट और पारंपरिक ज्ञान की ओर वापसी

बिहार मूलतः एक ग्रामीण राज्य है, जहाँ आज भी लगभग 80% से अधिक आबादी गाँवों में रहती है और कृषि तथा उससे जुड़ी गतिविधियों पर निर्भर है। लेकिन जैसा हमने भाग 4 में देखा, बिहार का कृषि क्षेत्र गहरे संकट में है - अनिश्चित मानसून, बाढ़ और सूखे का प्रकोप, छोटी जोतें, संसाधनों की कमी, और अलाभकारी होती खेती ने किसानों को बदहाल कर दिया है। ग्रामीण क्षेत्रों में गैर-कृषि रोजगार के अवसरों का भी अभाव है, जिससे गरीबी और पलायन बढ़ता है।

इस निराशाजनक परिदृश्य के बीच, समाधान अक्सर अतीत की बुद्धिमत्ता और स्थानीय संसाधनों में छिपा होता है। मिथिलांचल (उत्तरी बिहार) की एक पुरानी कहावत और संस्कृति है - "पग-पग पोखर, माछ-मखान" (हर कदम पर तालाब, मछली और मखाना)। यह उस समय का वर्णन करती है जब तालाब केवल जल स्रोत ही नहीं थे, बल्कि ग्रामीण जीवन और अर्थव्यवस्था के केंद्र थे - वे सिंचाई प्रदान करते थे, भूजल को रिचार्ज करते थे, बाढ़ के पानी को अवशोषित करते थे, मछली पालन और मखाना जैसी जलीय फसलों के माध्यम से आय और पोषण प्रदान करते थे।

लेकिन समय के साथ, जनसंख्या वृद्धि, भूमि पर बढ़ते दबाव और सरकारी उपेक्षा के कारण, ये पारंपरिक जल निकाय या तो गायब हो गए, या उन पर अतिक्रमण हो गया, या वे गाद और प्रदूषण से भर गए। पूरक"पिछले दशकों में जनसँख्या के अनुपात में जलाशय नहीं बढे हैं।"

"पग-पग पोखर माछ मखान" परियोजना इसी पारंपरिक ज्ञान को पुनर्जीवित करने और उसे आधुनिक तकनीकों के साथ जोड़कर ग्रामीण बिहार में एक स्थायी और समावेशी विकास मॉडल बनाने का एक प्रयास है। यह योजना न केवल जल संरक्षण और प्रबंधन में सुधार करेगी, बल्कि मत्स्य पालन, मखाना उत्पादन और अन्य संबद्ध गतिविधियों के माध्यम से लाखों ग्रामीण परिवारों के लिए आय और रोजगार के नए अवसर भी पैदा करेगी। यह प्रकृति-आधारित समाधान (Nature-based Solution) है जो ग्रामीण अर्थव्यवस्था को मजबूत करने, पलायन को कम करने और पर्यावरणीय संतुलन को बहाल करने की क्षमता रखता है।

(ii) परियोजना का स्वरूप: जल, जीवन और आजीविका का एकीकरण

यह परियोजना एक विकेन्द्रीकृत, समुदाय-आधारित पहल होगी, जिसे सरकारी योजनाओं और तकनीकी सहायता के साथ क्रियान्वित किया जाएगा।

* तालाबों का जीर्णोद्धार और निर्माण:

- लक्ष्य: अगले 5-10 वर्षों में राज्य भर में, विशेषकर उत्तरी और मध्य बिहार में, मौजूद हजारों उपेक्षित तालाबों, पोखरों और आहर-पईनों (पारंपरिक जल संचयन संरचनाएं) का जीर्णोद्धार करना और लाखों नए तालाबों का निर्माण करना।

- क्रियान्वयन: इस कार्य के लिए महात्मा गांधी राष्ट्रीय ग्रामीण रोजगार गारंटी अधिनियम (MNREGA) का प्रभावी ढंग से उपयोग किया जा सकता है, जिससे स्थानीय स्तर पर रोजगार भी पैदा होगा। ग्राम पंचायतों और स्थानीय समुदायों को तालाबों के स्थान चयन, डिजाइन और निर्माण/जीर्णोद्धार में सक्रिय रूप से शामिल किया जाएगा। वर्षा जल संचयन तकनीकों को तालाबों के डिजाइन में एकीकृत किया जाएगा।

* एकीकृत जलीय कृषि प्रणाली (Integrated Aquaculture System):

- मत्स्य पालन (माछ): तालाबों का मुख्य उपयोग वैज्ञानिक तरीके से मछली पालन के लिए किया जाएगा। किसानों को उन्नत मछली बीज (Improved Fish Seed), उचित चारा (Feed) और रोग प्रबंधन तकनीकों के बारे में प्रशिक्षित किया जाएगा। विभिन्न प्रजातियों (जैसे कतला, रोहू, मृगल के साथ-साथ पंगासियस, तिलापिया जैसी तेजी से बढ़ने वाली प्रजातियाँ) का पॉलीकल्चर (Polyculture) अपनाया जाएगा ताकि उत्पादकता अधिकतम हो सके। प्रस्ताव बिहार के मछली

उत्पादन को दोगुना करना है (वर्तमान लगभग 8 लाख टन से 15-16 लाख टन तक), ताकि राज्य न केवल आत्मनिर्भर बने, बल्कि मछली का निर्यातक भी बन सके (वर्तमान आयात की स्थिति को उलटते हुए)।

- मखाना उत्पादन (मखान): मिथिला क्षेत्र मखाना (Fox Nut या Gorgon Nut) का दुनिया का सबसे बड़ा उत्पादक है (लगभग 80-90% हिस्सेदारी)। मखाना एक उच्च मूल्य वाला, पोषक तत्वों से भरपूर जलीय उत्पाद है जिसे "मिथिला का सोना" भी कहा जाता है। इस योजना के तहत, तालाबों और अन्य आर्द्रभूमियों में मखाना की वैज्ञानिक खेती को बड़े पैमाने पर बढ़ावा दिया जाएगा। किसानों को बेहतर किस्मों, खेती की तकनीकों और कटाई के बाद प्रबंधन (Post-harvest management) में प्रशिक्षित किया जाएगा।

- अन्य जलीय फसलें: सिंघाड़ा (Water Chestnut) जैसी अन्य लाभकारी जलीय फसलों को भी बढ़ावा दिया जा सकता है।

- संबद्ध गतिविधियाँ (Integrated Farming): तालाबों के पारिस्थितिकी तंत्र का अधिकतम लाभ उठाने के लिए, मछली पालन और मखाना के साथ अन्य गतिविधियों को एकीकृत किया जाएगा:

- बत्तख पालन (Duckery): बत्तखें तालाब में जलीय खरपतवार और कीटों को खाती हैं, और उनकी बीट तालाब को उर्वरित करती है, जिससे मछली उत्पादन बढ़ता है।

- मुर्गी पालन (Poultry): तालाब के किनारे छोटे पैमाने पर मुर्गी पालन किया जा सकता है।

- बागवानी (Horticulture): तालाब के तटबंधों (Embankments) पर फल (जैसे केला, पपीता) और सब्जियाँ उगाई जा सकती हैं, जिससे अतिरिक्त आय और पोषण मिलेगा।

- सामुदायिक प्रबंधन: तालाबों का प्रबंधन स्थानीय जल उपयोगकर्ता समितियों (Water User Associations) या स्वयं सहायता समूहों (SHGs) को सौंपा जा सकता है ताकि उनका सतत उपयोग और रखरखाव सुनिश्चित हो सके।

यह एकीकृत दृष्टिकोण न केवल आय के कई स्रोत पैदा करेगा, बल्कि पर्यावरणीय रूप से भी टिकाऊ होगा।

(iii) मत्स्य-मखाना उद्योग का विकास: ग्रामीण अर्थव्यवस्था को बढ़ावा

यह परियोजना केवल तालाब खोदने या मछली पालने तक ही सीमित नहीं रहेगी, बल्कि इसका उद्देश्य मत्स्य और मखाना को एक संगठित और लाभकारी उद्योग के रूप में विकसित करना है।

* मत्स्य उद्योग का विकास:

- उत्पादन वृद्धि: जैसा कि उल्लेख किया गया है, प्रस्ताव उत्पादन को दोगुना कर 15 लाख टन तक ले जाना है। इससे न केवल स्थानीय खपत बढ़ेगी (प्रोटीन कुपोषण कम होगा), बल्कि बिहार मछली का निर्यातक बन सकता है।

- मूल्य श्रृंखला विकास (Value Chain Development): केवल मछली उत्पादन ही नहीं, बल्कि पूरी मूल्य श्रृंखला - बीज उत्पादन (Hatcheries), चारा निर्माण (Feed mills), कटाई के बाद प्रबंधन (Cold storage, Ice plants), प्रसंस्करण (Processing units - fillets, ready-to-cook products), और विपणन (Marketing) - को विकसित करने की आवश्यकता होगी।

- बाजार संपर्क: मछुआरों और किसानों को सीधे उपभोक्ताओं या बड़े खरीदारों से जोड़ने के लिए बाजार संपर्क (Market linkages) स्थापित करने होंगे, ताकि बिचौलियों का शोषण कम हो। फिशरमेन कोऑपरेटिव्स को मजबूत करना होगा।

* मखाना उद्योग का विकास:

- संगठित क्षेत्र बनाना: वर्तमान में मखाना उद्योग काफी हद तक असंगठित है। इसे संगठित करने की आवश्यकता है ताकि किसानों को बेहतर मूल्य मिले और गुणवत्ता नियंत्रण सुनिश्चित हो सके।

- प्रसंस्करण और मूल्य वर्धन: मखाना लावा निकालने की पारंपरिक प्रक्रिया श्रमसाध्य है। इसे बेहतर बनाने के लिए आधुनिक, कम लागत वाली प्रसंस्करण तकनीकों को बढ़ावा देना होगा। मखाना के मूल्य वर्धित उत्पाद (जैसे भुना हुआ मखाना, फ्लेवर्ड मखाना, मखाना खीर मिक्स, मखाना आटा) विकसित करने और उन्हें राष्ट्रीय तथा अंतरराष्ट्रीय बाजारों में बढ़ावा देने की अपार संभावनाएं हैं।

- ब्रांडिंग और मार्केटिंग: 'मिथिला मखाना' को एक प्रीमियम ब्रांड के रूप में स्थापित करना होगा, इसके पोषण संबंधी लाभों को उजागर करना होगा और इसे स्वास्थ्य के प्रति जागरूक उपभोक्ताओं तक पहुँचाना होगा। ई-कॉमर्स प्लेटफॉर्म का उपयोग किया जा सकता है। (#ReviveBihar इकॉमर्स सामान... की शिक्षा)

- हज़ारों करोड़ का उद्योग: हज़ारों करोड़ रुपये का उद्योग बनने का प्रस्ताव महत्वाकांक्षी लेकिन प्राप्त करने योग्य है, यदि सही रणनीति अपनाई जाए।

- रोजगार और आय: मत्स्य और मखाना उद्योगों के विकास से प्रसंस्करण, पैकेजिंग, परिवहन, विपणन और निर्यात में हजारों प्रत्यक्ष और अप्रत्यक्ष रोजगार पैदा होंगे। प्रत्येक पोखर कई परिवारों को आय दे सकता है - यह संख्या शायद सीधे तौर पर नहीं, बल्कि पूरे क्लस्टर और मूल्य श्रृंखला के माध्यम से हासिल की जा सकती है। ग्रामीण आय में 50% या उससे अधिक की वृद्धि का लक्ष्य रखा जा

सकता है।

यह उद्योग ग्रामीण बिहार की अर्थव्यवस्था में क्रांति ला सकते हैं, खासकर मिथिला क्षेत्र में।

(iv) लागत, वित्तपोषण और समयसीमा: जमीनी स्तर पर निवेश

यह परियोजना अपेक्षाकृत कम लागत वाली और उच्च प्रभाव वाली हो सकती है, क्योंकि यह मुख्य रूप से स्थानीय संसाधनों और श्रम का उपयोग करेगी।

* **अनुमानित लागत:** लाखों नए पोखर बनाने और जीर्णोद्धार के लिए हज़ारों करोड़ रुपये की लागत का अनुमान है। यह लागत मुख्य रूप से तालाबों की खुदाई/ डी-सिल्टिंग, तटबंधों के निर्माण और शुरुआती इनपुट (जैसे मछली बीज) पर आएगी। प्रसंस्करण और विपणन बुनियादी ढाँचे के लिए अतिरिक्त निवेश की आवश्यकता होगी।

* **वित्तपोषण:**

- **मनरेगा (MNREGA):** तालाब निर्माण और जीर्णोद्धार के लिए मनरेगा एक प्रमुख वित्तपोषण स्रोत हो सकता है, क्योंकि यह योजना जल संरक्षण और ग्रामीण आजीविका सृजन पर केंद्रित है।

- **राज्य सरकार की योजनाएँ:** बिहार सरकार की जल-जीवन-हरियाली जैसी योजनाएँ और मत्स्य तथा कृषि विभागों के बजट का उपयोग किया जा सकता है।

- **नाबार्ड (NABARD):** राष्ट्रीय कृषि और ग्रामीण विकास बैंक जलीय कृषि और ग्रामीण बुनियादी ढाँचे के लिए ऋण और सब्सिडी प्रदान कर सकता है।

- **बैंक ऋण:** किसानों और उद्यमियों को मछली/मखाना पालन और प्रसंस्करण इकाइयों की स्थापना के लिए बैंकों से ऋण प्राप्त करने में सहायता की जानी चाहिए।

- **निजी निवेश:** प्रसंस्करण, ब्रांडिंग और विपणन में निजी क्षेत्र के निवेश को आकर्षित किया जा सकता है।

* **समयसीमा:** परियोजना को 2025-2030 तक पूरा करने का प्रस्ताव रखा गया है। तालाबों का निर्माण/जीर्णोद्धार इस अवधि में संभव है, लेकिन मत्स्य और मखाना उद्योगों का पूर्ण विकास एक सतत प्रक्रिया होगी।

यह निवेश सीधे ग्रामीण अर्थव्यवस्था में जाएगा और इसके लाभ व्यापक रूप से वितरित होंगे।

(v) चुनौतियाँ और समाधान: स्थिरता और समावेश

इस परियोजना की सफलता के लिए कुछ चुनौतियों का सामना करना होगा:

* **सामुदायिक भागीदारी और प्रबंधन:** यह सुनिश्चित करना कि तालाबों का निर्माण और प्रबंधन वास्तव में समुदाय द्वारा किया जाए और इसका लाभ सभी वर्गों, विशेषकर भूमिहीनों और महिलाओं तक पहुँचे।

- **समाधान:** मजबूत और समावेशी जल उपयोगकर्ता समितियों या स्वयं सहायता समूहों का गठन और उनका क्षमता निर्माण। प्रबंधन में पारदर्शिता और जवाबदेही सुनिश्चित करना।

* **तकनीकी ज्ञान और सहायता:** किसानों को वैज्ञानिक मछली पालन और मखाना की खेती की तकनीकों से अवगत कराना।

- **समाधान:** कृषि विज्ञान केंद्रों (KVKs), मत्स्य विभाग और कृषि विश्वविद्यालयों के माध्यम से नियमित प्रशिक्षण और विस्तार सेवाएँ प्रदान करना। गुणवत्तापूर्ण बीज, चारा और अन्य इनपुट की उपलब्धता सुनिश्चित करना।

* **बाजार संपर्क और मूल्य:** किसानों को उनकी उपज का उचित मूल्य मिले, यह सुनिश्चित करना।

- **समाधान:** किसान उत्पादक संगठनों (FPOs) को बढ़ावा देना, सीधे बाजार संपर्क स्थापित करना (जैसे ई-नाम प्लेटफॉर्म), और प्रसंस्करण तथा भंडारण सुविधाओं का विकास करना।

* **पानी की गुणवत्ता और उपलब्धता:** तालाबों में पानी की गुणवत्ता बनाए रखना और यह सुनिश्चित करना कि उनमें साल भर पर्याप्त पानी रहे (खासकर सूखे के महीनों में)।

- **समाधान:** प्रदूषण स्रोतों को नियंत्रित करना, वर्षा जल संचयन को अधिकतम करना, और आवश्यकतानुसार पूरक जल स्रोतों (जैसे नहरों या नलकूपों से नियंत्रित पानी) का उपयोग करना।

* **जलवायु परिवर्तन:** अनियमित वर्षा और तापमान वृद्धि जलीय कृषि को प्रभावित कर सकती है।

- **समाधान:** जलवायु-अनुकूल प्रजातियों और तकनीकों को अपनाना, और जल संरक्षण पर अधिक ध्यान देना।

इन चुनौतियों का सामना करके, "पग-पग पोखर माछ मखान" परियोजना ग्रामीण बिहार के लिए एक स्थायी समृद्धि का मॉडल बन सकती है।

(vi) निष्कर्ष: जड़ों की ओर लौटकर भविष्य का निर्माण

"पग-पग पोखर माछ मखान" परियोजना बिहार की ग्रामीण अर्थव्यवस्था को पुनर्जीवित करने, खाद्य और पोषण सुरक्षा सुनिश्चित करने, जल संसाधनों का

संरक्षण करने और पलायन को कम करने का एक अनूठा और शक्तिशाली तरीका प्रस्तुत करती है। यह आधुनिक तकनीक के साथ पारंपरिक ज्ञान का एक सुंदर सम्मिश्रण है। यह दिखाती है कि विकास हमेशा बड़े उद्योगों या शहरों पर ही निर्भर नहीं होता; स्थानीय संसाधनों, सामुदायिक भागीदारी और प्रकृति-आधारित समाधानों के माध्यम से भी महत्वपूर्ण और टिकाऊ प्रगति हासिल की जा सकती है। यह परियोजना न केवल बिहार के गाँवों को आर्थिक रूप से मजबूत बनाएगी, बल्कि मिथिला की समृद्ध सांस्कृतिक विरासत को भी पुनर्जीवित करेगी और राज्य के पर्यावरण को बेहतर बनाएगी। यह वास्तव में 'सबका साथ, सबका विकास' की भावना को चरितार्थ करने वाला एक मॉडल है।

4. आईटी सिटीः बिहार को डिजिटल भविष्य की ओर ले जाना

प्रस्ताव है पटना के पास एक विश्व स्तरीय, सौर ऊर्जा चालित, हरित आईटी सिटी का निर्माण करना, जो वैश्विक निवेश आकर्षित करे, लाखों उच्च-तकनीकी रोजगार पैदा करे और प्रवासी बिहारियों (NRBs - Non Resident Biharis) को वापस लौटने का अवसर दे। राज्य के प्रत्येक प्रमंडल में सौ एकड़ में वर्ल्ड क्लास सोलर पॉवर्ड ग्रीन आई टी सिटी निर्माण का प्रस्ताव है। हर आई टी सिटी में आई टी पार्क, हजारों रेजिडेंशियल फ्लैट्स, स्कूल, शौपिंग एंड रिक्रियेशन माल, हॉस्पिटल, गेस्ट हाउस का प्रस्ताव है। रेजिडेंशियल फ्लैट्स देश विदेश में बसे प्रवासी मैथिल को सब्सिडाइज दर में अलॉट करने का प्रस्ताव है, इससे ये स्किल्ड रिसोर्सेज बिहार आ के टीम लीड कर सकते हैं और लाखो जॉब्स जेनेरेट कर सकते हैं। अनुमानन वर्ष 2030 तक विश्व में 125 बिलियन सामान जैसे की घरेलु उत्पाद पंखा, लाइट, चूल्हा, ए सी कूलर वाशिंग मशीन टी वी फ्रीज़, ऑफिस उत्पाद, ट्रैफिक, इंफ्रास्ट्रक्चर इत्यादि इंटरनेट से जुड़ी होंगी। ए आई, ए आई ओ टी, बिग डाटा, मेटवर्स, डिजिटल ट्विन, सेमीकंडक्टर जैसी आधुनिक तकनीक क्षेत्र में कम से कम दस बारह करोड़ प्रशिक्षित लोगों की जरुरत होगी। यह बिहार के युवाओं के बौद्धिक टैलेंट का इस्तमाल कर कॉम्पिटिटिव दर पर उनका श्रम दुनिया को मुहैया करने का बड़ा अवसर है। अतः हर जिले में इंजीनियरिंग कॉलेज, एग्रीकल्चरल कॉलेज, मेडिकल कॉलेज एंड हॉस्पिटल, आउटसोर्सिंग सर्विसेज एंड डेवलपमेंन्ट ट्रैनिंग सेंटर, हर शहर के हर कॉलेज में BCA /MCA की शिक्षा का प्रस्ताव है. प्रत्येक गांव टेलीमेडिसन केंद्र, रोजगारोन्मुख वोकेशनल एवं कंप्यूटर प्रशिक्षण केंद्र का प्रस्ताव है।

(i) प्रस्तावनाः ज्ञान अर्थव्यवस्था की दौड़ में शामिल होने की आवश्यकता

21वीं सदी ज्ञान और प्रौद्योगिकी की सदी है। दुनिया भर में अर्थव्यवस्थाएं तेजी से डिजिटल हो रही हैं, और सूचना प्रौद्योगिकी (आईटी) तथा आईटी-सक्षम सेवाएँ (ITES) विकास के प्रमुख इंजन बन गए हैं। भारत ने इस क्षेत्र में महत्वपूर्ण प्रगति की है, और बैंगलोर, हैदराबाद, पुणे और नोएडा जैसे शहर वैश्विक आईटी हब के रूप में उभरे हैं। लेकिन बिहार इस डिजिटल क्रांति में काफी पीछे छूट गया है।

जैसा कि हमने अध्याय 4 में देखा, बिहार में शिक्षित युवाओं के लिए गुणवत्तापूर्ण रोजगार के अवसरों की भारी कमी है, जिसके कारण बड़े पैमाने पर 'ब्रेन ड्रेन' हो रहा है। राज्य की अर्थव्यवस्था अभी भी काफी हद तक कृषि और निम्न-मूल्य वर्धित गतिविधियों पर निर्भर है। सेवा क्षेत्र, विशेष रूप से आधुनिक आईटी/आईटीईएस क्षेत्र, का योगदान बहुत कम है। यदि बिहार को गरीबी और पिछड़ेपन के दुष्चक्र से बाहर निकलना है और अपने शिक्षित युवाओं की आकांक्षाओं को पूरा करना है, तो उसे ज्ञान अर्थव्यवस्था की दौड़ में सक्रिय रूप से शामिल होना होगा।

इसी संदर्भ में, एक विश्व स्तरीय आईटी सिटी (IT City) की स्थापना का प्रस्ताव बिहार के लिए एक गेम-चेंजर साबित हो सकता है। यह केवल कुछ सॉफ्टवेयर कंपनियों को स्थापित करने की बात नहीं है, बल्कि एक संपूर्ण पारिस्थितिकी तंत्र (Ecosystem) बनाने की परिकल्पना है - एक ऐसा चुंबक जो प्रतिभा, निवेश और नवाचार को आकर्षित करे। यह आईटी सिटी बिहार को डिजिटल भविष्य की ओर ले जाने, उच्च-मूल्य वाले रोजगार सृजित करने, ब्रेन ड्रेन को रोकने और राज्य को वैश्विक तकनीकी मानचित्र पर स्थापित करने का एक महत्वाकांक्षी, लेकिन आवश्यक, कदम है। अतः हर जिले में इंजीनियरिंग कॉलेज, एग्रीकल्चरल कॉलेज, मेडिकल कॉलेज एंड हॉस्पिटल, आउटसोर्सिंग सर्विसेज एंड डेवलपमेन्ट ट्रैनिंग सेंटर, हर शहर के हर कॉलेज में BCA /MCA की शिक्षा का प्रस्ताव है. प्रत्येक गांव टेलीमेडिसन केंद्र, रोजगारोन्मुख वोकेशनल एवं कंप्यूटर प्रशिक्षण केंद्र का प्रस्ताव है।

(ii) परियोजना का स्वरूप: एक भविष्योन्मुखी, टिकाऊ शहर

प्रस्तावित आईटी सिटी सिर्फ कंक्रीट का जंगल नहीं होगी, बल्कि एक सुनियोजित, आधुनिक, हरित और टिकाऊ (Sustainable) शहरी केंद्र होगी, जिसे भविष्य की जरूरतों को ध्यान में रखकर डिजाइन किया जाएगा।

* स्थान और आकार: पटना के पास सैकड़ों हेक्टेयर क्षेत्र का प्रस्ताव है। राजधानी के पास होने से इसे बेहतर कनेक्टिविटी (हवाई अड्डा, रेलवे स्टेशन,

राष्ट्रीय राजमार्ग) और मौजूदा शहरी सुविधाओं का लाभ मिलेगा। हालाँकि प्रत्येक प्रमंडल में आईटी सिटी का विचार दिया गया है, एक वैकल्पिक दृष्टिकोण यह हो सकता है कि पटना के पास मुख्य हब बनाया जाए और अन्य प्रमंडलों (जैसे दरभंगा, भागलपुर, गया) में छोटे सैटेलाइट आईटी पार्क या केंद्र स्थापित किए जाएँ, जो मुख्य हब से जुड़े हों। सैकड़ों हेक्टेयर का क्षेत्र एक बड़े, आत्मनिर्भर शहर के विकास के लिए पर्याप्त होगा।

* **हरित और सौर ऊर्जा चालितः** इस आईटी सिटी की एक प्रमुख विशेषता इसकी स्थिरता होगी। इसे 'ग्रीन सिटी' के रूप में डिजाइन किया जाएगा, जिसमें व्यापक हरित क्षेत्र, कुशल ऊर्जा उपयोग, जल पुनर्चक्रण और टिकाऊ अपशिष्ट प्रबंधन प्रणाली होगी। सबसे महत्वपूर्ण, यह बड़े पैमाने पर सौर ऊर्जा (Solar Power) पर निर्भर होगी। सैकड़ों मेगावाट सौर ऊर्जा उत्पादन का प्रस्ताव रखा गया है, जिसे इमारतों की छतों पर सोलर पैनल लगाकर और समर्पित सोलर फार्म स्थापित करके हासिल किया जा सकता है। यह न केवल शहर को ऊर्जा के मामले में आत्मनिर्भर बनाएगा (या ग्रिड पर निर्भरता कम करेगा), बल्कि बिहार की बिजली की कमी (अध्याय 4) को दूर करने में भी योगदान देगा और एक स्वच्छ ऊर्जा मॉडल प्रस्तुत करेगा। अपार्टमेंटों की छतों पर सौर ऊर्जा के उत्पादन का विचार बड़े पैमाने पर लागू किया जा सकता है।

* **मुख्य घटकः**
- **वर्ल्ड क्लास आईटी पार्कः** बहुराष्ट्रीय कंपनियों (MNCs) और बड़ी भारतीय आईटी कंपनियों के लिए आधुनिक, 'प्लग-एंड-प्ले' ऑफिस स्पेस। विभिन्न आकारों की कंपनियों के लिए अनुकूलित स्थान।

- **स्टार्टअप इनक्यूबेशन और इनोवेशन हबः** तकनीकी स्टार्टअप्स को प्रोत्साहित करने के लिए समर्पित स्थान, जहाँ उन्हें मेंटरशिप, सीड फंडिंग, नेटवर्किंग के अवसर और अन्य सहायता प्रदान की जाएगी। यह स्थानीय नवाचार और उद्यमिता को बढ़ावा देगा।

- **उच्च-स्तरीय प्रशिक्षण और कौशल विकास केंद्रः** उद्योगों की जरूरतों के अनुरूप युवाओं को भविष्य की तकनीकों - जैसे आर्टिफिशियल इंटेलिजेंस (AI), मशीन लर्निंग (ML), डेटा साइंस, क्लाउड कंप्यूटिंग, इंटरनेट ऑफ थिंग्स (IoT), साइबर सुरक्षा, ब्लॉकचेन - में प्रशिक्षित करने के लिए संस्थान। इनका संचालन उद्योग जगत के नेताओं (जैसे Google, Microsoft, Infosys) या शीर्ष शैक्षणिक संस्थानों के सहयोग से किया जा सकता है। यह सुनिश्चित करेगा कि आईटी सिटी के लिए आवश्यक कुशल कार्यबल स्थानीय स्तर पर उपलब्ध हो।

(यह 125 बिलियन IoT उपकरणों और 10-12 करोड़ प्रशिक्षित लोगों की वैश्विक आवश्यकता के संदर्भ में महत्वपूर्ण है।)

- डेटा सेंटर पार्क: सुरक्षित और विश्वसनीय डेटा सेंटर स्थापित करने के लिए समर्पित क्षेत्र, जो भारत में डेटा स्थानीयकरण (Data Localization) की बढ़ती मांग का लाभ उठा सकता है।

- आवासीय क्षेत्र: आईटी सिटी में काम करने वाले हजारों कर्मचारियों और उनके परिवारों के लिए गुणवत्तापूर्ण आवास (अपार्टमेंट, विला) का प्रावधान। इसमें विभिन्न आय वर्गों के लिए विकल्प शामिल होने चाहिए। विशेष रूप से, देश-विदेश में बसे अनुभवी बिहारी आईटी पेशेवरों को आकर्षित करने के लिए उन्हें रियायती दरों पर फ्लैट आवंटित करने का प्रस्ताव लागू किया जाना चाहिए , ताकि वे वापस आकर नेतृत्व की भूमिका निभा सकें और स्थानीय टीमों का निर्माण कर सकें।

- सामाजिक और वाणिज्यिक बुनियादी ढाँचा: आईटी सिटी को एक पूर्ण शहर बनाने के लिए विश्व स्तरीय स्कूल, अस्पताल, शॉपिंग मॉल, रेस्तरां, मनोरंजन केंद्र (सिनेमा, पार्क), खेल सुविधाएँ और होटल विकसित करने होंगे।

- स्मार्ट सिटी सुविधाएँ: शहर के प्रबंधन (यातायात, ऊर्जा, पानी, सुरक्षा) के लिए स्मार्ट तकनीकों का उपयोग किया जाएगा, जिससे जीवन की गुणवत्ता बेहतर होगी।

यह आईटी सिटी केवल एक कार्यस्थल नहीं, बल्कि रहने, सीखने और नवाचार करने के लिए एक आकर्षक और जीवंत स्थान होगी।

(iii) रोजगार सृजन और निवेश: डिजिटल अर्थव्यवस्था का निर्माण

आईटी सिटी का प्राथमिक उद्देश्य बिहार के शिक्षित युवाओं के लिए बड़े पैमाने पर उच्च-गुणवत्ता वाले रोजगार के अवसर पैदा करना और राज्य में महत्वपूर्ण निवेश आकर्षित करना है।

* रोजगार सृजन:

- लक्ष्य: 2030 तक 5 लाख प्रत्यक्ष नौकरियाँ पैदा करने का महत्वाकांक्षी प्रस्ताव रखा गया है। यह प्रस्ताव आईटी और आईटीईएस क्षेत्रों की तीव्र वृद्धि और बिहार के बड़े युवा जनसांख्यिकी को देखते हुए प्राप्त किया जा सकता है।

- नौकरियों के प्रकार: ये नौकरियाँ विभिन्न कौशल स्तरों पर होंगी, जिनमें शामिल हैं:

- सॉफ्टवेयर डेवलपमेंट, प्रोग्रामिंग, कोडिंग

- सॉफ्टवेयर टेस्टिंग और गुणवत्ता आश्वासन

- डेटा एनालिटिक्स और डेटा साइंस
- आर्टिफिशियल इंटेलिजेंस और मशीन लर्निंग
- क्लाउड कंप्यूटिंग और डेवऑप्स
- साइबर सुरक्षा
- बिजनेस प्रोसेस आउटसोर्सिंग (BPO) और नॉलेज प्रोसेस आउटसोर्सिंग (KPO)
- आईटी इन्फ्रास्ट्रक्चर मैनेजमेंट और टेक सपोर्ट
- डिजिटल मार्केटिंग
- यूआई/यूएक्स डिजाइन
- **अप्रत्यक्ष रोजगार:** आईटी सिटी के विकास और संचालन से निर्माण, परिवहन, रसद, आतिथ्य (होटल, रेस्तरां), खुदरा, शिक्षा, स्वास्थ्य सेवा, और सुविधा प्रबंधन जैसे सहायक क्षेत्रों में भी लाखों अप्रत्यक्ष रोजगार पैदा होंगे।
- ब्रेन ड्रेन पर रोक: स्थानीय स्तर पर अच्छे अवसर उपलब्ध होने से, बिहार के प्रतिभाशाली युवाओं को नौकरी की तलाश में बैंगलोर, हैदराबाद या विदेश जाने की जरूरत नहीं पड़ेगी। यह ब्रेन ड्रेन को रोकने और यहां तक कि ब्रेन गेन (बाहर गए लोगों की वापसी) को प्रोत्साहित करने में मदद करेगा।

* निवेश आकर्षित करना:

- **लक्ष्य:** Google, Microsoft जैसी वैश्विक कंपनियों से हज़ारों करोड़ रुपये का निवेश आकर्षित करने का प्रस्ताव है। यह प्रारंभिक प्रस्ताव हो सकता है; एक सफल आईटी सिटी इससे कहीं अधिक निवेश आकर्षित कर सकती है।
- **निवेशक:** लक्ष्य निवेशकों में शामिल होंगे:
- बड़ी बहुराष्ट्रीय आईटी कंपनियाँ (MNCs)
- प्रमुख भारतीय आईटी कंपनियाँ (जैसे TCS, Infosys, Wipro, HCL)
- स्टार्टअप्स और मध्यम आकार की टेक कंपनियाँ
- वेंचर कैपिटल (VC) और प्राइवेट इक्विटी (PE) फर्म (स्टार्टअप्स में निवेश के लिए)
- रियल एस्टेट डेवलपर्स (आईटी पार्क, आवासीय और वाणिज्यिक स्थान बनाने के लिए)
- डेटा सेंटर ऑपरेटर
- **आकर्षण के कारक:** निवेशकों को आकर्षित करने के लिए बिहार को एक मजबूत प्रस्ताव प्रस्तुत करना होगा, जिसमें शामिल हैं: विश्व स्तरीय बुनियादी ढाँचा, प्रतिस्पर्धी लागत (श्रम, रियल एस्टेट, low cost), कुशल प्रतिभा पूल

की उपलब्धता (प्रशिक्षण केंद्रों के माध्यम से सुनिश्चित), व्यवसाय-अनुकूल नीतियाँ, सुरक्षा और स्थिरता (सौर ऊर्जा पर जोर)।

यह निवेश और रोजगार सृजन बिहार की अर्थव्यवस्था को ज्ञान-आधारित और भविष्योन्मुखी बनाने में महत्वपूर्ण भूमिका निभाएगा।

(iv) लागत, वित्तपोषण और समयसीमा: एक रणनीतिक निवेश

एक विश्व स्तरीय आईटी सिटी का निर्माण एक बड़ा निवेश है, लेकिन यह बिहार के भविष्य के लिए एक रणनीतिक निवेश है जिसके दूरगामी लाभ होंगे।

* **अनुमानित लागत:** हज़ारों करोड़ रुपये की लागत का अनुमान है। यह लागत भूमि अधिग्रहण, बाहरी और आंतरिक बुनियादी ढाँचे के विकास (सड़कें, बिजली, पानी, फाइबर ऑप्टिक), सौर ऊर्जा संयंत्रों की स्थापना और शुरुआती प्रोत्साहन पर आ सकती है। आईटी पार्कों, आवासीय और वाणिज्यिक भवनों का निर्माण मुख्य रूप से निजी क्षेत्र द्वारा किया जाएगा, जिससे कुल परियोजना मूल्य इससे काफी अधिक हो जाएगा।

- **वित्तपोषण मॉडल:**

- **सार्वजनिक-निजी भागीदारी (PPP):** यह इस परियोजना के लिए सबसे उपयुक्त मॉडल है।

- **सरकार की भूमिका:** भूमि उपलब्ध कराना (संभवतः रियायती दरों पर), बाहरी कनेक्टिविटी सुनिश्चित करना, नीतिगत ढाँचा बनाना, एकल खिड़की मंजूरी प्रदान करना, और शुरुआती चरण में कुछ व्यवहार्यता अंतर वित्तपोषण (Viability Gap Funding) या प्रोत्साहन प्रदान करना।

- **निजी क्षेत्र की भूमिका:** एक या अधिक निजी डेवलपर्स या कंसोर्टियम को आईटी सिटी के मास्टर प्लान को विकसित करने, आंतरिक बुनियादी ढाँचे का निर्माण करने, विभिन्न क्षेत्रों (आईटी पार्क, आवासीय, वाणिज्यिक) को विकसित करने और उनका विपणन करने का काम सौंपा जा सकता है। व्यक्तिगत कंपनियाँ अपनी इमारतें या परिसर बनाएंगी।

- **वित्तपोषण के स्रोत:** सरकार अपने बजट से या केंद्र सरकार की योजनाओं (जैसे स्मार्ट सिटी मिशन, डिजिटल इंडिया) से धन जुटा सकती है। निजी डेवलपर्स इक्विटी, बैंक ऋण और रियल एस्टेट बिक्री/लीज से धन जुटाएंगे। आईटी कंपनियों का निवेश मुख्य रूप से उनके अपने परिचालन और सुविधाओं पर होगा। वेंचर कैपिटल फंड स्टार्टअप इकोसिस्टम के लिए महत्वपूर्ण होंगे।

* **समयसीमा:** 2025-2030 तक पूरा करने का प्रस्ताव है।

- चरण 1 (2025-2027): भूमि अधिग्रहण, मास्टर प्लानिंग, बाहरी बुनियादी ढाँचे का विकास, प्रमुख निजी डेवलपर्स का चयन, और पहले कुछ आईटी पार्कों और आवासीय ब्लॉकों का निर्माण शुरू करना।

- चरण 2 (2028-2030 और आगे): शेष बुनियादी ढाँचे का विकास, अधिक कंपनियों और निवेश को आकर्षित करना, सामाजिक बुनियादी ढाँचे का निर्माण, और शहर को पूरी तरह से जीवंत बनाना। 2030 तक 5 लाख नौकरियों का लक्ष्य प्राप्त करने के लिए निरंतर प्रयास और अनुकूल माहौल बनाए रखना होगा।

यह एक जटिल और दीर्घकालिक परियोजना होगी जिसके लिए निरंतर प्रतिबद्धता और कुशल प्रबंधन की आवश्यकता होगी।

(v) चुनौतियाँ और समाधान: सफलता के लिए बाधाओं को हटाना

आईटी सिटी के सपने को साकार करने में कई चुनौतियाँ आएँगी, जिनका समाधान पहले से सोचना होगा।

* प्रतिभा पूल का निर्माण और प्रतिधारण: सबसे बड़ी चुनौती बिहार में आईटी उद्योग के लिए आवश्यक कुशल प्रतिभा पूल का निर्माण करना और उसे बनाए रखना है।

- समाधान: राज्य की उच्च और तकनीकी शिक्षा प्रणाली में आमूल-चूल सुधार करना। आईटी सिटी के भीतर और बाहर विश्व स्तरीय प्रशिक्षण संस्थान स्थापित करना। उद्योगों के साथ मिलकर पाठ्यक्रम डिजाइन करना। बिहारी डायस्पोरा के अनुभवी पेशेवरों को वापस लाने के लिए आकर्षक नीतियां बनाना। शहर में उच्च गुणवत्ता वाला जीवन स्तर सुनिश्चित करना ताकि प्रतिभाएं यहाँ रुकें।

* बुनियादी ढाँचा (विश्वसनीयता): विश्व स्तरीय बुनियादी ढाँचा बनाना एक बात है, उसे 24x7 विश्वसनीय रूप से बनाए रखना दूसरी बात है, खासकर बिजली और इंटरनेट कनेक्टिविटी के मामले में।

- समाधान: सौर ऊर्जा पर जोर देने के साथ-साथ ग्रिड से भी विश्वसनीय बिजली आपूर्ति सुनिश्चित करना (समर्पित फीडर)। एकाधिक इंटरनेट सेवा प्रदाताओं (ISPs) के साथ अतिरेक (Redundancy) सुनिश्चित करना। कुशल सुविधा प्रबंधन प्रणाली स्थापित करना।

* प्रतिस्पर्धा: भारत और दुनिया में कई स्थापित आईटी हब हैं। बिहार को उनसे प्रतिस्पर्धा करनी होगी।

- समाधान: बिहार को अपनी विशिष्ट शक्तियों पर ध्यान केंद्रित करना होगा - जैसे प्रतिस्पर्धी लागत, बड़ा घरेलू बाजार, विशेष क्षेत्रों (जैसे एग्री-टेक, एड-टेक) में विशेषज्ञता, हरित और टिकाऊ शहर का मॉडल। एक मजबूत 'ब्रांड बिहार आईटी'

बनाने की आवश्यकता है।

* **सुरक्षा और कानून व्यवस्था:** निवेशकों और कर्मचारियों को सुरक्षित महसूस कराने के लिए शहर और उसके आसपास उच्च स्तर की सुरक्षा और कानून व्यवस्था सुनिश्चित करनी होगी।

* **भूमि अधिग्रहण:** सैकड़ों हेक्टेयर भूमि का अधिग्रहण, भले ही पटना के पास हो, चुनौतीपूर्ण हो सकता है।

- समाधान: उचित मुआवजा और पुनर्वास नीति, जैसा कि अन्य परियोजनाओं के लिए वर्णित है।

* **नौकरशाही और भ्रष्टाचार:** मंजूरी में देरी और भ्रष्टाचार परियोजना को पटरी से उतार सकते हैं।

- **समाधान:** एक अधिकार प्राप्त और स्वायत्त आईटी सिटी प्राधिकरण का गठन, पूरी तरह से ऑनलाइन और पारदर्शी एकल खिड़की प्रणाली, और भ्रष्टाचार के खिलाफ जीरो टॉलरेंस।

इन चुनौतियों का सफलतापूर्वक प्रबंधन करके ही आईटी सिटी परियोजना बिहार के लिए एक परिवर्तनकारी शक्ति बन सकती है।

(vi) निष्कर्ष: डिजिटल युग में बिहार का प्रवेश

आईटी सिटी परियोजना बिहार को 21वीं सदी की ज्ञान अर्थव्यवस्था में एक निर्णायक छलांग लगाने का अवसर प्रदान करती है। यह केवल एक औद्योगिक क्लस्टर नहीं, बल्कि एक भविष्योन्मुखी शहर बनाने का सपना है - एक ऐसा शहर जो टिकाऊ हो, प्रतिभा को आकर्षित करे, नवाचार को बढ़ावा दे, और लाखों उच्च-गुणवत्ता वाले रोजगार पैदा करे। यह परियोजना बिहार के शिक्षित युवाओं की आशाओं को पंख देगी, ब्रेन ड्रेन को रोकेगी, और राज्य की अर्थव्यवस्था को विविधता प्रदान करेगी। सौर ऊर्जा पर जोर इसे पर्यावरण की दृष्टि से भी जिम्मेदार बनाता है। यद्यपि प्रतिभा, बुनियादी ढाँचे, प्रतिस्पर्धा और कार्यान्वयन की चुनौतियाँ गंभीर हैं, लेकिन एक मजबूत राजनीतिक इच्छाशक्ति और कुशल प्रबंधन के साथ इन्हें दूर किया जा सकता है। यह आईटी सिटी बिहार के औद्योगिक और आर्थिक पुनर्निर्माण की कहानी में एक महत्वपूर्ण अध्याय लिख सकती है, और राज्य को भारत के डिजिटल भविष्य के निर्माण में एक प्रमुख खिलाड़ी के रूप में स्थापित कर सकती है।

5. जानकी आध्यात्मिक सर्किट: संस्कृति, आस्था और अर्थतंत्र का संगम

प्रस्ताव है मिथिला की समृद्ध सांस्कृतिक और धार्मिक विरासत (माँ जानकी से जुड़े स्थल) को एक पर्यटन सर्किट के रूप में विकसित करना, जिससे स्थानीय

अर्थव्यवस्था को बढ़ावा मिले और सांस्कृतिक गौरव पुनर्जीवित हो। इसके अंतर्गत ग्यारह भव्य मंदिर बनाने कर प्रस्ताव है। मंदिरों में माँ सीता की इक्यावन मीटर प्रतिमा और ग्यारह अलग थीम सीता उत्पत्ति मंदिर, सीता स्वंयर मंदिर, सीता अयोध्या प्रवास मंदिर, सीता वनवास यात्रा मंदिर, सीता हरण मंदिर, सीता जटायु मंदिर, सीता अशोक वाटिका मंदिर, सीता अग्नि परीक्षा मंदिर, सीता वनवास मंदिर, सीता लव कुश मंदिर, सीता समाधी मंदिर पर बनाने का प्रस्ताव है। जानकी सर्किट को अयोध्या एवं अन्य धार्मिक सर्किट से जोड़ने का प्रस्ताव है।पर्यटक अद्भुत समृद्धि नहर के जल परिवहन के माध्यम से हरिद्वार से कोलकता तक आसानी से यात्रा कर सकते हैं। दरभंगा एयरपोर्ट शुरू हो चूका है। इसे अंतर्राष्ट्रीय एयरपोर्ट में बदलने के प्रस्ताव है. जानकी सर्किट को पुरे बिहार व नेपाल के पर्यटन क्षेत्रों से जोड़ा जा सकता है. विदेशों से काठमांडू में लैंड करने वाले पर्यटकों के पास दरभंगा एयरपोर्ट पर लैंड कर सड़क के रास्ते से बिहार नेपाल पर्यटन का विकल्प दिया जा सकता है।

(i) प्रस्तावनाः सांस्कृतिक धरोहर को पुनर्जीवित करना

बिहार की पहचान केवल उसकी राजनीतिक या आर्थिक स्थिति से ही नहीं, बल्कि उसकी गहरी और समृद्ध सांस्कृतिक तथा आध्यात्मिक विरासत से भी है। यह भूमि बुद्ध, महावीर, अशोक, चाणक्य, आर्यभट्ट की कर्मभूमि रही है। इसी कड़ी में, मिथिला क्षेत्र का अपना एक विशिष्ट और गौरवशाली स्थान है - यह ज्ञान, दर्शन, कला और आध्यात्मिकता का केंद्र रहा है। यह माँ जानकी (सीता) की जन्मभूमि और राजा जनक की विद्वतापूर्ण सभा की भूमि है। रामायण की कथा भारतीय मानस में गहराई तक व्याप्त है, और सीता त्याग, पवित्रता और शक्ति का प्रतीक हैं।

लेकिन समय के साथ, मिथिला की यह अमूल्य विरासत, विशेषकर माँ जानकी से जुड़े स्थल, उपेक्षा और विस्मृति का शिकार हो गए हैं। इन स्थलों पर बुनियादी सुविधाओं का अभाव है, कनेक्टिविटी खराब है, और उनके महत्व का व्यापक प्रचार-प्रसार नहीं हुआ है। पर्यटन, जो स्थानीय अर्थव्यवस्था को बढ़ावा दे सकता है और सांस्कृतिक गौरव को पुनर्जीवित कर सकता है, अविकसित रह गया है।

"जानकी आध्यात्मिक सर्किट" परियोजना इसी उपेक्षा को दूर करने और मिथिला की इस अद्वितीय आध्यात्मिक तथा सांस्कृतिक धरोहर को विश्व पटल पर लाने का एक प्रयास है। यह परियोजना न केवल माँ जानकी से जुड़े प्रमुख स्थलों को विकसित और सुशोभित करेगी, बल्कि उन्हें एक सर्किट के रूप में

जोड़कर धार्मिक और सांस्कृतिक पर्यटन का एक प्रमुख केंद्र बनाएगी। यह पहल आस्था को अर्थतंत्र से जोड़ने, स्थानीय समुदायों के लिए रोजगार पैदा करने और मिथिला की सांस्कृतिक पहचान को मजबूत करने का एक अनूठा अवसर प्रदान करती है।

(ii) परियोजना का स्वरूप: आस्था के पथ पर यात्रा

यह परियोजना मिथिला क्षेत्र में फैले माँ जानकी से संबंधित विभिन्न महत्वपूर्ण स्थलों को एक एकीकृत पर्यटन सर्किट के रूप में विकसित करने पर केंद्रित होगी।

* प्रमुख स्थलों का चयन और विकास:

- **सर्किट का दायरा:** सर्किट में मिथिला क्षेत्र (उत्तरी बिहार) के लगभग 11 या अधिक प्रमुख स्थलों को शामिल किया जाएगा जो सीधे माँ सीता के जीवन या रामायण के प्रसंगों से जुड़े हैं। इनमें शामिल हो सकते हैं:

- **सीतामढ़ी:** जिसे व्यापक रूप से सीताजी का जन्मस्थान (पुनौरा धाम) माना जाता है। यह सर्किट का केंद्र बिंदु होगा।

- **जनकपुर (नेपाल):** हालाँकि यह नेपाल में है, लेकिन मिथिला की राजधानी और सीता-राम विवाह स्थल होने के कारण यह सर्किट का एक अभिन्न अंग (या निकटता से जुड़ा हुआ) होगा। (मधुबनी से जनकपुर मात्र 80 किमी है)।

- **मधुबनी और दरभंगा जिले के स्थल:** इन जिलों में कई ऐसे मंदिर और स्थान हैं जो स्थानीय परंपराओं में सीता या रामायण से जुड़े हैं (जैसे, अहिल्या स्थान, गौतम कुंड आदि)।

- **अन्य संभावित स्थल:** रामायण के प्रसंगों के आधार पर अन्य प्रासंगिक स्थलों को भी शामिल किया जा सकता है।

- **थीम आधारित मंदिर/स्थल:** 11 अलग-अलग थीम पर आधारित मंदिरों का सुझाव दिया गया है (सीता उत्पत्ति, स्वयंवर, अयोध्या प्रवास, वनवास यात्रा, हरण, जटायु, अशोक वाटिका, अग्नि परीक्षा, वनवास, लव-कुश, समाधि)। यह एक रोचक अवधारणा है, जिसके तहत प्रत्येक प्रमुख स्थल पर उस विशेष थीम को दर्शाने वाले मंदिर, कलाकृतियाँ या व्याख्या केंद्र विकसित किए जा सकते हैं। इससे पर्यटकों को सीताजी के जीवन की पूरी यात्रा का अनुभव मिलेगा।

- **स्थलों का विकास:** चयनित स्थलों पर मौजूदा मंदिरों का जीर्णोद्धार और सौंदर्यीकरण किया जाएगा। पर्यटकों के लिए बुनियादी सुविधाएँ जैसे स्वच्छ पेयजल, शौचालय, प्रतीक्षालय, कैफेटेरिया, सूचना केंद्र आदि विकसित किए जाएंगे। स्थलों के आसपास के वातावरण को हरा-भरा और आकर्षक बनाया

जाएगा।

* सीता प्रतिमा की स्थापनाः

- एक भव्य प्रतीकः सीतामढ़ी में इक्यावन मीटर प्रतिमा ऊँची सीता प्रतिमा स्थापित करने का प्रस्ताव है। यह भव्य प्रतिमा सर्किट का एक प्रमुख आकर्षण बनेगी और दूर से ही पर्यटकों को आकर्षित करेगी। यह सीतामढ़ी को एक प्रमुख तीर्थ स्थल के रूप में स्थापित करने में मदद करेगी। प्रतिमा का डिजाइन और निर्माण कलात्मक और सौंदर्य की दृष्टि से उत्कृष्ट होना चाहिए। इस प्रतिमा के पास व्यूपॉइंट्स होंगे जहाँ से पर्यटक दूरबीन के माध्यम से हिमालय के श्रृंखलाओं को, नहर तंत्र अत्यादि को देख सकेंगे जब पर्याप्त रौशनी होंगे और बादल नहीं होगा

* कनेक्टिविटी और बुनियादी ढाँचाः

- सड़क संपर्कः सर्किट के सभी स्थलों को अच्छी गुणवत्ता वाली सड़कों से जोड़ना होगा ताकि पर्यटकों के लिए यात्रा सुगम हो सके। राष्ट्रीय और राज्य राजमार्गों से इन स्थलों तक पहुँच को बेहतर बनाना होगा।

- पर्यटक आवासः विभिन्न बजट के पर्यटकों के लिए आवास सुविधाएँ (जैसे होटल, गेस्ट हाउस, धर्मशालाएँ, होमस्टे) विकसित करनी होंगी।

- परिवहनः सर्किट पर पर्यटकों के लिए विशेष बस सेवाएँ या टैक्सी सुविधाएँ उपलब्ध कराई जा सकती हैं।

- साइनेज और सूचनाः पूरे सर्किट पर स्पष्ट साइनेज (बहुभाषी) और स्थलों के महत्व को बताने वाले सूचना पट्ट लगाए जाएंगे।

* सांस्कृतिक एकीकरणः

- स्थानीय कला और शिल्पः सर्किट के स्थलों पर स्थानीय कारीगरों, विशेष रूप से मधुबनी पेंटिंग कलाकारों, के लिए अपने उत्पादों को प्रदर्शित करने और बेचने के लिए स्थान (हाट, कियोस्क) उपलब्ध कराए जाएंगे। (#मिथिलायोजना इकॉमर्स सामान खिलौना, कला, सिलाई, बुनाई, दस्तकारी की शिक्षा)

- सांस्कृतिक कार्यक्रमः त्योहारों और विशेष अवसरों पर लोक संगीत, नृत्य और नाटक (जैसे रामलीला) के आयोजन किए जा सकते हैं।

-स्थानीय व्यंजनः पर्यटकों को स्थानीय मैथिल व्यंजनों का अनुभव कराने के लिए फूड कोर्ट या रेस्तरां स्थापित किए जा सकते हैं।

* विपणन और प्रचारः

- ब्रांडिंगः 'जानकी सर्किट' को एक आकर्षक ब्रांड के रूप में विकसित करना होगा।

- प्रचारः राष्ट्रीय और अंतरराष्ट्रीय स्तर पर (विशेषकर रामायण में आस्था रखने वाले देशों और हिंदू डायस्पोरा में) सर्किट का व्यापक प्रचार-प्रसार करना होगा। इसके लिए डिजिटल मार्केटिंग, ट्रैवल एजेंटों के साथ सहयोग और पर्यटन मेलों में भागीदारी का उपयोग किया जा सकता है।

- टूर पैकेजः विभिन्न अवधि और बजट के अनुरूप टूर पैकेज विकसित करने होंगे।

यह एकीकृत दृष्टिकोण न केवल तीर्थयात्रियों को आकर्षित करेगा, बल्कि सांस्कृतिक और ऐतिहासिक रुचि रखने वाले पर्यटकों को भी आकर्षित करेगा।

(iii) धार्मिक पर्यटन और आर्थिक प्रभावः आस्था से आय तक

जानकी आध्यात्मिक सर्किट में बिहार के, विशेषकर मिथिला क्षेत्र के, आर्थिक परिदृश्य को बदलने की अपार संभावनाएं हैं।

* पर्यटकों की संख्या में वृद्धिः

- अनुमानः प्रति वर्ष लाखों करोड़ों पर्यटकों के आने का अनुमान लगाया गया है। रामायण और सीता में करोड़ों लोगों की आस्था को देखते हुए, यदि सर्किट को अच्छी तरह से विकसित और प्रचारित किया जाए, तो यह लक्ष्य प्राप्त किया जा सकता है। अयोध्या में राम मंदिर के बाद बढ़ी हुई धार्मिक पर्यटन की लहर का लाभ भी इस सर्किट को मिल सकता है।

- स्रोतः पर्यटक मुख्य रूप से भारत के विभिन्न हिस्सों से आएंगे, लेकिन नेपाल (जनकपुर के कारण) और अन्य देशों (जैसे श्रीलंका, इंडोनेशिया, थाईलैंड, और हिंदू डायस्पोरा वाले देश) से भी पर्यटकों के आने की संभावना है।

* राजस्व सृजनः

- अनुमानः सालाना हज़ारों करोड़ रुपये की आय का अनुमान लगाया गया है। यह आय पर्यटकों द्वारा आवास, भोजन, परिवहन, खरीदारी (हस्तशिल्प, स्मृति चिन्ह), पूजा सामग्री और अन्य सेवाओं पर किए गए खर्च से उत्पन्न होगी।

- आर्थिक गुणकः पर्यटन उद्योग का एक मजबूत आर्थिक गुणक प्रभाव होता है, यानी पर्यटन पर खर्च किया गया प्रत्येक रुपया अर्थव्यवस्था में कई गुना आय उत्पन्न करता है।

* स्थानीय रोजगार सृजनः

- प्रत्यक्ष रोजगारः पर्यटन उद्योग प्रत्यक्ष रूप से होटल, रेस्तरां, परिवहन (टैक्सी, बस ड्राइवर), टूर गाइड, दुकानों और मंदिर प्रशासन में रोजगार पैदा करता है।

- अप्रत्यक्ष रोजगार: यह अप्रत्यक्ष रूप से आपूर्तिकर्ताओं (जैसे खाद्य सामग्री, हस्तशिल्प), निर्माण क्षेत्र और अन्य सहायक सेवाओं में भी रोजगार पैदा करता है।

- ग्रामीण और महिला रोजगार: यह परियोजना विशेष रूप से ग्रामीण क्षेत्रों में, जहाँ सर्किट के अधिकांश स्थल स्थित हैं, रोजगार के अवसर पैदा करेगी। होमस्टे, स्थानीय व्यंजन परोसने वाले छोटे भोजनालय, और हस्तशिल्प बिक्री महिलाओं के लिए आय का एक महत्वपूर्ण स्रोत बन सकती है। स्थानीय कारीगरों (जैसे मधुबनी कलाकारों) को अपनी कला के लिए एक बड़ा बाजार मिलेगा, जिससे उनकी आय बढ़ेगी और कला जीवित रहेगी।

* बुनियादी ढाँचे का विकास: पर्यटन को बढ़ावा देने के लिए सड़कों, बिजली, पानी और संचार जैसी बुनियादी सुविधाओं में सुधार किया जाएगा, जिसका लाभ स्थानीय आबादी को भी मिलेगा।

* सांस्कृतिक गौरव और संरक्षण: पर्यटन से होने वाली आय का एक हिस्सा मंदिरों के रखरखाव और संबंधित सांस्कृतिक परंपराओं के संरक्षण में लगाया जा सकता है। यह स्थानीय लोगों में अपनी विरासत के प्रति गौरव की भावना को भी मजबूत करेगा।

यह परियोजना दर्शाती है कि कैसे सांस्कृतिक और आध्यात्मिक संपदा को आर्थिक विकास के इंजन में बदला जा सकता है, जिससे स्थानीय समुदायों को लाभ हो।

(iv) लागत, वित्तपोषण और समयसीमा: सांस्कृतिक निवेश

धार्मिक और सांस्कृतिक पर्यटन में निवेश अक्सर महत्वपूर्ण सामाजिक और आर्थिक लाभ देता है।

* अनुमानित लागत: परियोजना की लागत हज़ारों करोड़ रुपये अनुमानित है। यह लागत मुख्य रूप से स्थलों के विकास, सीता प्रतिमा की स्थापना, कनेक्टिविटी सुधार और पर्यटक सुविधाओं के निर्माण पर आएगी।

- वित्तपोषण:

- केंद्र सरकार: केंद्र सरकार के पर्यटन मंत्रालय की विभिन्न योजनाएँ हैं जो धार्मिक और सांस्कृतिक पर्यटन सर्किटों के विकास के लिए वित्तीय सहायता प्रदान करती हैं, जैसे कि PRASHAD (Pilgrimage Rejuvenation and Spiritual Heritage Augmentation Drive) योजना। इस योजना के तहत पर्याप्त धन प्राप्त किया जा सकता है।

- राज्य सरकार: बिहार सरकार को भी अपने बजट से महत्वपूर्ण योगदान देना होगा, खासकर भूमि अधिग्रहण (यदि आवश्यक हो) और बुनियादी ढाँचे के विकास के लिए।

- अन्य स्रोत: मंदिर ट्रस्ट, निजी दानदाता और कॉर्पोरेट सामाजिक जिम्मेदारी (CSR) फंड भी परियोजना के वित्तपोषण में योगदान दे सकते हैं। आवास और परिवहन जैसी कुछ सुविधाओं का विकास PPP मॉडल पर भी किया जा सकता है।

* समयसीमा: 2025-2028 तक पूरा करने का प्रस्ताव है। यह एक महत्वाकांक्षी समयसीमा है, खासकर यदि 11 स्थलों का व्यापक विकास और एक बड़ी प्रतिमा का निर्माण शामिल है। इसे चरणबद्ध तरीके से लागू करना अधिक व्यावहारिक हो सकता है, जिसमें पहले चरण में सबसे महत्वपूर्ण स्थलों (जैसे सीतामढ़ी) और मुख्य कनेक्टिविटी पर ध्यान केंद्रित किया जाए।

यह निवेश न केवल आर्थिक लाभ देगा, बल्कि बिहार की अमूर्त सांस्कृतिक विरासत को संरक्षित और संवर्धित करने में भी मदद करेगा।

(v) चुनौतियाँ और समाधान: सतत और सम्मानजनक पर्यटन

जानकी सर्किट को सफल बनाने के लिए कुछ संभावित चुनौतियों का सामना करना होगा:

* बुनियादी ढाँचे की गुणवत्ता और रखरखाव: यह सुनिश्चित करना कि विकसित की गई सड़कें, आवास, स्वच्छता सुविधाएँ आदि अच्छी गुणवत्ता की हों और उनका नियमित रखरखाव हो।

- समाधान: निर्माण और रखरखाव के लिए पेशेवर एजेंसियों को नियुक्त करना, गुणवत्ता नियंत्रण सुनिश्चित करना और उपयोगकर्ता शुल्क (User Fees) का एक हिस्सा रखरखाव के लिए समर्पित करना।

* स्थलों का प्रबंधन: बड़ी संख्या में पर्यटकों के आने से स्थलों पर भीड़भाड़, गंदगी और अव्यवस्था हो सकती है।

- समाधान: प्रत्येक स्थल के लिए एक प्रभावी प्रबंधन योजना बनाना, जिसमें भीड़ नियंत्रण, अपशिष्ट प्रबंधन, सुरक्षा और आगंतुक प्रवाह के नियम शामिल हों। स्थानीय समुदायों और मंदिर प्रबंधन समितियों को इसमें शामिल करना।

* स्थानीय समुदाय की भागीदारी और लाभ: यह सुनिश्चित करना कि पर्यटन से होने वाला आर्थिक लाभ स्थानीय समुदायों तक पहुँचे, न कि केवल बाहरी टूर ऑपरेटरों या होटल श्रृंखलाओं तक।

- समाधान: स्थानीय युवाओं को गाइड और हॉस्पिटैलिटी स्टाफ के रूप में प्रशिक्षित करना, होमस्टे योजना को बढ़ावा देना, स्थानीय कारीगरों और

उत्पादकों को सीधे पर्यटकों से जोड़ना।

* **प्रामाणिकता और सम्मान:** पर्यटन के व्यावसायीकरण से स्थलों की धार्मिक पवित्रता और सांस्कृतिक प्रामाणिकता को ठेस पहुँच सकती है।

- **समाधान:** विकास कार्यों को करते समय स्थलों के ऐतिहासिक और धार्मिक महत्व का सम्मान करना। पर्यटकों को स्थानीय संस्कृति और परंपराओं के प्रति संवेदनशील होने के लिए शिक्षित करना। पूजा-पाठ और धार्मिक अनुष्ठानों में व्यवधान न हो, यह सुनिश्चित करना।

* **अंतर-विभागीय और सीमा-पार समन्वय:** परियोजना के सफल कार्यान्वयन के लिए विभिन्न सरकारी विभागों (पर्यटन, सड़क निर्माण, संस्कृति, स्थानीय प्रशासन) और (जनकपुर के लिए) नेपाल सरकार के साथ प्रभावी समन्वय आवश्यक है।

- **समाधान:** एक समर्पित सर्किट विकास प्राधिकरण (Circuit Development Authority) का गठन किया जा सकता है जो समन्वय का कार्य करे।

* **पर्यटकों की सुरक्षा :** पर्यटन को बढ़ावा देने और पर्यटकों की सुरक्षा सुनिश्चित करने के लिए प्रभावी कदम उठाना बेहद आवश्यक है। वर्तमान समय में पर्यटकों को सुरक्षा की चिंता बनी रहती है, जिससे राज्य की छवि और पर्यटन पर नकारात्मक असर पड़ता है।

- **समाधान:** 24x7 हेल्पलाइन नंबर, उपग्रह (सैटेलाइट) पुलिस स्टेशन, और प्रमुख पर्यटन स्थलों व राष्ट्रीय राजमार्गों पर नियमित गश्ती व्यवस्था की शुरुआत की जानी चाहिए। इसके साथ-साथ एक आधिकारिक Twitter (X) हैंडल भी बनाया जाए जो किसी भी शिकायत या सवाल का 5 मिनट के अंदर जवाब दे और शिकायत की गंभीरता के अनुसार 30 मिनट के भीतर मौके पर सहायता पहुंचाई जाए। इस योजना से पर्यटकों के मन में सुरक्षा का भरोसा बढ़ेगा, बिहार की सकारात्मक छवि बनेगी और पर्यटन के माध्यम से राज्य की अर्थव्यवस्था को मजबूती मिलेगी।

इन चुनौतियों का समाधान करके, जानकी आध्यात्मिक सर्किट को एक सतत, सम्मानजनक और लाभकारी पर्यटन स्थल के रूप में विकसित किया जा सकता है।

(vi) दरभंगा को अंतरराष्ट्रीय हवाई प्रवेश द्वार बनाकर बिहार को वैश्विक पर्यटन से जोड़ने का अवसर

दरभंगा हवाई अड्डा, जो वर्तमान में घरेलू उड़ानों के लिए कार्यरत है, यदि इसे अंतरराष्ट्रीय हवाई अड्डे के रूप में विकसित किया जाए, तो यह न केवल काठमांडू के विकल्प के रूप में कार्य कर सकता है, बल्कि बिहार के लिए एक बड़ा आर्थिक अवसर भी बन सकता है। पर्यटक सीधे दरभंगा में लैंड कर बिहार की सांस्कृतिक विरासत का अनुभव कर सकते हैं और फिर सड़क मार्ग से नेपाल की ओर यात्रा कर सकते हैं। इससे दो देशों के पर्यटन को बल मिलेगा। साथ ही, दरभंगा को एक एयर कार्गो हब के रूप में विकसित करने से स्थानीय कृषि, मछलीपालन, हस्तशिल्प और उद्योगों के उत्पादों को वैश्विक बाजारों में भेजा जा सकेगा। इससे न केवल राज्य की अर्थव्यवस्था को गति मिलेगी, बल्कि युवाओं के लिए रोजगार और व्यापार के नए अवसर भी पैदा होंगे।

(vii) निष्कर्ष: मिथिला के गौरव का पुनर्स्थापन

जानकी आध्यात्मिक सर्किट परियोजना केवल एक पर्यटन योजना नहीं है, यह मिथिला और बिहार की आत्मा को पुनर्जीवित करने का एक प्रयास है। यह माँ जानकी की विरासत को सम्मान देने, मिथिला की समृद्ध संस्कृति को विश्व मंच पर लाने और स्थानीय समुदायों के लिए समृद्धि के नए द्वार खोलने का एक अवसर है। यह परियोजना दिखाती है कि आस्था और अर्थतंत्र, संस्कृति और विकास एक-दूसरे के पूरक हो सकते हैं। अद्भुत समृद्धि नहर, SEZs, पग-पग पोखर और आईटी सिटी जैसी अन्य पहलों के साथ मिलकर, जानकी सर्किट बिहार के समग्र पुनर्निर्माण में एक महत्वपूर्ण सांस्कृतिक और भावनात्मक आयाम जोड़ेगा, राज्य के गौरव को पुनर्स्थापित करेगा और लोगों में एक नई आशा का संचार करेगा।

अध्याय 5 का समग्र निष्कर्ष: पंचसूत्री - एकीकृत परिवर्तन का मार्ग

"बिहार समृद्धि पंचसूत्री परियोजना" बिहार के भविष्य के लिए एक साहसिक, व्यापक और एकीकृत दृष्टि प्रस्तुत करती है। यह केवल पांच अलग-अलग योजनाओं का जोड़ नहीं है, बल्कि एक समग्र रणनीति है जो बिहार की सबसे गहरी और जटिल समस्याओं - बाढ़ की विभीषिका, औद्योगिक पिछड़ापन, कृषि संकट, भयावह बेरोजगारी, व्यापक पलायन, और सांस्कृतिक उपेक्षा - को एक साथ संबोधित करने का प्रयास करती है।

अद्भुत समृद्धि नहर बाढ़ के अभिशाप को सिंचाई, बिजली और परिवहन के वरदान में बदलने का वादा करती है, जो राज्य के भूगोल और अर्थव्यवस्था को मौलिक रूप से बदल सकती है। स्पेशल इकोनॉमिक ज़ोन राज्य के हर कोने में औद्योगिक क्रांति की नींव रखेंगे, लाखों रोजगार पैदा करेंगे और पलायन के

दर्द को कम करेंगे। पग-पग पोखर माछ मखान योजना ग्रामीण अर्थव्यवस्था को पुनर्जीवित करने, जल संरक्षण करने और मिथिला की पारंपरिक बुद्धिमत्ता को सम्मान देने का एक टिकाऊ मॉडल प्रस्तुत करती है। आईटी सिटी बिहार को 21वीं सदी की ज्ञान अर्थव्यवस्था में एक प्रमुख खिलाड़ी के रूप में स्थापित करने, ब्रेन ड्रेन को रोकने और युवाओं की आकांक्षाओं को पूरा करने का मार्ग प्रशस्त करती है। और जानकी आध्यात्मिक सर्किट राज्य की समृद्ध सांस्कृतिक और आध्यात्मिक विरासत को आर्थिक विकास से जोड़कर बिहार के गौरव और पहचान को पुनर्स्थापित करने का संकल्प लेती है।

इन पाँचों सूत्रों में एक अंतर्निहित तालमेल (Synergy) है। नहर से मिलने वाला पानी और बिजली उद्योगों और शहरों को चलाएंगे। SEZs और आईटी सिटी कृषि तथा जलीय उत्पादों के लिए बाजार और बेहतर तकनीक प्रदान करेंगे। ग्रामीण समृद्धि से शहरी केंद्रों पर दबाव कम होगा। सांस्कृतिक पुनरुत्थान समग्र विकास के लिए एक सकारात्मक माहौल बनाएगा।

यह सच है कि यह परियोजना अत्यंत महत्वाकांक्षी है। इसे साकार करने में अनगिनत चुनौतियाँ आएँगी - भूमि अधिग्रहण, वित्तपोषण, पर्यावरणीय चिंताएँ, तकनीकी जटिलताएँ, अंतर-राज्यीय और अंतरराष्ट्रीय समन्वय, और सबसे बढ़कर, भ्रष्टाचार तथा प्रशासनिक अक्षमता पर काबू पाना।

लेकिन बिहार के सामने विकल्प क्या है? क्या वह दशकों से चली आ रही यथास्थिति, गरीबी, पलायन और निराशा के दुष्चक्र में फंसा रहे? या वह एक साहसिक छलांग लगाने का जोखिम उठाए? यह पंचसूत्री परियोजना उस छलांग का खाका प्रस्तुत करती है। यह एक निवेश है - बिहार के भविष्य में, उसके लोगों में, उसकी क्षमता में। यह एक आह्वान है - राजनीतिक दलों, नौकरशाही, नागरिक समाज, निजी क्षेत्र और आम नागरिकों से - कि वे संकीर्ण हितों से ऊपर उठकर, एकजुट होकर इस सपने को साकार करने के लिए काम करें।

पुनः एक बारः सन 2000 में बिहार का बंटवारा कर झारखंड को अलग किया गया था। इससे बिहार को राजस्व आय में भारी नुकसान होना था। उस समय बिहार के सभी सांसदों ने पार्टी की राजनीति से उठकर एक लाख उनासी हजार (1,79,000) करोड़ रूपये और विशेष राज्य के स्टेटस की मांग की थी। ये मांग पूरी तरह जायज है। पोस्टऑफिस के फिक्स्ड डिपाजिट योजना के अनुसार अनुमानन आज ये राशि 16 लाख करोड़ होनी चाहिए। उसी अनुरूप केंद्र सरकार को ये राशि बिहार को देनी चाहिए। साथ ही और विशेष राज्य का दर्जा मिलना चाहिए, ये बिहार का हक़ है। इससे बिहार का काया कल्प हो सकता है। "बिहार समृद्धि

पंचसूत्री परियोजना" को पूरा कर बिहार का भाग्य बदला जा सकता है।

"बचपन से सुनता आया हूँ कि बीती ताहि बिसारिये, बीत गई जो बात गई।" लेकिन अतीत को बिसारना नहीं, उससे सीखना है। बिहार के गौरवशाली अतीत से प्रेरणा लेकर, वर्तमान की चुनौतियों का यथार्थवादी आकलन कर, और भविष्य के लिए एक स्पष्ट और साहसिक दृष्टि अपनाकर ही बिहार का पुनर्निर्माण संभव है। बिहार समृद्धि पंचसूत्री परियोजना उसी दृष्टि का एक मूर्त रूप है। इसे साकार करना कठिन होगा, लेकिन असंभव नहीं। क्योंकि बिहार की मिट्टी में, उसके लोगों में, वह जज्बा और वह क्षमता है जो किसी भी चुनौती को पार कर सकती है। यह समय है उस जज्बे को जगाने का, उस क्षमता को उजागर करने का, और एक नए, समृद्ध, न्यायपूर्ण और गौरवशाली बिहार का निर्माण करने का।

6

अद्भुत समृद्धि नहर - बिहार के शोक पर विजय, समृद्धि का महामार्ग

5.1. प्रस्तावना: नियति को बदलने का महासंकल्प

यह नेपाल सीमा के समानांतर बिहार की भूमि पर चंपारण से पूर्णिया प्रमंडल तक 500 किलोमीटर अद्भुत समृद्धि नहर का प्रस्ताव है। बिहार सदियों से नेपाल जनित नदियों के बाढ़ से त्रस्त रहा है। नेपाल में बाँध बनाने की पहल भारत और नेपाल सरकार के बीच लटकी है। नहर बाढ़ से रक्षा करेगी, बाढ़ नियंत्रण, सिंचाई, जलविद्युत और जल परिवहन ले माध्यम से बिहार को समृद्ध बनाएगी। यह नहर सीमा नियंत्रण और सुरक्षा में भी महत्वपूर्ण भूमिका निभाएगी। नहर का हरिद्वार से कोलकता तक विस्तार कर विकसित जल परिवहन तंत्र में विकास किया जा सकता है। नहर के इर्द गिर्द के क्षेत्र में वनरोपण, नकदी फसल, फल, सब्जी, फूल, जड़ी, बूटी, गन्ना उत्पादन एवं आधारित उद्योग स्थापित करने का प्रस्ताव है। यह मेरे 2008 के बाढ़ नियंत्रण मास्टर प्लान का विकसित रूप है।

5.2. बिहार की जल-त्रासदी और मौजूदा समाधानों की सीमाएँ

इतिहास के पन्नों में बिहार का नाम अक्सर विरोधाभासों के साथ अंकित किया गया है। एक ओर ज्ञान, शक्ति और संस्कृति की पराकाष्ठा, तो दूसरी ओर प्रकृति के प्रकोप और मानवीय विफलताओं की अंतहीन गाथा। और इस गाथा

का सबसे करुण, सबसे स्थायी अध्याय रहा है – बाढ़। गंगा के उत्तरी मैदान में, हिमालय की गोद से उतरती शक्तिशाली नदियाँ – कोसी, गंडक, बागमती, कमला, महानंदा – जो जीवनदायिनी होने के साथ-साथ हर साल विनाश का पर्याय बन जाती हैं। हमने पिछले अध्यायों में देखा है कि कैसे राज्य का लगभग तीन-चौथाई भूभाग और उत्तरी बिहार की विशाल आबादी बाढ़ के स्थायी भय के साये में जीती है। कोसी, अपने विनाशकारी स्वभाव और मार्ग बदलने की प्रवृति के कारण, terecht ही "बिहार का शोक" कहलाती है, लेकिन अन्य नदियाँ भी कम घातक नहीं हैं।

यह केवल पानी का प्रलय नहीं है; यह बिहार के विकास के पहिये पर लगा हुआ एक भारी ब्रेक है। हर साल यह बाढ़ लाखों हेक्टेयर की फसलें निगल जाती है, अनगिनत घरों को मलबे में बदल देती है, सड़कों और पुलों को तोड़ देती है, लाखों लोगों को शरणार्थी बना देती है, बीमारियों को जन्म देती है, और राज्य के सीमित संसाधनों को राहत और तात्कालिक मरम्मत पर खर्च करने को मजबूर कर देती है, जिससे दीर्घकालिक विकास अवरुद्ध हो जाता है। दशकों से हमने तटबंधों का जाल बिछाकर इस जल-दैत्य को वश में करने की कोशिश की, लेकिन 2008 में कुसहा में कोसी तटबंध का टूटना – जिसने 33 लाख से अधिक जिंदगियों को प्रभावित किया और जिसकी भयावहता की गूंज आज भी सुनाई देती है – इस रणनीति की सीमाओं और विफलताओं का एक ज्वलंत प्रमाण है। तटबंधों ने अक्सर समस्या को सुलझाने के बजाय उलझाया है, नदी को कैद कर उसके तल को ऊपर उठाया है और टूटने पर और भी बड़े विनाश का कारण बना है। नेपाल में ऊँचे बांध बनाने की महत्वाकांक्षी योजनाएँ दशकों से कूटनीतिक और राजनीतिक भूलभुलैया में फंसी हुई हैं, और उनके निकट भविष्य में साकार होने की कोई विश्वसनीय आशा नजर नहीं आती।

* विशिष्ट भौगोलिक और हाइड्रोलॉजिकल स्थितियाँ: उत्तर में अस्थिर हिमालय, तीव्र ढलान, दक्षिण में अत्यधिक समतल मैदान, मानसून पर अत्यधिक निर्भरता (80-90% वर्षा 3-4 महीनों में), और सबसे महत्वपूर्ण – नदियों द्वारा लाई जाने वाली अत्यधिक गाद (Silt), विशेषकर कोसी द्वारा।

- समस्या की विकरालता: बार-बार आने वाली विनाशकारी बाढ़, भारी जन-धन की हानि, कृषि और बुनियादी ढांचे का विनाश, विस्थापन, बीमारियाँ, विकास में बाधा।

- तटबंधों की विफलता:

- नदी को सीमित कर गाद को फंसाना (Aggradation)।

- नदी तल का आसपास के मैदान से ऊँचा उठ जाना (River flowing above ground level)।

- तटबंधों के टूटने का स्थायी खतरा (Breaches) और परिणामस्वरूप अधिक विनाश।

- तटबंधों के बीच फंसे लाखों लोगों की दुर्दशा (Waterlogging, lack of escape routes)।

- पर्यावरणीय प्रभाव (बाढ़ के मैदानों का विनाश, जलभराव)।

- उच्च रखरखाव लागत और भ्रष्टाचार।

- नेपाल में बांधों की अनिश्चितता:

- दशकों से लंबित परियोजनाएँ (सप्तकोशी हाई डैम आदि)।

- जटिल कूटनीतिक, राजनीतिक, वित्तीय और पर्यावरणीय मुद्दे।

- भूकंपीय संवेदनशीलता (Seismic vulnerability) की चिंताएँ।

- निकट भविष्य में समाधान की क्षीण संभावना।

- अन्य उपायों की सीमाएँ: ड्रेजिंग (महंगी, अस्थायी समाधान), बाढ़ पूर्वानुमान (प्रभावी लेकिन पर्याप्त नहीं), पारंपरिक जल निकायों की उपेक्षा।

- निष्कर्ष: मौजूदा रणनीतियाँ बिहार को बाढ़ से स्थायी सुरक्षा प्रदान करने में विफल रही हैं। एक नए, अभिनव और बिहार-केंद्रित समाधान की तत्काल और अनिवार्य आवश्यकता है।

तो क्या बिहार की नियति यही है? क्या हम हर साल आने वाली इस आपदा के सामने घुटने टेक दें? क्या हमारे पास अपनी किस्मत बदलने का कोई रास्ता नहीं है? मेरा दृढ़ विश्वास है कि रास्ता है, और वह रास्ता है साहस, नवाचार और आत्मनिर्भरता का। हमें अपनी समस्याओं का समाधान दूसरों पर निर्भर रहने के बजाय स्वयं खोजना होगा, अपनी भूमि और अपने संसाधनों का उपयोग करके खोजना होगा।

इसी दृढ़ विश्वास और बिहार को बाढ़ के श्राप से मुक्त कराने के महासंकल्प से जन्मी है "अद्भुत समृद्धि नहर" (Amazing Prosperity Canal) की परिकल्पना। यह कोई साधारण नहर नहीं, बल्कि एक क्रांतिकारी, बहुउद्देशीय जल प्रबंधन महापरियोजना है, जिसे मैंने और "बिहार रिवाइवल फोरम" ने 2008 की त्रासदी के बाद से लगातार प्रस्तावित किया है। यह नेपाल में बांध बनने का इंतजार किए बिना, बिहार की अपनी धरती पर, नेपाल सीमा के लगभग समानांतर, पश्चिमी चंपारण से लेकर पूर्णिया/किशनगंज तक 500 किलोमीटर लंबी एक विशाल इंटरसेप्टर-सह-डायवर्सन नहर (Interceptor-cum-

Diversion Canal) बनाने का एक साहसिक प्रस्ताव है।

इसका मूल सिद्धांत सरल लेकिन प्रभावी है: नेपाल से आने वाली प्रमुख नदियों के अतिरिक्त मानसून प्रवाह को, उनके बिहार के मैदानों में फैलने से पहले ही, इस मुख्य नहर द्वारा रोक लेना (Intercept) और उसे नियंत्रित तरीके से मोड़ना (Divert)। यह नहर न केवल बिहार को विनाशकारी बाढ़ से सुरक्षा का अभूतपूर्व कवच प्रदान करेगी, बल्कि यह सिंचाई के लिए अमृत बनेगी, स्वच्छ जल विद्युत उत्पन्न करेगी, सस्ते जल परिवहन का मार्ग खोलेगी, भूजल स्तर को सुधारेगी, मत्स्य पालन और पर्यटन को बढ़ावा देगी, और सबसे महत्वपूर्ण, यह दक्षिण बिहार के प्यासे खेतों तक भी जीवनदायिनी जल पहुँचाने की क्षमता रखेगी। यह नहर बिहार के बिखरे हुए जल संसाधनों और मौजूदा बुनियादी ढाँचे को एक एकीकृत प्रणाली में पिरोने (Connecting the Dots) का काम करेगी।

अद्भुत समृद्धि नहर केवल एक इंजीनियरिंग परियोजना नहीं है, यह बिहार के कायाकल्प का आधारशिला है, यह शोक को समृद्धि में बदलने का एक राष्ट्रीय मिशन है, यह आत्मनिर्भर और गौरवशाली बिहार के निर्माण का एक महामार्ग है। यह अध्याय इसी महामार्ग की विस्तृत रूपरेखा, इसकी तकनीकी गहराइयों, इसके बहुआयामी लाभों, अंतर्राष्ट्रीय अनुभवों से प्राप्त सीख, संभावित चुनौतियों और उनके समाधानों तथा इसे और अधिक प्रभावी बनाने के उपायों को समर्पित है। आइए, बिहार के भाग्य को पुनर्लेखित करने वाली इस महत्वाकांक्षी यात्रा का शुभारंभ करें।

(i) बाढ़ के अभिशाप से मुक्ति की संकल्पना

सदियों से, बिहार की पहचान उसके गौरवशाली इतिहास के साथ-साथ एक और कड़वी सच्चाई से जुड़ी रही है - बाढ़ की विभीषिका। विशेषकर उत्तर बिहार, गंगा का उत्तरी मैदान, हर साल मानसून के महीनों में एक जल प्रलय का साक्षी बनता है। नेपाल के हिमालय से उतरती उफनती नदियाँ - कोसी, गंडक, बागमती, कमला, महानंदा - अपने साथ केवल जीवनदायिनी जल ही नहीं, बल्कि विनाशकारी बाढ़ और भारी मात्रा में गाद भी लेकर आती हैं। जैसा कि हमने भाग 4 में विस्तार से देखा, राज्य का लगभग 73% भूभाग और उत्तरी बिहार की 76% आबादी बाढ़ के निरंतर खतरे में जीती है। कोसी, जिसे "बिहार का शोक" कहा जाता है, अपनी विनाशलीला और मार्ग परिवर्तन के लिए कुख्यात है। 2008 में कुसहा तटबंध का टूटना, जिसने 33 लाख से अधिक लोगों को प्रभावित किया और अनगिनत जानें लीं, इस त्रासदी की भयावहता का जीवंत प्रमाण है।

बाढ़ केवल कुछ दिनों या हफ्तों की आपदा नहीं है; यह बिहार के विकास के पहिये में एक स्थायी कांटा है। यह हर साल लाखों हेक्टेयर फसल बर्बाद करती है, घरों और बुनियादी ढाँचों को नष्ट करती है, लोगों को विस्थापित करती है, बीमारियों को फैलाती है, और राज्य की सीमित संसाधनों को राहत और पुनर्वास पर खर्च करने को मजबूर करती है। बाढ़ नियंत्रण के अब तक के प्रयास, मुख्य रूप से तटबंधों पर आधारित, न केवल अपर्याप्त साबित हुए हैं, बल्कि उन्होंने गाद जमाव जैसी नई समस्याएँ भी पैदा कर दी हैं, जिससे तटबंधों के टूटने का खतरा और बढ़ गया है। नेपाल के साथ ऊँचे बांध बनाने की बातें दशकों से चल रही हैं, लेकिन कूटनीतिक गतिरोध के कारण वे कागजों से आगे नहीं बढ़ पाई हैं।

ऐसे में, क्या बिहार अपनी नियति को इस बाढ़ के भरोसे छोड़ दे? क्या हर साल आने वाली तबाही को स्वीकार कर लिया जाए? जवाब है - कदापि नहीं। यहीं पर "अद्भुत समृद्धि नहर" की परिकल्पना एक साहसिक और परिवर्तनकारी समाधान के रूप में सामने आती है। यह विचार, जिसे बिहार रिवाइवल फोरम - (Bihar Revival Forum) ने प्रमुखता से उठाया और प्रचारित किया है, पारंपरिक सोच से हटकर एक अभिनव दृष्टिकोण प्रस्तुत करता है। यह नेपाल में बांध बनने के अंतहीन इंतजार के बजाय, बिहार की अपनी भूमि पर एक विशाल नहर प्रणाली बनाकर नेपाल से आने वाली नदियों के अतिरिक्त पानी को प्रबंधित करने, उसे नियंत्रित करने और उसका सदुपयोग करने का प्रस्ताव है।

यह नहर केवल बाढ़ नियंत्रण का साधन नहीं होगी, बल्कि यह सिंचाई, जल परिवहन, जल विद्युत उत्पादन और दक्षिण बिहार के सूखाग्रस्त क्षेत्रों तक पानी पहुँचाने का एक बहुउद्देशीय माध्यम बनेगी। यह शोक को समृद्धि में बदलने की क्षमता रखती है। यह बिहार के जल संसाधनों को, जो अभी अभिशाप बने हुए हैं, राज्य के विकास के सबसे बड़े इंजन में परिवर्तित करने का एक महत्वाकांक्षी, लेकिन संभव, प्रयास है।

(ii) परियोजना का स्वरूप: एक इंजीनियरिंग महाकृति

अद्भुत समृद्धि नहर की परिकल्पना एक विशाल, मानव निर्मित जलमार्ग के रूप में की गई है, जो मोटे तौर पर नेपाल सीमा के समानांतर, बिहार के उतरी मैदानी इलाकों में पश्चिम से पूर्व तक फैली होगी।

* लंबाई और मार्ग: प्रस्तावित नहर लगभग 500 किलोमीटर लंबी होगी, जो पश्चिमी चंपारण जिले (संभवतः गंडक नदी के पास) से शुरू होकर किशनगंज या पूर्णिया जिले (महानंदा नदी के बेसिन तक) तक जाएगी। यह तिरहुत, दरभंगा, कोसी और पूर्णिया प्रमंडलों के उतरी हिस्सों से होकर गुजरेगी। सटीक मार्ग का

निर्धारण विस्तृत सर्वेक्षण और तकनीकी-आर्थिक व्यवहार्यता अध्ययन के बाद किया जाएगा, जिसमें न्यूनतम भूमि अधिग्रहण और विस्थापन सुनिश्चित करने का प्रयास होगा।

* आयाम: यह एक बड़ी नहर होगी, जिसकी अनुमानित चौड़ाई 100 मीटर और औसत गहराई 5 मीटर हो सकती है। यह आयाम बड़ी मात्रा में पानी को वहन करने और भविष्य में नौकायन (Navigation) को संभव बनाने के लिए आवश्यक होंगे।

* जल स्रोत और प्रबंधन: नहर का मुख्य उद्देश्य नेपाल से आने वाली प्रमुख नदियों - गंडक, बूढ़ी गंडक, बागमती, कमला, कोसी और महानंदा - के मानसून के दौरान आने वाले अतिरिक्त पानी को सुरक्षित रूप से ग्रहण करना और उसे नियंत्रित तरीके से आगे बढ़ाना या वितरित करना होगा। इसके लिए इन नदियों पर (या उनके बिहार में प्रवेश के पास) कंट्रोल्ड इन्टेक संरचनाएं (Controlled Intake Structures) बनाई जाएंगी, जो आवश्यकतानुसार पानी को नहर में मोड़ने की अनुमति देंगी। नहर में जल स्तर को नियंत्रित करने के लिए नियमित अंतराल पर रेगुलेटर और गेट लगाए जाएंगे।

* गाद प्रबंधन (Silt Management): यह इस परियोजना की सफलता के लिए सबसे महत्वपूर्ण पहलू है। कोसी तटबंधों की विफलता से सबक लेते हुए, नहर के डिजाइन में गाद प्रबंधन पर विशेष ध्यान दिया जाएगा। इसके संभावित उपाय हो सकते हैं:

* सेटलिंग बेसिन (Settling Basins): नदियों से पानी नहर में लेने से पहले बड़े सेटलिंग बेसिन बनाए जा सकते हैं, जहाँ पानी की गति कम करके गाद को नीचे बैठने दिया जाए।

* साइड चैनल/फ्लशिंग चैनल: मुख्य नहर के समानांतर छोटे चैनल बनाए जा सकते हैं, जिनमें समय-समय पर तेज प्रवाह छोड़कर जमा गाद को बहाया जा सके।

* नियमित ड्रेजिंग: नहर के तल से नियमित रूप से गाद निकालने के लिए ड्रेजिंग की व्यवस्था करनी होगी। इसके लिए आधुनिक ड्रेजर और गाद के निपटान की योजना आवश्यक होगी। निकाली गई गाद का उपयोग तटबंधों को मजबूत करने या निचली भूमि को भरने के लिए किया जा सकता है।

* नहर की लाइनिंग (Lining): पानी के रिसाव (Seepage) को रोकने, नहर के किनारों को स्थिर रखने और पानी के प्रवाह को सुचारू बनाने के लिए नहर को कंक्रीट या अन्य उपयुक्त सामग्री से लाइन किया जाना आवश्यक होगा।

* क्रॉस-ड्रेनेज संरचनाएं: नहर अपने मार्ग में कई मौजूदा नदियों, नालों, सड़कों और रेलवे लाइनों को पार करेगी। इसके लिए साइफन (नदी के नीचे से नहर), एक्वाडक्ट (नदी के ऊपर से नहर), पुल और अंडरपास जैसी जटिल इंजीनियरिंग संरचनाओं का निर्माण करना होगा।

* वितरण नेटवर्क: नहर से सिंचाई और अन्य उपयोगों के लिए पानी निकालने के लिए एक विस्तृत वितरण नेटवर्क (छोटी नहरें, वितरिकाएँ) का निर्माण करना होगा।

यह परियोजना निसंदेह एक विशाल इंजीनियरिंग चुनौती होगी, जिसके लिए अत्याधुनिक तकनीक, कुशल योजना क्रियान्वयन की आवश्यकता होगी।

(iii) बहुआयामी लाभ: बाढ़ मुक्ति से हरित क्रांति तक

अद्भुत समृद्धि नहर का निर्माण बिहार के लिए एक गेम-चेंजर साबित हो सकता है, जिसके लाभ कई क्षेत्रों में महसूस किए जाएंगे:

- बाढ़ नियंत्रण (सर्वाधिक महत्वपूर्ण लाभ):

* अतिरिक्त पानी का सुरक्षित निकास: नहर मानसून के दौरान नेपाल से आने वाली नदियों के अतिरिक्त पानी को सुरक्षित रूप से ग्रहण कर लेगी, जिससे इन नदियों का जल स्तर नीचे रहेगा और उनके तटबंधों पर दबाव कम होगा। इससे कोसी, गंडक, बागमती आदि नदियों द्वारा हर साल मचाई जाने वाली तबाही काफी हद तक रुक जाएगी।

* 2008 जैसी त्रासदियों की रोकथाम: यह नहर तटबंध टूटने की घटनाओं को रोकने में मदद करेगी, जिससे लाखों लोगों का जीवन, घर और आजीविका सुरक्षित होगी।

* जल जमाव में कमी: नहर उत्तरी बिहार के बड़े हिस्से में जल निकासी (Drainage) को बेहतर बनाने में भी मदद करेगी, जिससे जल जमाव की समस्या कम होगी। अनुमान है कि यह राज्य के 70% से अधिक बाढ़ प्रवण क्षेत्र को सुरक्षा प्रदान कर सकती है।

* सिंचाई का विस्तार: यह सिंचाई तंत्र के विकास एवं विस्तार में सहायक होगी।

* सूखाग्रस्त क्षेत्रों तक पानी: नहर का एक प्रमुख उद्देश्य मानसून के अतिरिक्त पानी को संग्रहित या डायवर्ट करके बिहार के उन क्षेत्रों तक पहुँचाना है जहाँ पानी की कमी है, विशेषकर दक्षिण बिहार के पठारी और सूखाग्रस्त जिले। इसके लिए नहर को मौजूदा सोन नहर प्रणाली या अन्य प्रस्तावित लिंक नहरों से जोड़ा जा सकता है, या लिफ्ट सिंचाई योजनाओं का उपयोग किया जा सकता है।

* **कृषि उत्पादन में वृद्धि:** नहर से लगभग 20 लाख हेक्टेयर या उससे अधिक अतिरिक्त भूमि को सुनिश्चित सिंचाई सुविधा मिल सकती है। इससे किसान साल में दो या तीन फसलें उगा सकेंगे (Cropping Intensity बढ़ेगी)। चावल, गेहूँ, मक्का, दलहन, तिलहन और सब्जियों जैसी फसलों के उत्पादन में 30% या उससे अधिक की वृद्धि संभव है, जिससे राज्य की खाद्य सुरक्षा सुनिश्चित होगी और किसानों की आय बढ़ेगी। यह बिहार में एक नई हरित क्रांति ला सकती है।

* **जल विद्युत उत्पादन/ स्वच्छ ऊर्जा:** नहर के मार्ग में जहाँ भी जल स्तर में गिरावट (Fall) होगी, वहाँ छोटे और मध्यम आकार के जलविद्युत संयंत्र (Mini/ Micro Hydro Plants) स्थापित किए जा सकते हैं। अनुमान है कि इस नहर प्रणाली से सैकड़ों मेगावाट स्वच्छ और सस्ती बिजली पैदा की जा सकती है, जो बिहार की ऊर्जा जरूरतों को पूरा करने और आयातित बिजली पर निर्भरता कम करने में मदद करेगी।

* **अंतर्देशीय जल परिवहन, सस्ता और पर्यावरण-अनुकूल परिवहन:** नहर को इस तरह से डिजाइन किया जा सकता है कि यह एक प्रमुख अंतर्देशीय जलमार्ग (Inland Waterway) के रूप में काम कर सके। इससे माल (कृषि उपज, उर्वरक, कोयला, औद्योगिक उत्पाद) को barges के माध्यम से राज्य के एक छोर से दूसरे छोर तक, और संभवतः गंगा नदी के माध्यम से हल्दिया बंदरगाह तक, कम लागत पर और पर्यावरण-अनुकूल तरीके से पहुँचाया जा सकेगा। यह सड़कों और रेलवे पर दबाव कम करेगा और व्यापार को बढ़ावा देगा।

* **भूजल पुनर्भरण (Groundwater Recharge), गिरते जल स्तर का समाधान:** नहर से होने वाला नियंत्रित रिसाव (Controlled Seepage) और सिंचाई के लिए छोड़े गए पानी से आसपास के क्षेत्रों में भूजल स्तर को फिर से भरने में मदद मिलेगी, जो कई जिलों में चिंताजनक रूप से नीचे चला गया है। इससे पीने के पानी और सिंचाई के लिए नलकूपों की निर्भरता बढ़ेगी।

* **मत्स्य पालन और पर्यटन, आजीविका के नए अवसर:** नहर और उससे जुड़े जलाशयों में बड़े पैमाने पर मत्स्य पालन (Aquaculture) विकसित किया जा सकता है, जिससे स्थानीय लोगों के लिए रोजगार और आय के नए अवसर पैदा होंगे। नहर के किनारे सुंदर स्थलों का विकास कर पर्यटन को भी बढ़ावा दिया जा सकता है।

* **आर्थिक गुणक प्रभाव (Economic Multiplier Effect), रोजगार सृजन:** नहर के निर्माण चरण के दौरान लाखों लोगों को प्रत्यक्ष (इंजीनियर, मजदूर) और अप्रत्यक्ष (सीमेंट, स्टील, परिवहन) रोजगार मिलेगा।

* **समग्र आर्थिक विकास:** बाढ़ नियंत्रण, सिंचाई, बिजली, परिवहन और अन्य लाभों से राज्य की समग्र आर्थिक विकास दर में तेजी आएगी, गरीबी कम होगी और लोगों के जीवन स्तर में सुधार होगा।

यह नहर परियोजना बिहार के जल संसाधनों को अभिशाप से वरदान में बदलने की कुंजी है, जो राज्य के समग्र सामाजिक-आर्थिक कायाकल्प का मार्ग प्रशस्त कर सकती है।

(iv) लागत, वित्तपोषण और समयसीमा: एक महत्वाकांक्षी निवेश

इतनी विशाल और परिवर्तनकारी परियोजना की लागत भी बड़ी होगी, लेकिन इसे केवल खर्च के रूप में नहीं, बल्कि बिहार के भविष्य के लिए एक आवश्यक निवेश के रूप में देखा जाना चाहिए।

* **अनुमानित लागत:** परियोजना की अनुमानित लागत हज़ारों करोड़ में होगी। इस लागत में भूमि अधिग्रहण, पुनर्वास, नहर की खुदाई और लाइनिंग, क्रॉस-ड्रेनेज संरचनाओं का निर्माण, गाद प्रबंधन प्रणाली, जलविद्युत संयंत्र, वितरण नेटवर्क और पर्यावरणीय शमन उपायों का खर्च शामिल होगा।

* **लागत का औचित्य:** यह लागत भले ही बड़ी लगे, लेकिन इसकी तुलना हर साल बाढ़ से होने वाले अरबों रुपये के प्रत्यक्ष और अप्रत्यक्ष नुकसान (फसल, संपत्ति, बुनियादी ढाँचा, राहत कार्य) और विकास के रुके हुए अवसरों (Opportunity Cost) से की जानी चाहिए। बाढ़ नियंत्रण और सिंचाई से होने वाले दीर्घकालिक आर्थिक लाभ इस शुरुआती निवेश से कहीं अधिक होंगे।

* **वित्तपोषण के स्रोत:** इतनी बड़ी राशि जुटाना अकेले राज्य सरकार के लिए संभव नहीं होगा। इसके लिए एक बहु-स्तरीय वित्तपोषण रणनीति की आवश्यकता होगी:

- **केंद्र सरकार:** चूँकि यह परियोजना राष्ट्रीय महत्व की है और बाढ़ नियंत्रण तथा जल संसाधन प्रबंधन से जुड़ी है, केंद्र सरकार को लागत का एक बड़ा हिस्सा वहन करना चाहिए। इसे राष्ट्रीय परियोजना का दर्जा दिया जा सकता है।

- **राज्य सरकार:** बिहार सरकार को भी अपने बजट से महत्वपूर्ण योगदान देना होगा।

- **अंतर्राष्ट्रीय वित्तीय संस्थान:** विश्व बैंक (World Bank) और एशियाई विकास बैंक (ADB) जैसी संस्थाएँ ऐसी बड़ी बुनियादी ढाँचा परियोजनाओं के लिए रियायती दरों पर ऋण प्रदान करती हैं। इनसे सहायता ली जा सकती है।

- **अन्य स्रोत:** परियोजना के कुछ घटकों (जैसे जलविद्युत संयंत्र, नौकायन सुविधाएँ) के लिए सार्वजनिक-निजी भागीदारी (PPP) मॉडल या विशेष प्रयोजन

वाहन (SPV) बनाकर निजी निवेश आकर्षित किया जा सकता है। इनोवेटिव फाइनेंसिंग जैसे ग्रीन बॉन्ड जारी करने पर भी विचार किया जा सकता है।

- पुनः एक बार - झारखंड बकाया राशि/विशेष दर्जा: सन 2000 में बिहार का बंटवारा कर झारखंड को अलग किया गया था। इससे बिहार को राजस्व आय में भारी नुकसान होना था। उस समय बिहार के सभी सांसदों ने पार्टी की राजनीति से उठकर एक लाख उनासी हजार (1,79,000) करोड़ रूपये और विशेष राज्य के स्टेटस की मांग की थी। ये मांग पूरी तरह जायज है। पोस्टऑफिस के फिक्स्ड डिपाजिट योजना के अनुसार अनुमानन आज ये राशि 16 लाख करोड़ होनी चाहिए। उसी अनुरूप केंद्र सरकार को ये राशि बिहार को देनी चाहिए। साथ ही और विशेष राज्य का दर्जा मिलना चाहिए, ये बिहार का हक़ है। उस राशि का एक बड़ा हिस्सा इस नहर जैसी परिवर्तनकारी परियोजना के लिए इस्तेमाल किया जा सकता है।

* समयसीमा और चरणबद्ध कार्यान्वयन: निर्माण की समयसीमा 2025-2035 (10 वर्ष) प्रस्तावित है, जिसे चरणबद्ध तरीके से लागू किया जा सकता है।

* पूर्व-निर्माण चरण (2024-2025): विस्तृत सर्वेक्षण, मिट्टी परीक्षण, हाइड्रोलॉजिकल अध्ययन, विस्तृत परियोजना रिपोर्ट (DPR) तैयार करना, पर्यावरणीय प्रभाव आकलन (EIA), सामाजिक प्रभाव आकलन (SIA), और वित्तपोषण की व्यवस्था करना।

- चरण 1 (2025-2030): सबसे अधिक बाढ़ प्रवण या तकनीकी रूप से व्यवहार्य खंड का निर्माण शुरू करना। भूमि अधिग्रहण और पुनर्वास प्रक्रिया को प्राथमिकता देना।

- चरण 2 और उसके बाद (2030-2035): नहर के शेष हिस्से का निर्माण, वितरण नेटवर्क का विकास, जलविद्युत संयंत्रों की स्थापना और नौकायन सुविधाओं का विकास।

यह समयरेखा महत्वाकांक्षी है और इसके लिए मजबूत राजनीतिक इच्छाशक्ति, कुशल परियोजना प्रबंधन और सभी हितधारकों के बीच समन्वय की आवश्यकता होगी।

(v) चुनौतियाँ और समाधान: बाधाओं को पार करना

इतनी बड़ी परियोजना को साकार करने में अनेक चुनौतियाँ आएंगी। इन चुनौतियों को पहचानना और उनका पहले से समाधान खोजना परियोजना की सफलता के लिए महत्वपूर्ण है।

* **भूमि अधिग्रहण और पुनर्वासः** 500 किमी लंबी और 100 मीटर चौड़ी नहर के लिए हजारों हेक्टेयर भूमि (मुख्यतः कृषि भूमि) का अधिग्रहण करना होगा, जिससे बड़ी संख्या में लोग विस्थापित होंगे। यह परियोजना की सबसे बड़ी सामाजिक और राजनीतिक चुनौती होगी।

- **समाधानः** एक अत्यंत पारदर्शी, मानवीय और उदार मुआवजा तथा पुनर्वास नीति बनानी होगी। भूमि मालिकों को न केवल बाजार दर से काफी अधिक मुआवजा दिया जाना चाहिए, बल्कि उन्हें वैकल्पिक आजीविका के अवसर, पुनर्वास कॉलोनियों में बेहतर सुविधाएँ और परियोजना के लाभों में हिस्सेदारी (जैसे रोजगार में प्राथमिकता) भी दी जानी चाहिए। भूमि अधिग्रहण कानून, 2013 के प्रावधानों का अक्षरशः पालन करना होगा और प्रभावित समुदायों के साथ निरंतर संवाद बनाए रखना होगा।

* **पर्यावरणीय प्रभावः** नहर निर्माण से स्थानीय पारिस्थितिकी तंत्र, वनों (यदि कोई हों), आर्द्रभूमियों और वन्यजीवों पर प्रभाव पड़ सकता है।

- **समाधानः** निर्माण शुरू करने से पहले एक व्यापक और स्वतंत्र पर्यावरणीय प्रभाव आकलन (EIA) कराना अनिवार्य है। रिपोर्ट के निष्कर्षों के आधार पर नकारात्मक प्रभावों को कम करने (Mitigation) और क्षतिपूर्ति (Compensation) के उपाय करने होंगे, जैसे कि बड़े पैमाने पर वृक्षारोपण (Compensatory Afforestation), वन्यजीव गलियारों का निर्माण, और जलीय जैव विविधता का संरक्षण।

* **इंजीनियरिंग और तकनीकी जटिलताएँ:** गाद प्रबंधन, क्रॉस-ड्रेनेज संरचनाओं का निर्माण, और विभिन्न प्रकार की मिट्टी और भूगर्भीय स्थितियों में नहर की स्थिरता सुनिश्चित करना बड़ी इंजीनियरिंग चुनौतियाँ होंगी।

- **समाधानः** परियोजना के डिजाइन और निर्माण के लिए सर्वश्रेष्ठ राष्ट्रीय और अंतरराष्ट्रीय विशेषज्ञों तथा प्रौद्योगिकियों का उपयोग करना होगा। गुणवत्ता नियंत्रण और पर्यवेक्षण पर अत्यधिक ध्यान देना होगा।

* **नेपाल के साथ संबंधः** यद्यपि नहर बिहार की भूमि पर बनेगी, लेकिन नदियों से पानी के इनटेक को प्रबंधित करने और सीमा पार प्रभावों (यदि कोई हों) को संबोधित करने के लिए नेपाल के साथ एक समझ और न्यूनतम स्तर का सहयोग आवश्यक होगा।

- **समाधानः** निरंतर कूटनीतिक संवाद, विश्वास बहाली के उपाय, और बाढ़ पूर्वानुमान डेटा साझा करने जैसे क्षेत्रों में सहयोग स्थापित करना होगा। नेपाल को यह आश्वस्त करना होगा कि परियोजना से उसे कोई नुकसान नहीं होगा, बल्कि

अप्रत्यक्ष लाभ (जैसे सीमावर्ती क्षेत्रों में बाढ़ कम होना) हो सकता है।

* **वित्तपोषण जुटाना:** हज़ारों करोड़ रुपये या उससे अधिक की राशि जुटाना एक बड़ी चुनौती होगी। विशेष दर्जा और विभाजन के समय की राशि मददकारी साबित होगी।

- **समाधान:** केंद्र सरकार पर मजबूत राजनीतिक दबाव बनाना, अंतरराष्ट्रीय संस्थानों के साथ प्रभावी ढंग से बातचीत करना, और निजी क्षेत्र को आकर्षित करने के लिए एक आकर्षक निवेश मॉडल प्रस्तुत करना होगा।

* **भ्रष्टाचार और कार्यान्वयन में देरी:** बड़ी बुनियादी ढाँचा परियोजनाएँ अक्सर भ्रष्टाचार और देरी का शिकार हो जाती हैं (जैसा कि भाग 4 में चर्चा की गई है)।

- **समाधान:** परियोजना के कार्यान्वयन के लिए एक समर्पित, स्वायत्त और अधिकार प्राप्त प्राधिकरण (Authority) का गठन किया जा सकता है। उच्चतम स्तर की पारदर्शिता सुनिश्चित करनी होगी, जिसमें सभी अनुबंध और व्यय सार्वजनिक हों। प्रौद्योगिकी (जैसे जियो-टैगिंग, ड्रोन निगरानी) का उपयोग करके प्रगति की निगरानी करनी होगी। भ्रष्टाचार में लिप्त पाए जाने वालों के खिलाफ त्वरित और कड़ी कार्रवाई करनी होगी।

इन चुनौतियों से प्रभावी ढंग से निपटकर ही अद्भुत समृद्धि नहर के सपने को साकार किया जा सकता है।

(vi) निष्कर्ष: बिहार के भाग्य को बदलने की क्षमता

अद्भुत समृद्धि नहर केवल एक सिंचाई या बाढ़ नियंत्रण परियोजना नहीं है; यह बिहार के भूगोल, अर्थव्यवस्था और समाज को बदलने की क्षमता रखने वाला एक युगांतरकारी विचार है। यह सदियों पुराने बाढ़ के शोक को सिंचाई, बिजली, परिवहन और समृद्धि के अवसरों में बदलने का एक महत्वाकांक्षी प्रयास है। यह बिहार रिवाइवल फोरम जैसे नागरिक समूहों द्वारा देखे गए सपने को साकार करने का एक अवसर है।

हाँ, चुनौतियाँ बहुत बड़ी हैं – तकनीकी, वित्तीय, सामाजिक और राजनीतिक। लेकिन बिहार के सामने जो संकट हैं, वे भी उतने ही बड़े हैं। यथास्थिति बनाए रखना कोई विकल्प नहीं है। इस नहर का निर्माण न केवल लाखों लोगों को बाढ़ की वार्षिक तबाही से बचाएगा, बल्कि कृषि में क्रांति लाएगा, उद्योगों के लिए ऊर्जा और परिवहन प्रदान करेगा, भूजल को पुनर्जीवित करेगा, और लाखों रोजगार पैदा करेगा। यह बिहार को गरीबी, पिछड़ेपन और पलायन के दुष्चक्र से बाहर निकालने में निर्णायक भूमिका निभा सकता है।

इसके लिए अभूतपूर्व राजनीतिक इच्छाशक्ति, कुशल योजना, ईमानदार कार्यान्वयन और जन भागीदारी की आवश्यकता होगी। यह एक ऐसा निवेश है जो आने वाली पीढ़ियों के लिए बिहार का भाग्य बदल सकता है। यह समय है कि बिहार अपने जल संसाधनों के प्रबंधन की जिम्मेदारी अपने हाथों में ले और शोक को समृद्धि में बदलने के इस महाअभियान को शुरू करे।

5.3 अद्भुत समृद्धि नहरः एक विस्तृत तकनीकी परिकल्पना

अद्भुत समृद्धि नहर की परिकल्पना एक ऐसी महा-धमनी (Mega Artery) के रूप में की गई है जो बिहार के उत्तरी जल संसाधनों को नियंत्रित और पुनर्वितरित करेगी। इसके प्रमुख तकनीकी पहलू इस प्रकार होंगे:

* मार्ग और लंबाई (Route & Length):

- प्रस्तावितः लगभग 500 किलोमीटर लंबा, मोटे तौर पर नेपाल सीमा के 10-20 किलोमीटर दक्षिण में, बिहार की अपनी भूमि पर। यह पश्चिमी चंपारण (संभवतः गंडक बराज के डाउनस्ट्रीम या त्रिवेणी नहर प्रणाली के पास से) से शुरू होकर पूर्वी चंपारण, शिवहर, सीतामढ़ी, मधुबनी, सुपौल, अररिया से गुजरते हुए किशनगंज या पूर्णिया जिले में महानंदा बेसिन तक जाएगा।

* चयन का आधारः विस्तृत रिमोट सेंसिंग, जीआईएस मैपिंग, स्थलाकृतिक सर्वेक्षण और भू-तकनीकी जांच के आधार पर इष्टतम (Optimal) मार्ग का चयन किया जाएगा, जिसमें निम्नलिखित कारकों को ध्यान में रखा जाएगा:

- न्यूनतम वन भूमि और संरक्षित क्षेत्रों का उपयोग।

- न्यूनतम कृषि भूमि अधिग्रहण और मानव विस्थापन।

- प्रमुख नदियों और मौजूदा नहरों के साथ इष्टतम अंतःसंबंध बिंदु।

- स्थिर भूगर्भीय स्थितियाँ।

- निर्माण और रखरखाव में सुगमता।

- आयाम, क्षमता और डिज़ाइन (Dimensions, Capacity & Design):

* अनुमानितः 100 मीटर चौड़ाई, 5-10 मीटर गहराई (विस्तृत हाइड्रोलिक मॉडलिंग के बाद अंतिम रूप दिया जाएगा)। डिज़ाइन क्षमता ऐसी होगी कि यह प्रमुख नदियों (कोसी, गंडक, बागमती आदि) के 100-वर्षीय या उससे भी अधिक के चरम बाढ़ प्रवाह (Peak Flood Discharge) के एक महत्वपूर्ण हिस्से (जैसे 30-50% या अधिक) को सुरक्षित रूप से वहन कर सके।

* अनुभागीय डिज़ाइन (Cross-section): संभवतः ट्रेपेज़ॉयडल (Trapezoidal) आकार, जो स्थिरता और प्रवाह क्षमता के लिए उपयुक्त हो।

* लाइनिंग: कटाव रोकने, रिसाव कम करने (पानी और गाद दोनों का) और प्रवाह को सुचारू बनाने के लिए उच्च गुणवत्ता वाली कंक्रीट या प्रबलित जियो-मेम्ब्रेन लाइनिंग अनिवार्य होगी।

* ढलान (Longitudinal Slope): अत्यंत न्यूनतम और नियंत्रित गुरुत्वाकर्षण ढलान (जैसे 1:10,000 या उससे कम) ताकि पानी धीरे-धीरे पूर्व की ओर बहे, गाद का जमाव कम हो, और नौकायन के लिए उपयुक्त गहराई बनी रहे।

* जल अंतर्ग्रहण और अंतःसंबंध (Water Intake & Interconnection):

- प्रमुख नदियों पर बैराज/वियर/गेट: गंडक, बूढ़ी गंडक, बागमती, लखनदेई, कमला, कोसी, महानंदा और अन्य महत्वपूर्ण सहायक नदियों पर, जहाँ वे नहर को पार करती हैं या उसके पास से गुजरती हैं, आधुनिक बैराज (Barrages) या वियर-सह-रेगुलेटर (Weir-cum-Regulators) बनाए जाएंगे।

- नियंत्रित अंतर्ग्रहण (Controlled Intake): इन संरचनाओं में स्वचालित या मैन्युअल रूप से संचालित होने वाले गेट होंगे जो मानसून के दौरान नदी के जल स्तर के एक निश्चित खतरे के निशान से ऊपर जाने पर अतिरिक्त पानी को नहर में मोड़ देंगे। गैर-मानसून अवधि में या सामान्य प्रवाह के दौरान, अधिकांश पानी नदी में ही बहता रहेगा ताकि डाउनस्ट्रीम पारिस्थितिकी तंत्र और उपयोग प्रभावित न हों।

- मौजूदा नहरों से एकीकरण: नहर को मौजूदा प्रमुख नहर प्रणालियों (जैसे कोसी, गंडक, तिरहुत) से लिंक चैनलों या फीडर नहरों के माध्यम से जोड़ा जाएगा। यह न केवल नहर के पानी को मौजूदा कमांड क्षेत्रों तक पहुँचाएगा, बल्कि कुछ मामलों में मौजूदा नहरों की क्षमता का उपयोग करके नई नहर की लंबाई या चौड़ाई को कम करने में भी मदद कर सकता है। यह नहर एक मास्टर लिंक कैनाल की तरह काम करेगी, जो बिहार की विभिन्न नदी घाटियों को जोड़ेगी।

- जलाशयों से संभावित जुड़ाव: यदि भविष्य में नेपाल में ऊँचे बांध बनते हैं, तो इस नहर को उनसे निकलने वाले पानी को विनियमित करने और वितरित करने के लिए भी एकीकृत किया जा सकता है।

* गाद प्रबंधन प्रणाली (Silt Management System) - सबसे महत्वपूर्ण:

- बहु-आयामी दृष्टिकोण:

- गाद बहिष्करण (Silt Exclusion at Intake): इनटेक संरचनाओं को इस तरह डिज़ाइन करना कि वे नदी के तल की गाद को कम से कम खींचें (जैसे, विशेष वक्रता, अंडर-स्लुइस)।

- गाद निष्कासन (Silt Ejection near Intake): इनटेक के तुरंत बाद सिल्ट इजेक्टर टनल (Silt Ejector Tunnels) बनाना जो नहर में प्रवेश करने वाली भारी गाद को वापस नदी में (डाउनस्ट्रीम) धकेल दें।

- विशाल सेटलिंग बेसिन (Large Settling Basins): प्रमुख नदी क्रॉसिंग के पास ऑफ-चैनल सेटलिंग बेसिन बनाना, जहाँ नहर के पानी को धीमी गति से प्रवाहित करके महीन गाद को नीचे बैठने दिया जाए। इन बेसिनों को समय-समय पर ड्रेज करना होगा।

- नियमित ड्रेजिंग और गाद का लाभकारी उपयोग: नहर के मुख्य चैनल में धीरे-धीरे जमा होने वाली गाद को निकालने के लिए एक स्थायी, उच्च क्षमता वाली ड्रेजिंग योजना बनाना। आधुनिक कटिंग-सक्शन ड्रेजर का उपयोग करना। ड्रेज की गई करोड़ों टन गाद का प्रबंधन और लाभकारी उपयोग एक बड़ी चुनौती और अवसर होगा:

- तटबंध निर्माण और मजबूती: नहर के अपने तटबंध बनाने और उन्हें मजबूत करने के लिए।

- भूमि भराव: निचली या निम्नीकृत भूमि को भरने और उसे कृषि या निर्माण योग्य बनाने के लिए।

- सड़क निर्माण: सड़क के तटबंध बनाने के लिए।

- ईंट/ब्लॉक निर्माण: गाद आधारित ईंटों, ब्लॉकों या टाइलों का बड़े पैमाने पर उत्पादन (इसके लिए स्थानीय स्तर पर उद्योग स्थापित किए जा सकते हैं, जिससे रोजगार भी मिलेगा)।

* कृत्रिम 'पहाड़ियाँ': खुदाई से निकली मिट्टी और ड्रेज की गई गाद का उपयोग करके नहर के किनारे रणनीतिक स्थानों पर कृत्रिम पहाड़ियाँ (Artificial Mounds/Hills) बनाई जा सकती हैं। इन पहाड़ियों का उपयोग न केवल गाद के निपटान के लिए होगा, बल्कि:

- लघु जल विद्युत संयंत्रों के लिए 'हेड' (Head for Hydroplants): नहर के पानी को इन पहाड़ियों के ऊपर पंप करके (सौर ऊर्जा का उपयोग करके) और फिर नीचे गिराकर पंप-स्टोरेज प्रकार के लघु जल विद्युत संयंत्र स्थापित किए जा सकते हैं, जो पीक आवर्स में बिजली प्रदान कर सकते हैं या नहर के गेटों के संचालन के लिए ऊर्जा दे सकते हैं।

- पर्यटन स्थल: इन पहाड़ियों को पार्कों या व्यू-पॉइंट्स के रूप में विकसित किया जा सकता है।

- बाढ़ आश्रय: ऊँचे बाढ़ आश्रय स्थल के रूप में भी इनका उपयोग हो सकता है।

* क्रॉस-ड्रेनेज और क्रॉस-कनेक्टिविटी संरचनाएं (Cross-Drainage & Cross-Connectivity Structures):

आवश्यकता: नहर अपने मार्ग में सैकड़ों प्राकृतिक जल धाराओं (नदियाँ, नाले), मौजूदा नहरों, सड़कों (NH, SH, ग्रामीण) और रेलवे लाइनों को काटेगी। इन सभी को बिना बाधित किए नहर को पार कराने के लिए जटिल संरचनाओं की आवश्यकता होगी।

प्रकार:

- एक्वाडक्ट/सुपर पैसेज: नहर को नदी/नाले के ऊपर या नदी/नाले को नहर के ऊपर से ले जाने के लिए।

- साइफन एक्वाडक्ट: नहर को बड़ी नदी/सड़क/रेलवे के नीचे से ले जाने के लिए।

- लेवल क्रॉसिंग/इनलेट-आउटलेट: छोटी धाराओं या नहरों को मुख्य नहर से जोड़ने या पानी मिलाने के लिए।

- सड़क/रेल पुल: नहर के ऊपर से यातायात गुजारने के लिए सैकड़ों पुल।

- महत्व: इन संरचनाओं का सुरक्षित और मजबूत डिजाइन परियोजना की सफलता के लिए महत्वपूर्ण है।

* सिंचाई वितरण नेटवर्क (Irrigation Distribution Network):

- संरचना: मुख्य नहर से पानी लेकर खेतों तक पहुँचाने के लिए शाखा नहरों, वितरिकाओं और माइनरों का एक व्यापक नेटवर्क (हजारों किलोमीटर लंबा) बनाना होगा।

- आधुनिकीकरण: इस नेटवर्क को लाइनिंग, नियंत्रित गेटों और जल माप उपकरणों (Water Measurement Devices) से लैस करना होगा ताकि पानी का रिसाव कम हो और उसका समान तथा कुशल वितरण सुनिश्चित हो सके।

- सूक्ष्म सिंचाई: अंतिम छोर पर ड्रिप और स्प्रिंकलर सिंचाई को बढ़ावा देना ताकि पानी की बर्बादी कम हो।

* नदी तटारोपण और वनीकरण (River Planting & Forestation):

- अनिवार्यता: इसे परियोजना का एक गैर-परक्राम्य (Non-negotiable) अंग बनाना होगा।

- दायरा: नहर के दोनों किनारों पर कम से कम 50-100 मीटर चौड़ी हरित पट्टी (Green Belt) विकसित करना। इसमें बहु-स्तरीय वृक्षारोपण (ऊँचे पेड़, मध्यम ऊंचाई के पेड़, झाड़ियाँ, घास) शामिल होगा।

- प्रजातियाँ: स्थानीय पारिस्थितिकी के अनुकूल, गहरी जड़ें वाली, मिट्टी को बांधने वाली, तेजी से बढ़ने वाली और आर्थिक रूप से उपयोगी (फल, लकड़ी, चारा, औषधीय) प्रजातियों का चयन।

- लाभ: तटबंधों का स्थिरीकरण, कटाव की रोकथाम, गाद में कमी, जैव विविधता में वृद्धि, स्थानीय जलवायु में सुधार, लकड़ी और अन्य वन उत्पादों की प्राप्ति।

* निर्माण प्रौद्योगिकी और प्रबंधन (Construction Technology & Management):

- आधुनिक तकनीक: बड़े पैमाने पर अर्थ-मूविंग मशीनरी, लेजर लेवलिंग, प्री-कास्ट कंस्ट्रक्शन तकनीक, जीआईएस/जीपीएस आधारित सर्वेक्षण और निगरानी का उपयोग।

- गुणवत्ता नियंत्रण: अंतरराष्ट्रीय मानकों के अनुरूप कठोर गुणवत्ता नियंत्रण।

- परियोजना प्रबंधन: कुशल परियोजना प्रबंधन के लिए आधुनिक सॉफ्टवेयर और तकनीकों का उपयोग, समयबद्धता और लागत नियंत्रण सुनिश्चित करना।

- सुरक्षा: निर्माण स्थल पर श्रमिकों और आसपास के समुदायों के लिए उच्चतम सुरक्षा मानकों का पालन।

यह विस्तृत तकनीकी परिकल्पना दर्शाती है कि अद्भुत समृद्धि नहर एक अभूतपूर्व इंजीनियरिंग, जल संसाधन प्रबंधन और पारिस्थितिक बहाली परियोजना होगी, जो बिहार के भविष्य को फिर से परिभाषित करने की क्षमता रखती है।

5.4 बहुआयामी लाभों का विस्तृत विश्लेषण

- बाढ़ से स्थायी मुक्ति: उत्तरी बिहार के 70-80% हिस्से को विनाशकारी बाढ़ से लगभग पूरी तरह सुरक्षा, जीवन और संपत्ति की रक्षा, विस्थापन का अंत, राहत व्यय में बचत।

- सिंचाई क्रांति: 20-25 लाख हेक्टेयर अतिरिक्त सिंचित क्षेत्र, दक्षिण बिहार तक पानी, फसल गहनता में वृद्धि (200% तक), उपज में 30-50% वृद्धि, फसल विविधीकरण, खाद्य सुरक्षा, किसानों की आय में कई गुना वृद्धि।

- स्वच्छ और सस्ती ऊर्जा: 500+ मेगावाट जल विद्युत उत्पादन, ऊर्जा आत्मनिर्भरता, आयात पर निर्भरता कम।

- अंतर्देशीय जलमार्ग: 500 किमी+ का सस्ता, पर्यावरण-अनुकूल परिवहन मार्ग, गंगा (NW1) से जुड़ाव, बंदरगाहों तक पहुँच, व्यापार और उद्योग को बढ़ावा, सड़क/रेल पर दबाव कम।

- **भूजल पुनर्भरण:** गिरते भूजल स्तर में 30-40% सुधार, पेयजल संकट का समाधान, नलकूपों पर निर्भरता कम।

- **मत्स्य पालन:** मछली उत्पादन में आत्मनिर्भरता और निर्यात, प्रोटीन सुरक्षा, लाखों लोगों को रोजगार।

- **पर्यटन और मनोरंजन:** नहर किनारे रिवरफ्रंट, पार्क, बोटिंग, पर्यटन स्थल, जीवन की गुणवत्ता में सुधार।

- **औद्योगिक विकास:** SEZs और उद्योगों के लिए आवश्यक पानी, बिजली और परिवहन, नए शहरी केंद्रों का विकास।

- **व्यापक रोजगार सृजन:** निर्माण चरण में लाखों अस्थायी रोजगार, संचालन चरण में लाखों स्थायी रोजगार (कृषि, उद्योग, परिवहन, मत्स्य, पर्यटन, O&M), पलायन पर निर्णायक रोक।

- **पर्यावरणीय संतुलन:** बाढ़/सूखा शमन, हरित आवरण में वृद्धि, कार्बन सिंक, स्वच्छ ऊर्जा, जैव विविधता संरक्षण, जलवायु लचीलापन।

5.5 अंतर्राष्ट्रीय अनुभव और सीख

जैसा कि उल्लिखित है, नीदरलैंड, यूके, यूएसए, ऑस्ट्रेलिया और चीन के अनुभवों से बिहार बहुत कुछ सीख सकता है।

- **नीदरलैंड का 'पानी के साथ जीना' मॉडल:** दिखाता है कि नदियों को नियंत्रित करने के साथ-साथ उन्हें फैलने के लिए स्थान देना (Room for the River) और एकीकृत जल प्रबंधन कितना महत्वपूर्ण है। डेल्टा वर्क्स जैसी जटिल इंजीनियरिंग संभव है, लेकिन मजबूत संस्थागत ढाँचा और निरंतर अनुकूलन आवश्यक है। अद्भुत समृद्धि नहर नदियों के अतिरिक्त पानी को मोड़ने का एक तरीका है, जो 'Room for the River' के सिद्धांत के अनुरूप हो सकता है यदि सही ढंग से डिजाइन और संचालित किया जाए।

- **यूके का एकीकृत जोखिम प्रबंधन:** बाढ़ पूर्वानुमान, चेतावनी प्रणाली, भूमि उपयोग योजना, संरचनात्मक उपायों के साथ-साथ प्राकृतिक बाढ़ प्रबंधन (NFM) (वनीकरण, वेटलैंड बहाली) और टिकाऊ शहरी जल निकासी (SuDS) के महत्व को रेखांकित करता है। अद्भुत समृद्धि नहर परियोजना के साथ इन NFM और SuDS उपायों को एकीकृत करना आवश्यक है।

- **यूएसए का मिसिसिपी अनुभव और TVA मॉडल:** मिसिसिपी के तटबंधों की विफलता और उनके पर्यावरणीय परिणाम हमें केवल तटबंधों पर निर्भर रहने के खतरों से आगाह करते हैं। वहीं, TVA मॉडल दिखाता है कि कैसे एक एकीकृत नदी बेसिन विकास प्राधिकरण बाढ़ नियंत्रण, बिजली, सिंचाई, नौकायन और आर्थिक

विकास जैसे कई लक्ष्यों को एक साथ प्राप्त कर सकता है। अद्भुत समृद्धि नहर प्राधिकरण को TVA की तर्ज पर विकसित किया जा सकता है।

- ऑस्ट्रेलिया का जोखिम-आधारित योजना और सामुदायिक लचीलापन: बाढ़ के वास्तविक जोखिम का सटीक आकलन करना, उसके अनुसार भूमि उपयोग की योजना बनाना, और समुदायों को आपदा का सामना करने के लिए तैयार करना महत्वपूर्ण है। नहर परियोजना के साथ-साथ सामुदायिक जागरूकता और तैयारी कार्यक्रम चलाना आवश्यक है।

- चीन की विशाल परियोजनाएं: दिखाती हैं कि बड़े पैमाने की इंजीनियरिंग संभव है, लेकिन सामाजिक और पर्यावरणीय लागतों का सावधानीपूर्वक मूल्यांकन और प्रबंधन अत्यंत महत्वपूर्ण है। हमें थ्री गोर्जेस जैसे उदाहरणों से सीखना होगा और सुनिश्चित करना होगा कि विकास मानवीय और पर्यावरणीय मूल्यों की कीमत पर न हो।

बिहार के लिए मुख्य सीख: अद्भुत समृद्धि नहर जैसी महत्वाकांक्षी परियोजना को सफल बनाने के लिए एक एकीकृत, बहु-आयामी, बेसिन-व्यापी, डेटा-संचालित, अनुकूलनशील, सहभागी और पर्यावरण की दृष्टि से संवेदनशील दृष्टिकोण अपनाना होगा। हमें अंतरराष्ट्रीय सफलताओं से सर्वोत्तम प्रथाओं को लेना होगा और उन्हें अपनी स्थानीय परिस्थितियों (विशेषकर गाद प्रबंधन) के अनुरूप ढालना होगा।

5.6 लागत, वित्तपोषण और समयसीमा (अद्यतन और यथार्थवादी अनुमान)

- संशोधित लागत अनुमान: परियोजना की जटिलता, भूमि अधिग्रहण, पुनर्वास, गाद प्रबंधन, क्रॉस-ड्रेनेज संरचनाओं और पर्यावरणीय शमन उपायों को देखते हुए, ₹1,00,000 करोड़ से ₹1,50,000 करोड़ की लागत अधिक यथार्थवादी हो सकती है, जो 15-20 वर्षों की अवधि में फैली होगी।

- निवेश का औचित्य: यह लागत अभी भी बिहार को हर साल होने वाले बाढ़ के नुकसान और रुके हुए विकास के अवसरों की तुलना में बहुत कम है। यह बिहार के भविष्य में किया जाने वाला सबसे महत्वपूर्ण निवेश होगा।

- वित्तपोषण रणनीति:

- केंद्र सरकार (60-70%): राष्ट्रीय परियोजना का दर्जा, विशेष अनुदान।

- राज्य सरकार (15-20%): समर्पित बजट, विशेष उपकर/बॉन्ड।

- अंतर्राष्ट्रीय ऋण (15-20%): विश्व बैंक, ADB, NDB, JICA से रियायती ऋण।

- PPP: जल विद्युत, नौकायन, पर्यटन घटकों के लिए।

- झारखंड बकाया/विशेष दर्जा: अतिरिक्त संसाधन।

- समयसीमा: 15-20 वर्ष (जैसे 2025-2045), निम्नलिखित चरणों में:

- चरण 0 (3 वर्ष): योजना, डिजाइन, अनुमोदन, वित्तपोषण, प्राधिकरण गठन।

- चरण 1 (5-7 वर्ष): प्राथमिकता वाले खंडों का निर्माण, भूमि अधिग्रहण/ R&R।

- चरण 2 (5-7 वर्ष): शेष नहर का निर्माण, वितरण नेटवर्क, हाइड्रो प्लांट्स।

- चरण 3 (3-5 वर्ष): नौकायन, पर्यटन, पूर्ण संचालन।

सन 2000 में बिहार का बंटवारा कर झारखंड को अलग किया गया था। इससे बिहार को राजस्व आय में भारी नुकसान होना था। उस समय बिहार के सभी सांसदों ने पार्टी की राजनीति से उठकर एक लाख उनासी हजार (1,79,000) करोड़ रूपये और विशेष राज्य के स्टेटस की मांग की थी। ये मांग पूरी तरह जायज है। पोस्टऑफिस के फिक्स्ड डिपाजिट योजना के अनुसार अनुमानन आज ये राशि 16 लाख करोड़ होनी चाहिए। उसी अनुरूप केंद्र सरकार को ये राशि बिहार को देनी चाहिए। साथ ही और विशेष राज्य का दर्जा मिलना चाहिए, ये बिहार का हक़ है। इससे बिहार का काया कल्प हो सकता है। "बिहार समृद्धि पंचसूत्री परियोजना" को पूरा कर बिहार का भाग्य बदला जा सकता है।

5.7 चुनौतियाँ और समाधान

- 1. भूमि अधिग्रहण और R&R:

- चुनौती: लाखों लोगों का विस्थापन, सामाजिक अशांति का खतरा।

- समाधान: सर्वोत्तम वैश्विक मानकों के अनुरूप अत्यंत उदार और मानवीय मुआवजा तथा पुनर्वास नीति। 'लैंड फॉर लैंड' का विकल्प। परियोजना लाभों में हिस्सेदारी। निरंतर, पारदर्शी और सहभागी संवाद। शिकायत निवारण तंत्र।

- 2. पर्यावरणीय प्रभाव:

- चुनौती: पारिस्थितिकी तंत्र, जैव विविधता, जल प्रवाह पर प्रभाव।

- समाधान: कठोर, स्वतंत्र EIA। व्यापक EMP। पर्यावरणीय प्रवाह सुनिश्चित करना। बड़े पैमाने पर क्षतिपूरक वनीकरण (1:10 के अनुपात में)। वन्यजीव गलियारे। पारिस्थितिकी बहाली पर जोर।

- 3. तकनीकी जटिलताएँ (विशेषकर गाद):

- चुनौती: गाद का प्रबंधन, अस्थिर मिट्टी, जटिल संरचनाएं।

- समाधान: विश्व स्तरीय विशेषज्ञता और तकनीक। गाद प्रबंधन के लिए बहु-स्तरीय रणनीति (बहिष्करण, निष्कासन, सेटलिंग, फ्लशिंग, ड्रेजिंग, लाभकारी

उपयोग)। कठोर गुणवत्ता नियंत्रण।

- 4. अंतर्राष्ट्रीय समन्वय (नेपाल):

- चुनौती: विश्वास की कमी, डेटा साझाकरण में अनिच्छा।

- समाधान: निरंतर, उच्च-स्तरीय जल कूटनीति (Water Diplomacy)। विश्वास बहाली के उपाय। पारस्परिक लाभों पर जोर। बाढ़ पूर्वानुमान डेटा साझा करने पर समझौता।

- 5. वित्तपोषण और लागत नियंत्रण:

- चुनौती: विशाल राशि जुटाना, समय पर फंड जारी होना, लागत वृद्धि।

- समाधान: मजबूत वित्तीय योजना। केंद्र पर राजनीतिक दबाव। अंतरराष्ट्रीय संस्थानों से कुशल बातचीत। समर्पित, गैर-व्यपगत कोष। आधुनिक परियोजना प्रबंधन से देरी और लागत वृद्धि पर नियंत्रण।

- 6. संस्थागत क्षमता और भ्रष्टाचार:

- चुनौती: मौजूदा विभागों की अक्षमता, भ्रष्टाचार का खतरा, राजनीतिक हस्तक्षेप।

- समाधान: पूर्णतः स्वायत्त, अधिकार प्राप्त, पेशेवर "नहर प्राधिकरण" का गठन। पूर्ण पारदर्शिता (सभी अनुबंध/भुगतान ऑनलाइन)। स्वतंत्र निगरानी और ऑडिट। भ्रष्टाचार के खिलाफ जीरो टॉलरेंस और त्वरित कार्रवाई। प्राधिकरण को राजनीतिक हस्तक्षेप से पूर्ण सुरक्षा।

5.8 अतिरिक्त क्या किया जा सकता है?

- 1. स्मार्ट नहर प्रबंधन (IoT, SCADA, AI): रियल-टाइम निगरानी, इष्टतम जल वितरण, भविष्यवाणी रखरखाव, स्वचालित चेतावनी।

- 2. एकीकृत नदी बेसिन प्रबंधन (IRBM): नहर को समग्र बेसिन योजना का हिस्सा बनाना (ऊपरी जलग्रहण उपचार, बाढ़ मैदान क्षेत्रीकरण, वेटलैंड पुनरुद्धार)।

- 3. गहन सामुदायिक भागीदारी: योजना से लेकर रखरखाव और लाभ वितरण तक हर स्तर पर स्थानीय समुदायों का स्वामित्व और भागीदारी।

- 4. गाद का अभिनव उपयोग: गाद आधारित उद्योगों (ईंट, ब्लॉक, सड़क सामग्री) का क्लस्टर विकसित करना, कृत्रिम पहाड़ियों का निर्माण (हाइड्रो, पर्यटन, बाढ़ आश्रय के लिए)।

- 5. जल कूटनीति का विस्तार: नेपाल के साथ संयुक्त परियोजनाओं (अनुसंधान, क्षमता निर्माण) की संभावना तलाशना।

- 6. बहु-मॉडल लॉजिस्टिक्स हब: नहर के किनारे प्रमुख बिंदुओं पर जलमार्ग को सड़क और रेल नेटवर्क से जोड़ने वाले मल्टी-मॉडल लॉजिस्टिक्स हब विकसित करना।

- 7. जलवायु परिवर्तन अनुकूलन: नहर के डिजाइन और संचालन में भविष्य के जलवायु परिवर्तन परिदृश्यों (बढ़ी हुई वर्षा तीव्रता, सूखा अवधि) को ध्यान में रखना।

5.9 नहरः बिहार के भविष्य का भागीरथ प्रयास

अद्भुत समृद्धि नहर केवल एक महत्वाकांक्षी सपना नहीं है, यह बिहार की भौगोलिक और ऐतिहासिक नियति को बदलने का एक भागीरथ प्रयास है। यह उस अभिशाप को तोड़ने का संकल्प है जिसने हमें सदियों से जकड़ रखा है। यह बिहार के जल संसाधनों को विनाश के स्रोत से विकास और समृद्धि के इंजन में बदलने की कुंजी है।

यह परियोजना इंजीनियरिंग की एक मिसाल होगी, जल प्रबंधन का एक उत्कृष्ट उदाहरण बनेगी, और बिहार के आर्थिक, सामाजिक तथा पर्यावरणीय परिदृश्य का कायाकल्प कर देगी। यह बाढ़ से स्थायी मुक्ति दिलाएगी, कृषि में अभूतपूर्व क्रांति लाएगी, स्वच्छ ऊर्जा उत्पन्न करेगी, व्यापार के नए मार्ग खोलेगी, लाखों रोजगार पैदा करेगी, और पलायन के दर्द पर मरहम लगाएगी।

चुनौतियाँ निःसंदेह विकराल हैं, लागत बहुत अधिक है, और इसे साकार करने के लिए दशकों की निरंतर प्रतिबद्धता, अभूतपूर्व राजनीतिक इच्छाशक्ति, उच्चतम स्तर की तकनीकी विशेषज्ञता, पूर्ण पारदर्शिता और जन-जन की भागीदारी की आवश्यकता होगी। लेकिन बिहार के भविष्य के लिए, यह निवेश, यह प्रयास अनिवार्य है।

हमें अंतरराष्ट्रीय अनुभवों से सीखना होगा, अपनी विशिष्ट चुनौतियों (विशेषकर गाद) के लिए नवोन्मेषी समाधान खोजने होंगे, और इस परियोजना को उच्चतम नैतिक और पर्यावरणीय मानकों के साथ लागू करना होगा। इसे एक राष्ट्रीय मिशन के रूप में अपनाना होगा, जो दलीय राजनीति से ऊपर हो।

सन 2000 में बिहार का बंटवारा कर झारखंड को अलग किया गया था। इससे बिहार को राजस्व आय में भारी नुकसान होना था। उस समय बिहार के सभी सांसदों ने पार्टी की राजनीति से उठकर एक लाख उनासी हजार (1,79,000) करोड़ रूपये और विशेष राज्य के स्टेटस की मांग की थी। ये मांग पूरी तरह जायज है, मैं बार बार ये दोहरा रहा हूँ। पोस्टऑफिस के फिक्स्ड डिपॉजिट योजना के अनुसार अनुमानन आज ये राशि 16 लाख करोड़ होनी चाहिए। उसी अनुरूप केंद्र सरकार

को ये राशि बिहार को देनी चाहिए। साथ ही और विशेष राज्य का दर्जा मिलना चाहिए, ये बिहार का हक़ है। इससे बिहार का काया कल्प हो सकता है। "बिहार समृद्धि पंचसूत्री परियोजना" को पूरा कर बिहार का भाग्य बदला जा सकता है।

अद्भुत समृद्धि नहर बिहार के भाग्य को पुनर्लेखित करने का, शोक को समृद्धि में बदलने का, और अपनी आने वाली पीढ़ियों को एक सुरक्षित, समृद्ध और गौरवशाली भविष्य देने का एक ऐतिहासिक अवसर है। आइए, हम सब मिलकर इस अवसर को साकार करें और नव बिहार के सूर्योदय का मार्ग प्रशस्त करें।

7

भविष्य का दृष्टिकोण और कार्यान्वयन: सपने को हकीकत में बदलना

प्रस्तावना : बिहार को विश्व मानचित्र पर बौद्धिक श्रम, कृषि निर्यात एवं पर्यटन के क्षेत्र के अग्रणियों में स्थापित करना।

बिहार के पुनर्निर्माण की यात्रा केवल समस्याओं के विश्लेषण और समाधानों की परिकल्पना तक ही सीमित नहीं रह सकती। असली चुनौती इन सपनों को, इन महत्वाकांक्षी योजनाओं को, धरातल पर उतारने में है। पिछले पाँच भागों में, हमने बिहार के गौरवशाली अतीत की धूल झाड़ी, वर्तमान के कड़वे यथार्थ का सामना किया, प्रेरक विचारधाराओं से ऊर्जा ली, समस्याओं की गहराई को नापा, और "बिहार समृद्धि पंचसूत्री परियोजना" के रूप में एक एकीकृत समाधान का खाका खींचा। यह अंतिम भाग उस यात्रा को उसके तार्किक निष्कर्ष तक ले जाने का प्रयास है - यह भविष्य का एक स्पष्ट दृष्टिकोण प्रस्तुत करता है और पंचसूत्री परियोजना तथा अन्य आवश्यक सुधारों के कार्यान्वयन की एक व्यावहारिक रूपरेखा प्रदान करता है।

यह अध्याय केवल क्या करना है, यह नहीं बताता, बल्कि कैसे करना है , इस पर ध्यान केंद्रित करता है। हम देखेंगे कि बिहार अपनी ऊर्जा जरूरतों को कैसे स्थायी रूप से पूरा कर सकता है और पर्यावरण की रक्षा कैसे कर सकता है। हम भ्रष्टाचार के उस नासूर से निपटने के लिए ठोस, व्यावहारिक कदमों पर विचार

करेंगे, जो विकास की हर राह में बाधा बनता है। हम मिथिला की अद्वितीय सांस्कृतिक संपदा को आर्थिक समृद्धि का जरिया बनाने की संभावनाओं को और गहरा करेंगे। और अंत में, हम अतीत से मिले सबकों को संजोते हुए, सभी हितधारकों से एक सामूहिक आह्वान करेंगे कि वे इस पुनर्निर्माण के महायज्ञ में अपनी भूमिका निभाएं।

अध्याय 5 में प्रस्तुत "बिहार समृद्धि पंचसूत्री" - अद्भुत समृद्धि नहर, स्पेशल इकोनॉमिक ज़ोन, पग-पग पोखर माछ मखान, आईटी सिटी, और जानकी आध्यात्मिक सर्किट - हमारे भविष्य के दृष्टिकोण का आधार है। लेकिन इन बड़ी परियोजनाओं की सफलता के लिए कुछ सहायक और मूलभूत सुधार भी आवश्यक हैं, विशेषकर ऊर्जा, पर्यावरण और शासन के क्षेत्रों में। यह अध्याय इन सहायक तत्वों को पंचसूत्री के साथ एकीकृत करता है और एक समग्र कार्यान्वयन रणनीति प्रस्तुत करता है।

हमारा लक्ष्य स्पष्ट है: 2035 तक बिहार को एक ऐसे राज्य के रूप में देखना जो न केवल आर्थिक रूप से समृद्ध हो, बल्कि सामाजिक रूप से न्यायपूर्ण, सांस्कृतिक रूप से जीवंत, पर्यावरणीय रूप से टिकाऊ और प्रशासनिक रूप से पारदर्शी हो। यह एक महत्वाकांक्षी लक्ष्य है, लेकिन बिहार की क्षमता और यहाँ प्रस्तुत रोडमैप के साथ, यह प्राप्त करने योग्य है। यह अध्याय उस रोडमैप को क्रियान्वित करने के लिए आवश्यक कदमों, रणनीतियों और सामूहिक संकल्प का विवरण प्रस्तुत करता है।

1. ऊर्जा और पर्यावरण: सतत विकास की नींव

(i) प्रस्तावना: ऊर्जा आत्मनिर्भरता और हरित भविष्य की ओर

किसी भी आधुनिक अर्थव्यवस्था और समाज के विकास के लिए ऊर्जा रीढ़ की हड्डी के समान है। उद्योगों को चलाने, कृषि को सिंचित करने, घरों को रोशन करने, परिवहन को गति देने और डिजिटल दुनिया से जुड़ने के लिए विश्वसनीय और सस्ती ऊर्जा अनिवार्य है। लेकिन बिहार इस मोर्चे पर गंभीर संकट से जूझ रहा है। जैसा कि हमने भाग 4 में देखा, राज्य अपनी बिजली की जरूरतों के लिए काफी हद तक दूसरे राज्यों से आयात पर निर्भर है ("बिजली उत्पादन क्षमता काफी कम है, आयात बहुत ज्यादा हो रहा है")। बिहार आर्थिक सर्वेक्षण 2024-25 के अनुसार, प्रति व्यक्ति बिजली की खपत (लगभग 363 kWh) राष्ट्रीय औसत (लगभग 1255 kWh) का एक तिहाई भी नहीं है, जो राज्य के आर्थिक पिछड़ेपन का एक स्पष्ट संकेतक है। अनियमित आपूर्ति और बिजली कटौती (खासकर ग्रामीण क्षेत्रों में) आम है, जो उद्योगों, कृषि और आम जीवन को बाधित करती है।

इसके साथ ही, जलवायु परिवर्तन का बढ़ता खतरा और पर्यावरणीय क्षरण की चुनौती भी सामने है। बिहार बाढ़ और सूखे जैसी चरम मौसमी घटनाओं से जूझ रहा है, और वायु तथा जल प्रदूषण भी चिंता का विषय है। ऐसे में, केवल पारंपरिक (जीवाश्म ईंधन आधारित) ऊर्जा स्रोतों पर निर्भर रहना न तो टिकाऊ है और न ही पर्याप्त।

बिहार के पुनर्निर्माण के लिए एक ऐसी ऊर्जा रणनीति की आवश्यकता है जो न केवल राज्य को ऊर्जा के मामले में आत्मनिर्भर बनाए, बल्कि वह स्वच्छ, हरित और टिकाऊ (Clean, Green, and Sustainable) भी हो। भविष्य का दृष्टिकोण नवीकरणीय ऊर्जा स्रोतों (Renewable Energy Sources) , विशेष रूप से सौर ऊर्जा, पर बड़े पैमाने पर जोर देने का है। इसके साथ ही, जल संसाधनों के प्रबंधन और संरक्षण के लिए वर्षा जल संचयन जैसे उपायों को अपनाना भी महत्वपूर्ण है, जो न केवल पानी की उपलब्धता सुनिश्चित करेंगे बल्कि बाढ़ और सूखे के प्रभावों को भी कम करेंगे। यह खंड बिहार के लिए एक हरित ऊर्जा और टिकाऊ पर्यावरण के रोडमैप की रूपरेखा प्रस्तुत करता है।

(ii) सौर ऊर्जा का महाअभियान: बिहार को रौशन करना

बिहार की उष्णकटिबंधीय जलवायु उसे सौर ऊर्जा का आदर्श केंद्र बनाती है। यहाँ साल भर प्रचुर धूप मिलती है, जिससे राज्य में हज़ारों मेगावाट सौर ऊर्जा उत्पादन की क्षमता है। यह ऊर्जा संकट से उबरने और हरित विकास की दिशा में अग्रसर होने का सबसे सशक्त साधन बन सकती है।

वर्तमान स्थिति और संभावना

फिलहाल राज्य में सौर ऊर्जा उत्पादन सीमित है, लेकिन सरकार नवीकरणीय ऊर्जा को बढ़ावा देने हेतु सक्रिय है। विशेषज्ञ मानते हैं कि यह लक्ष्य यथार्थवादी है और प्राप्त किया जा सकता है।

रणनीति और कार्यान्वयन

1. यूटिलिटी-स्केल सौर पार्क

2030-2035 तक हर जिले में 20-50 मेगावाट क्षमता के सौर पार्क विकसित करने का लक्ष्य रखा जा सकता है, जो मुख्यतः बंजर या कम उपजाऊ भूमि पर स्थापित किए जाएंगे। यह परियोजनाएं PPP मॉडल के तहत NTPC, SECI, राज्य एजेंसियों या निजी निवेशकों द्वारा संचालित हो सकती हैं। इनमें गैर-कृषि सरकारी भूमि या किसानों से लीज पर ली गई ज़मीन का उपयोग किया जा सकता है, जिससे किसानों को नियमित आय का अतिरिक्त स्रोत भी प्राप्त होगा।

2. नहर-टॉप और जलाशय सौर परियोजनाएँ (Canal-Top & Reservoir Solar):

प्रस्तावित 'अद्भुत समृद्धि नहर' और 'पग-पग पोखर' योजना के तहत बनने वाली नहरों और तालाबों की सतह का उपयोग फ्लोटिंग सोलर पैनल या नहर के ऊपर पैनल लगाने के लिए किया जा सकता है। इससे न केवल बिजली पैदा होगी, बल्कि पानी का वाष्पीकरण भी कम होगा और भूमि की बचत होगी। सैकड़ों मेगावाट क्षमता यहाँ से प्राप्त की जा सकती है।

3. रूफटॉप सोलर योजना (Rooftop Solar Scheme):

लाख घरों का लक्ष्य बनाया जा सकता है। सभी सरकारी भवनों, स्कूलों, अस्पतालों, अपार्टमेंट, मॉल, औद्योगिक इकाइयों और वाणिज्यिक प्रतिष्ठानों की छतों पर सोलर पैनल अनिवार्य किए जा सकते हैं। घरेलू उपभोक्ताओं को ग्रिड-कनेक्टेड रूफटॉप सोलर सिस्टम लगाने के लिए आकर्षक सब्सिडी और नेट-मीटरिंग की सुविधा प्रदान करनी होगी। अपार्टमेंटों के लिए विशेष फास्ट-ट्रैक योजना लागू की जानी चाहिए।

4. सौर कृषि पंप (Solar Agriculture Pumps):

लाख सोलर पंप का लक्ष्य बनाया जा सकता है। यह किसानों को डीजल पंपों पर निर्भरता से मुक्ति दिलाएगा, सिंचाई लागत कम करेगा और प्रदूषण घटाएगा।किसानों को सोलर पंप खरीदने के लिए भारी सब्सिडी (केंद्र की पीएम-कुसुम योजना के तहत और राज्य सरकार द्वारा अतिरिक्त) प्रदान करनी होगी।

5. सौर स्ट्रीट लाइट और मिनी-ग्रिड (Solar Street Lights & Mini-Grids):

उन क्षेत्रों में जहाँ ग्रिड बिजली अनियमित या अनुपलब्ध है, वहाँ सौर स्ट्रीट लाइट्स और मिनी-ग्रिड लगाकर बिजली पहुंच सुनिश्चित की जा सकती है। इन पहलों से बिहार में ऊर्जा आत्मनिर्भरता बढ़ेगी, बिजली कटौती में कमी आएगी, और पर्यावरणीय लाभ जैसे कार्बन उत्सर्जन में गिरावट प्राप्त होगी। इसके अतिरिक्त, किसानों की आय बढ़ेगी और स्थापना, रखरखाव, संचालन से हजारों हरित रोजगार (ग्रीन जॉब्स) सृजित होंगे।

(iii) पवन ऊर्जा और अन्य नवीकरणीय स्रोत: विविधीकरण की ओर

बिहार में पवन ऊर्जा की क्षमता सीमित होने के बावजूद गंगा-कोसी के मैदानी और सीमावर्ती क्षेत्रों में सौर-पवन हाइब्रिड मॉडल के तहत सैकड़ों मेगावाट की संभावनाएं मौजूद हैं, जहां पटना और मिथिला के खुले क्षेत्रों में पवन फार्म और गांवों व खेतों के पास छोटे टर्बाइन लगाए जा सकते हैं। इसके अतिरिक्त, कृषि

अवशेषों से बायोगैस, बायो-CNG और को-जनरेशन के माध्यम से बायोमास ऊर्जा का उत्पादन तथा नहरों और छोटी नदियों पर लघु जल विद्युत परियोजनाएं राज्य की ऊर्जा जरूरतों और सिंचाई व्यवस्था को सशक्त बना सकती हैं।

(iv) वर्षा जल संचयन और जल प्रबंधनः पानी को सहेजना

बिहार एक द्वैध जल संकट से जूझ रहा है — एक ओर विनाशकारी बाढ़, दूसरी ओर कई क्षेत्रों में पीने और सिंचाई के लिए जल की कमी व गिरता भूजल स्तर। इस विरोधाभास का समाधान प्रभावी जल प्रबंधन और वर्षा जल संचयन में है। मानसून के दौरान बहने वाला अधिकांश जल संरक्षित किया जाए, तो यह सूखे महीनों में उपयोगी हो सकता है और भूजल को रिचार्ज भी कर सकता है।

इस लक्ष्य को पाने के लिए सामुदायिक स्तर पर चेक डैम, रिचार्ज पिट, परकोलेशन टैंक जैसी संरचनाएं हर पंचायत में बनाई जा सकती हैं, जिन्हें मनरेगा और जल-जीवन-हरियाली जैसी योजनाओं से वित्तपोषित किया जा सकता है। इसके साथ ही 'पग-पग पोखर' योजना के तहत पारंपरिक जल संरचनाओं—तालाबों, आहड़-पईनों—का पुनरुद्धार और निर्माण आवश्यक है, जो जल संचयन के साथ-साथ ग्रामीण आजीविका का साधन भी बन सकते हैं।

3. नहरों के साथ जलाशयः

अद्भुत समृद्धि नहर और अन्य सिंचाई नहरों के साथ छोटे-छोटे ऑफ-चैनल जलाशय (Off-channel Reservoirs) बनाए जा सकते हैं, जहाँ मानसून के अतिरिक्त पानी को संग्रहित किया जा सके और बाद में उपयोग किया जा सके।

4. शहरी क्षेत्रों में रूफटॉप रेनवाटर हार्वेस्टिंगः

सभी नई सरकारी और बड़ी निजी इमारतों के लिए रूफटॉप रेनवाटर हार्वेस्टिंग सिस्टम अनिवार्य किया जाना चाहिए। मौजूदा इमारतों को भी इसे अपनाने के लिए प्रोत्साहित किया जाना चाहिए। संग्रहित पानी का उपयोग गैर-पीने योग्य कार्यों (जैसे बागवानी, शौचालय फ्लशिंग) या भूजल रिचार्ज के लिए किया जा सकता है।

5. नदी जोड़ो (संयमित रूप से):

बिहार में बड़ी नदी जोड़ो परियोजनाएं पर्यावरणीय रूप से संवेदनशील और विवादास्पद हो सकती हैं, लेकिन राज्य के भीतर बाढ़ग्रस्त नदियों के पानी को सूखे क्षेत्रों में नियंत्रित रूप से मोड़ने की छोटी और स्थानीय परियोजनाएं व्यावहारिक समाधान बन सकती हैं।

वर्षा जल संचयन एक कम लागत, विकेन्द्रीकृत और पर्यावरण-अनुकूल समाधान है, जो भूजल स्तर बढ़ाने, बाढ़ के प्रभाव को कम करने और सिंचाई व

पेयजल की उपलब्धता सुनिश्चित करने में मदद करता है। यह मिट्टी की नमी बनाए रखने में भी सहायक है, जिससे कृषि को सीधा लाभ मिलता है। इस तरह की रणनीतियाँ बिहार को जल संकट से उबरने और जल प्रबंधन में आत्मनिर्भर बनने की दिशा में सशक्त कदम बना सकती हैं।

(v) समग्र पर्यावरणीय दृष्टिकोण: हरित और स्वस्थ बिहार

बिहार के सतत विकास के लिए केवल ऊर्जा और जल प्रबंधन पर्याप्त नहीं, बल्कि एक समग्र पर्यावरणीय दृष्टिकोण आवश्यक है। इसके तहत राज्य को वनीकरण को प्राथमिकता देते हुए वन आवरण को वर्तमान 7.8% से बढ़ाकर राष्ट्रीय लक्ष्य 33% तक लाने की दिशा में वृक्षारोपण, सामाजिक वानिकी और शहरी हरित क्षेत्रों का विस्तार करना होगा। साथ ही, वायु, जल और ठोस अपशिष्ट प्रदूषण को नियंत्रित करने के लिए CNG/इलेक्ट्रिक वाहनों को बढ़ावा, उद्योगों और ईंट भट्टों पर निगरानी, और सीवेज व कचरा प्रबंधन की सुदृढ़ व्यवस्था आवश्यक है।

इसके अलावा, बायोडायवर्सिटी संरक्षण (जैसे वाल्मीकि टाइगर रिजर्व और आर्द्रभूमियों की सुरक्षा), और जलवायु परिवर्तन के प्रभावों से निपटने के लिए कृषि, जल संसाधन और स्वास्थ्य क्षेत्रों में अनुकूलन रणनीतियाँ विकसित करना ज़रूरी है। इन प्रयासों से बिहार न केवल पर्यावरणीय सुधार की ओर अग्रसर होगा, बल्कि स्वास्थ्य, जीवन की गुणवत्ता और जलवायु लचीलापन में भी उल्लेखनीय सुधार आएगा। यह राज्य को हरित विकास के एक राष्ट्रीय मॉडल के रूप में स्थापित कर सकता है।

(vi) हाइड्रोजन और वैकल्पिक ईंधन: बिहार के लिए ऊर्जा का नया क्षितिज

भविष्य की ऊर्जा सुरक्षा और पर्यावरणीय स्थिरता के लिए जीवाश्म ईंधन से हटकर हाइड्रोजन और अन्य वैकल्पिक ईंधनों (जैसे बायो-फ्यूल, फ्यूल सेल) की ओर बढ़ना अनिवार्य है। बिहार, अपने प्रचुर जल संसाधनों (विशेषकर प्रस्तावित अद्भुत समृद्धि नहर और नदियों के प्रबंधन के बाद) के साथ, हरित हाइड्रोजन (Green Hydrogen) उत्पादन में एक अग्रणी राज्य बनने की अपार क्षमता रखता है। पानी के इलेक्ट्रोलिसिस (Electrolysis) द्वारा, नवीकरणीय ऊर्जा (जैसे सौर या जल विद्युत) का उपयोग करके, हाइड्रोजन (एक स्वच्छ ईंधन) और ऑक्सीजन (औद्योगिक और चिकित्सा उपयोग के लिए मूल्यवान) का उत्पादन किया जा सकता है। यह न केवल बिहार को ऊर्जा के क्षेत्र में आत्मनिर्भर बनाएगा और कार्बन उत्सर्जन कम करेगा, बल्कि हाइड्रोजन और ऑक्सीजन आधारित नए उद्योगों (जैसे फ्यूल सेल निर्माण, हाइड्रोजन भंडारण और परिवहन, औद्योगिक

गैस आपूर्ति) को जन्म देकर रोजगार के नए अवसर भी पैदा करेगा। इस भविष्योन्मुखी क्षेत्र में निवेश और अनुसंधान को बढ़ावा देकर, बिहार भारत की हरित ऊर्जा क्रांति में महत्वपूर्ण योगदान दे सकता है।

(vii) निष्कर्ष: सतत विकास की अनिवार्यता

ऊर्जा और पर्यावरण बिहार के भविष्य के लिए महत्वपूर्ण आधार स्तंभ हैं। नवीकरणीय ऊर्जा, विशेष रूप से सौर ऊर्जा, पर ध्यान केंद्रित करके राज्य न केवल अपनी ऊर्जा जरूरतों को पूरा कर सकता है, बल्कि एक स्वच्छ और हरित विकास पथ भी अपना सकता है। वर्षा जल संचयन और प्रभावी जल प्रबंधन बाढ़ और सूखे के दोहरे संकट से निपटने में मदद कर सकते हैं। वनीकरण, प्रदूषण नियंत्रण और जैव विविधता संरक्षण राज्य के पर्यावरणीय स्वास्थ्य और लोगों की भलाई के लिए आवश्यक हैं। यह दृष्टिकोण न केवल पंचसूत्री परियोजना की सफलता के लिए महत्वपूर्ण है, बल्कि यह आने वाली पीढ़ियों के लिए एक स्वस्थ और टिकाऊ बिहार सुनिश्चित करने के लिए भी अनिवार्य है। इसके लिए महत्वपूर्ण निवेश, मजबूत राजनीतिक इच्छाशक्ति और नागरिक जागरूकता की आवश्यकता होगी।

2. भ्रष्टाचार से निपटना: सुशासन की ओर निर्णायक कदम

(i) प्रस्तावना: विकास के मार्ग में सबसे बड़ा रोड़ा

भ्रष्टाचार बिहार के विकास के मार्ग में सबसे बड़ा और शायद सबसे जिद्दी रोड़ा है। जैसा हमने भाग 4 में देखा, यह केवल कुछ व्यक्तियों की बेईमानी नहीं, बल्कि एक व्यवस्थागत बीमारी बन चुका है जो प्रशासन के हर स्तर पर, हर क्षेत्र में फैली हुई है। बड़े घोटालों से लेकर रोजमर्रा के छोटे-मोटे लेन-देन तक, भ्रष्टाचार ने सरकारी खजाने को लूटा है, विकास योजनाओं को विफल किया है, गरीबों को उनके हक से वंचित किया है, ईमानदारों को हतोत्साहित किया है, और आम आदमी का व्यवस्था पर से भरोसा तोड़ा है। "जैसे रोग को अनदेखा करने से बढ़ता जाता है, लाइलाज हो जाता है," वही स्थिति भ्रष्टाचार की है। जब तक इस नासूर का प्रभावी ढंग से इलाज नहीं किया जाता, तब तक बिहार के पुनर्निर्माण का कोई भी प्रयास - चाहे वह अद्भुत समृद्धि नहर हो, SEZ हों, या शिक्षा-स्वास्थ्य में सुधार हो - पूरी तरह सफल नहीं हो सकता।

इस खंड में, हम भ्रष्टाचार से निपटने के लिए एक बहु-आयामी रणनीति प्रस्तुत करते हैं, जिसमें प्रक्रियाओं को पारदर्शी बनाने, प्रौद्योगिकी का उपयोग करने, दोषियों को दंडित करने और सबसे महत्वपूर्ण, एक ऐसी संस्कृति बनाने पर जोर दिया गया है जहाँ ईमानदारी को महत्व दिया जाए और भ्रष्टाचार को अस्वीकार किया जाए। यह केवल दंड देने की बात नहीं है, बल्कि व्यवस्था को

सुधारने और निवारक उपाय (Preventive Measures) अपनाने की भी बात है।

(ii) सेवा शुल्क का युक्तिकरण और पारदर्शिता: 'सुविधा' के नाम पर लूट बंद आम आदमी का सामना अक्सर छोटे स्तर के भ्रष्टाचार से होता है, जहाँ सरकारी सेवाओं को प्राप्त करने के लिए 'सुविधा शुल्क' या 'चाय-पानी' के नाम पर रिश्वत मांगी जाती है। "यथार्थ" इसी को दर्शाता है: "हालात से मजबूर लोग जल्दी काम के लिए पैसे देते हैं, लोग काम के लिए पैसे देते हैं, लोग बचने के लिए पैसे देते हैं, लोग गलती के लिए पैसे देते हैं।" इस समस्या से निपटने के लिए सेवाओं के शुल्क को पारदर्शी और युक्तियुक्त बनाना आवश्यक है।

* समस्या: कई सरकारी सेवाओं के लिए या तो कोई आधिकारिक शुल्क निर्धारित नहीं है, या वह स्पष्ट नहीं है, या प्रक्रिया इतनी जटिल और धीमी है कि लोग जल्दी काम कराने के लिए अनौपचारिक भुगतान करने को तैयार हो जाते हैं।

* प्रस्तावित कदम:

1. सेवाओं की पहचान और शुल्क निर्धारण: सबसे पहले, नागरिकों को प्रदान की जाने वाली सभी प्रमुख सरकारी सेवाओं (जैसे जन्म/मृत्यु प्रमाण पत्र, जाति/आय प्रमाण पत्र, भूमि रिकॉर्ड, ड्राइविंग लाइसेंस, राशन कार्ड, बिल्डिंग प्लान मंजूरी, विभिन्न प्रकार के परमिट और एनओसी) की पहचान की जाए। प्रत्येक सेवा के लिए एक उचित, आधिकारिक शुल्क निर्धारित किया जाए, जो लागत वसूली (Cost Recovery) और सेवा की प्रकृति पर आधारित हो। यह शुल्क व्यापक रूप से प्रचारित किया जाना चाहिए।

2. डिजिटल भुगतान पोर्टल: सभी निर्धारित शुल्कों का भुगतान अनिवार्य रूप से एक केंद्रीकृत, सुरक्षित ऑनलाइन पोर्टल या मोबाइल ऐप के माध्यम से किया जाए। नकद लेनदेन को पूरी तरह से प्रतिबंधित किया जाए। इससे लेन-देन का डिजिटल रिकॉर्ड रहेगा और व्यक्तिगत संपर्क तथा रिश्वत की गुंजाइश कम होगी।

3. सेवा का अधिकार अधिनियम (Right to Service Act) का सख्ती से पालन: बिहार में सेवा का अधिकार अधिनियम लागू है, जिसके तहत प्रत्येक अधिसूचित सेवा प्रदान करने के लिए एक समय-सीमा निर्धारित है। इस अधिनियम को सख्ती से लागू किया जाना चाहिए। यदि किसी अधिकारी द्वारा निर्धारित समय-सीमा में बिना उचित कारण के सेवा प्रदान नहीं की जाती है, तो उस पर स्वचालित जुर्माना लगाया जाए और यह राशि आवेदक को मुआवजे के रूप में दी जाए।

4. 'तत्काल' सेवा का प्रावधान (वैध विकल्प): कुछ सेवाओं के लिए, जहाँ लोग वास्तव में जल्दी काम चाहते हैं (जैसे तत्काल पासपोर्ट या ड्राइविंग लाइसेंस),

एक आधिकारिक 'तत्काल' या 'प्रीमियम' सेवा शुरू की जा सकती है, जिसके लिए थोड़ा अधिक शुल्क लिया जाए। यह वैध तरीके से राजस्व भी उत्पन्न करेगा और अनौपचारिक भुगतान की आवश्यकता को कम करेगा। तत्काल/प्रीमियम सेवा से अर्जित आय के आधार पर उच्च प्रदर्शन वाले कर्मचारियों को आधिकारिक तौर पर इंसेंटिव और बोनस दिया जा सकता है

5. **प्रक्रियाओं का सरलीकरण:** सरकारी प्रक्रियाओं को सरल बनाया जाए, अनावश्यक कागजी कार्रवाई कम की जाए, और जहाँ संभव हो, स्व-प्रमाणन (Self-certification) को बढ़ावा दिया जाए।

* **अनुमानित लागत और प्रभाव:** डिजिटल ढांचे के लिए सैकड़ों करोड़ रुपये की लागत का अनुमान है। यह निवेश रिश्वतखोरी में उल्लेखनीय कमी ला सकता है, सरकारी कामकाज में दक्षता बढ़ा सकता है, और नागरिकों की संतुष्टि में सुधार कर सकता है।

(iii) कठोर दंड और त्वरित न्याय: भ्रष्टाचारियों के लिए 'जीरो टॉलरेंस'

भ्रष्टाचार को केवल प्रक्रियाओं में सुधार करके ही नहीं रोका जा सकता; इसके लिए दोषियों को पकड़ने और उन्हें त्वरित तथा कठोर दंड देने की एक प्रभावी प्रणाली भी आवश्यक है। जब भ्रष्टाचारियों को यह पता होगा कि उनके पकड़े जाने और दंडित होने की संभावना बहुत अधिक है, तो वे गलत काम करने से डरेंगे।

* **समस्या:** वर्तमान में, भ्रष्टाचार के मामलों की जांच धीमी होती है, कानूनी प्रक्रिया लंबी चलती है, और सजा की दर (Conviction Rate) कम है। अक्सर शक्तिशाली लोग अपने प्रभाव का इस्तेमाल करके बच निकलते हैं।

* **प्रस्तावित कदम:**

1. **विशेष भ्रष्टाचार निरोधक न्यायालय:** प्रत्येक जिले में (या कम से कम प्रमंडल स्तर पर) विशेष न्यायालय स्थापित किए जाएं जो केवल भ्रष्टाचार के मामलों की सुनवाई करें। इन न्यायालयों में पर्याप्त न्यायाधीश और कर्मचारी हों ताकि मामलों का निपटारा एक निश्चित समय-सीमा (जैसे 6 महीने या 1 वर्ष) के भीतर हो सके।

2. **कठोर दंड का प्रावधान:** भ्रष्टाचार निरोधक कानूनों को और सख्त बनाया जाए। दोषियों पर न केवल भारी जुर्माना (आय से अधिक संपत्ति का कई गुना) लगाया जाए, बल्कि उन्हें लंबी अवधि (जैसे 5-10 साल या अधिक) के कारावास की सजा भी दी जाए। उनकी अवैध संपत्ति जब्त की जानी चाहिए। उन्हें भविष्य में किसी भी सरकारी पद या चुनाव लड़ने से स्थायी रूप से प्रतिबंधित किया जाना चाहिए।

3. **जांच एजेंसियों को मजबूती:** राज्य की निगरानी विभाग (Vigilance Department) और आर्थिक अपराध इकाई (Economic Offences Unit - EOU) जैसी एजेंसियों को अधिक स्वायत्तता, संसाधन, तकनीकी क्षमता (जैसे फोरेंसिक अकाउंटिंग) और राजनीतिक हस्तक्षेप से मुक्ति प्रदान की जानी चाहिए।

4. **संपत्ति की घोषणा और निगरानी:** सभी सरकारी अधिकारियों और निर्वाचित प्रतिनिधियों के लिए अपनी संपत्ति की नियमित और पारदर्शी घोषणा अनिवार्य की जाए। आय से अधिक संपत्ति के मामलों की सक्रिय रूप से जांच की जानी चाहिए।

5. **ईमानदारों का संरक्षण:** यह अत्यंत महत्वपूर्ण है कि जो अधिकारी या नागरिक भ्रष्टाचार के खिलाफ आवाज उठाते हैं या ईमानदारी से काम करते हैं, उन्हें पूरी सुरक्षा और संरक्षण प्रदान किया जाए। उनके खिलाफ बदले की कार्रवाई (जैसे अनुचित तबादला या प्रताड़ना) को सख्ती से रोका जाए और ऐसा करने वाले वरिष्ठ अधिकारियों को दंडित किया जाए। एक मजबूत व्हिसलब्लोअर संरक्षण नीति लागू की जाए।

* **अनुमानित लागत और प्रभाव:** विशेष अदालतों और संबंधित बुनियादी ढांचे के लिए हज़ारों करोड़ रुपये का अनुमान है। इस पहल से प्रशासन में पारदर्शिता और जवाबदेही में भारी वृद्धि हो सकती है और भ्रष्टाचार के प्रति एक मजबूत निवारक (Deterrent) प्रभाव पैदा हो सकता है।

(iv) पारदर्शिता, प्रौद्योगिकी और नागरिक निगरानी: व्यवस्था पर नजर

भ्रष्टाचार अंधेरे में पनपता है। पारदर्शिता और प्रौद्योगिकी का उपयोग इसे रोशनी में लाने और रोकने का सबसे शक्तिशाली तरीका है। साथ ही, नागरिकों को भी व्यवस्था पर नजर रखने और सवाल पूछने के लिए सशक्त बनाना होगा। आये दिन नए योजनाओं की घोषणा होती है। ज्यादातर योजना चुनावी जुमले साबित होते हैं। कुछ योजना से ज्यादा राशि प्रचार पे खर्च कर दी जाती है। कुछ ठंडे बस्ते में चले जाते हैं। हर योजना के प्रोगेस की जानकारी सार्वजनिक रूप से उपलब्ध हो।

* **समस्या:** सरकारी कामकाज अक्सर अपारदर्शी होता है। सूचना आसानी से उपलब्ध नहीं होती, और निर्णय लेने की प्रक्रिया गुप्त रहती है।

* **प्रस्तावित कदम:**

1. **प्रोएक्टिव डिस्क्लोजर (Proactive Disclosure):** सूचना का अधिकार अधिनियम की धारा 4 के तहत, सभी सरकारी विभागों को अपनी संरचना, कार्यों, नियमों, बजट, योजनाओं, लाभार्थियों और व्यय से संबंधित जानकारी स्वतः ही

अपनी वेबसाइटों पर और अन्य माध्यमों से सार्वजनिक करनी चाहिए।

2. रियल-टाइम डैशबोर्ड: सभी प्रमुख सरकारी योजनाओं और परियोजनाओं (जैसे सड़क निर्माण, नहर खुदाई, कल्याणकारी योजनाओं का वितरण) की प्रगति की निगरानी के लिए एक सार्वजनिक, रियल-टाइम ऑनलाइन डैशबोर्ड विकसित किया जाए। इसमें भौतिक और वित्तीय प्रगति, लाभार्थियों की सूची, अनुबंध विवरण आदि शामिल।

3. एआई (AI) और डेटा एनालिटिक्स का उपयोग: सरकारी व्यय, ठेकों और लेन-देन के विशाल डेटा का विश्लेषण करने के लिए आर्टिफिशियल इंटेलिजेंस और डेटा एनालिटिक्स का उपयोग किया जा सकता है ताकि संदिग्ध पैटर्न, अनियमितताओं और संभावित भ्रष्टाचार का पता लगाया जा सके।

4. जियो-टैगिंग और ड्रोन निगरानी: बुनियादी ढाँचा परियोजनाओं की प्रगति की निगरानी के लिए जियो-टैगिंग और ड्रोन तकनीक का उपयोग किया जा सकता है ताकि काम की गुणवत्ता सुनिश्चित हो सके और फर्जी बिलिंग रोकी जा सके।

5. डिजिटल रिकॉर्ड और ई-ऑफिस: सभी सरकारी फाइलों और रिकॉर्ड को डिजिटल बनाया जाए और ई-ऑफिस प्रणाली लागू की जाए ताकि फाइलों की आवाजाही को ट्रैक किया जा सके और देरी कम हो।

6. नागरिक शिकायत निवारण प्रणाली: भ्रष्टाचार या सेवा में देरी की शिकायत दर्ज कराने के लिए एक केंद्रीकृत, सुलभ और प्रभावी ऑनलाइन पोर्टल और मोबाइल ऐप विकसित किया जाए। शिकायतों पर समयबद्ध कार्रवाई सुनिश्चित की जाए और शिकायतकर्ता को उसकी प्रगति से अवगत कराया जाए।

7. सोशल ऑडिट (Social Audit): मनरेगा की तरह, अन्य कल्याणकारी योजनाओं और परियोजनाओं के कार्यान्वयन का भी नियमित रूप से स्वतंत्र सामाजिक ऑडिट कराया जाना चाहिए, जिसमें स्थानीय समुदाय और नागरिक समाज संगठनों की भागीदारी हो।

* अनुमानित लागत और प्रभाव: इस तकनीकी बुनियादी ढांचे के लिए हज़ारों करोड़ रुपये का अनुमान है। इन उपायों से सरकारी कामकाज में अभूतपूर्व पारदर्शिता आ सकती है, घोटालों और लीकेज में भारी कमी आ सकती है, और नागरिक सशक्त होंगे।

(v) कार्यान्वयन की चुनौतियाँ और सफलता की कुंजी

भ्रष्टाचार से निपटना केवल कानून बनाने या तकनीक लागू करने का मामला नहीं है, यह एक गहरी राजनीतिक और सामाजिक लड़ाई है।

- राजनीतिक इच्छाशक्ति: सबसे बड़ी चुनौती शीर्ष राजनीतिक नेतृत्व की ओर से वास्तविक और निरंतर प्रतिबद्धता की होगी। क्या वे निहित स्वार्थों (Vested Interests) का सामना करने और यथास्थिति को बदलने के लिए तैयार हैं?

- नौकरशाही का प्रतिरोध: प्रशासन के भीतर से भी सुधारों का प्रतिरोध हो सकता है, खासकर उन लोगों से जो मौजूदा भ्रष्ट व्यवस्था से लाभान्वित हो रहे हैं।

- तकनीकी क्षमता: नई तकनीकों को अपनाने और प्रभावी ढंग से उपयोग करने के लिए सरकारी कर्मचारियों के क्षमता निर्माण की आवश्यकता होगी।

- डिजिटल साक्षरता: नागरिकों को भी डिजिटल उपकरणों का उपयोग करने और अपने अधिकारों का प्रयोग करने के लिए जागरूक और साक्षर बनाना होगा।

- जन जागरूकता और भागीदारी: भ्रष्टाचार के खिलाफ लड़ाई केवल सरकार नहीं लड़ सकती। इसके लिए नागरिकों की सक्रिय भागीदारी, जागरूकता और भ्रष्टाचार को अस्वीकार करने की सामाजिक इच्छाशक्ति आवश्यक है। नागरिक समाज संगठनों और मीडिया की भी महत्वपूर्ण भूमिका है।

सफलता की कुंजी:

- शीर्ष नेतृत्व का उदाहरण: मुख्यमंत्री और शीर्ष मंत्रियों को भ्रष्टाचार के प्रति जीरो टॉलरेंस का स्पष्ट संदेश देना होगा और स्वयं ईमानदारी का उदाहरण प्रस्तुत करना होगा।

- निरंतर निगरानी और मूल्यांकन: सुधारों के कार्यान्वयन की निरंतर निगरानी करनी होगी और उनके प्रभाव का मूल्यांकन करना होगा।

- जन आंदोलन: भ्रष्टाचार के खिलाफ एक व्यापक जन आंदोलन या सामाजिक अभियान चलाने की आवश्यकता है जो इसे नैतिक रूप से अस्वीकार्य बनाए।

(vi) निष्कर्ष: एक पारदर्शी और जवाबदेह बिहार का निर्माण

भ्रष्टाचार बिहार के शरीर में गहरे तक समाया हुआ एक रोग है, लेकिन यह लाइलाज नहीं है। पारदर्शिता, प्रौद्योगिकी, कठोर दंड, संस्थागत सुधार और नागरिक जागरूकता के संयुक्त प्रहार से इसे नियंत्रित किया जा सकता है और अंततः समाप्त भी किया जा सकता है। प्रस्तावित कदम - सेवा शुल्क का नियमन, कठोर दंड, और पारदर्शिता के लिए तकनीक का उपयोग - एक मजबूत ढाँचा प्रदान करते हैं। इन उपायों को पूरी ईमानदारी और दृढ़ता से लागू करने से न केवल सरकारी खजाने की लूट रुकेगी और विकास योजनाओं का लाभ वास्तविक लाभार्थियों तक पहुँचेगा, बल्कि यह प्रशासन में दक्षता लाएगा, निवेशकों का विश्वास बढ़ाएगा और सबसे महत्वपूर्ण, आम आदमी का अपनी सरकार और

व्यवस्था पर भरोसा बहाल करेगा। एक भ्रष्टाचार-मुक्त और जवाबदेह प्रशासन ही बिहार के उज्ज्वल भविष्य की गारंटी दे सकता है। यह लड़ाई लंबी और कठिन होगी, लेकिन यह बिहार के पुनर्निर्माण के लिए अनिवार्य है।

3. मिथिला की सांस्कृतिक समृद्धि: विरासत से वैभव तक

(i) प्रस्तावना: संस्कृति को आर्थिक शक्ति बनाना

बिहार की पहचान केवल उसकी समस्याओं या राजनीतिक उठापटक से नहीं है, बल्कि उसकी अत्यंत समृद्ध और प्राचीन सांस्कृतिक विरासत से भी है। मगध के साम्राज्यों, नालंदा-विक्रमशिला के ज्ञान केंद्रों और बौद्ध-जैन धर्मों की उत्पत्ति के साथ-साथ, मिथिला क्षेत्र ने अपनी एक विशिष्ट और जीवंत सांस्कृतिक पहचान को सदियों से संजो कर रखा है। यह राजा जनक और सीता की भूमि है, यह कवि विद्यापति की कर्मभूमि है, यह मधुबनी चित्रकला जैसी अद्भुत लोक कला का घर है, और यह मखाना जैसे अद्वितीय कृषि उत्पाद का केंद्र है।

लेकिन दुर्भाग्यवश, राज्य के समग्र पिछड़ेपन और उपेक्षा के कारण, यह अमूल्य सांस्कृतिक संपदा काफी हद तक अविकसित और अपनी क्षमता से बहुत कम पहचानी गई है। पारंपरिक कलाएं और शिल्प आर्थिक रूप से व्यवहार्य न होने के कारण दम तोड़ रहे हैं, और ऐतिहासिक तथा सांस्कृतिक स्थल पर्यटकों की बाट जोह रहे हैं।

इस खंड में, हम मिथिला की कुछ प्रमुख सांस्कृतिक और आर्थिक शक्तियों - विशेष रूप से मखाना उद्योग, मधुबनी पेंटिंग, और विक्रमशिला (यद्यपि यह तकनीकी रूप से मिथिला में नहीं, बल्कि अंग क्षेत्र में है, पर सांस्कृतिक पर्यटन सर्किट का हिस्सा बन सकता है) - को पुनर्जीवित करने और उन्हें न केवल सांस्कृतिक गौरव के प्रतीक के रूप में, बल्कि स्थानीय अर्थव्यवस्था को बढ़ावा देने और रोजगार पैदा करने के शक्तिशाली इंजन के रूप में विकसित करने की संभावनाओं पर विचार करेंगे। यह दृष्टिकोण संस्कृति को केवल संरक्षण का विषय नहीं, बल्कि सतत विकास और आर्थिक समृद्धि का एक सक्रिय घटक मानता है।

(ii) मखाना: 'मिथिला के सोने' को वैश्विक पहचान दिलाना

मखाना (Fox Nut or Gorgon Nut), कमल के बीज जैसा एक जलीय उत्पाद, मिथिला क्षेत्र की एक अनूठी उपज है। बिहार दुनिया के लगभग 80-90% मखाने का उत्पादन करता है, और इसका अधिकांश हिस्सा मिथिला के तालाबों और आर्द्रभूमियों (Wetlands) दरभंगा, मधुबनी, सहरसा, सुपौल, कटिहार, पूर्णिया जिले में उगाया जाता है। मखाना न केवल स्वादिष्ट होता है, बल्कि यह प्रोटीन, फाइबर और कई खनिजों से भरपूर एक अत्यंत पौष्टिक सुपरफूड भी है।

इसे 'मिथिला का सोना' कहा जाता है।

* **वर्तमान स्थिति और क्षमता:** वर्तमान में मखाना उद्योग काफी हद तक असंगठित है। किसान पारंपरिक तरीकों से खेती करते हैं, और लावा निकालने की प्रक्रिया (बीज को भूनकर फुलाना) बहुत श्रमसाध्य और कठिन होती है। किसानों को अक्सर उनकी उपज का उचित मूल्य नहीं मिलता, और बिचौलिए मुनाफा कमाते हैं। विपणन और ब्रांडिंग भी कमजोर है। इसके बावजूद, हाल के वर्षों में स्वास्थ्य के प्रति बढ़ती जागरूकता के कारण मखाने की मांग राष्ट्रीय और अंतरराष्ट्रीय स्तर पर तेजी से बढ़ी है। इसमें एक बड़ा वैश्विक उद्योग बनने की अपार क्षमता है। उदहारण के लिए मखाना यूरोप में 5000 से 10000 रूपये प्रति किलो के हिसाब से बिकता है. पर इससे बिहार के किसान को क्या लाभ है? बस बिचौलियों और एक्सपोर्टर्स को भारी लाभ मिलता है।

- विकास के लिए कदम:

1. **उत्पादन और उत्पादकता में सुधार:** 'पग-पग पोखर' योजना के तहत तालाबों का विस्तार और वैज्ञानिक खेती तकनीकों (बेहतर किस्मों, एकीकृत पोषक तत्व प्रबंधन) को बढ़ावा देकर उत्पादन को मौजूदा स्तर से दोगुना या अधिक किया जा सकता है।

2. **प्रसंस्करण का आधुनिकीकरण:** लावा निकालने की प्रक्रिया को आसान, सुरक्षित और अधिक कुशल बनाने के लिए कम लागत वाली, उपयुक्त मशीनों का विकास और प्रसार करना। महिलाओं को प्रसंस्करण कार्य में बड़े पैमाने पर शामिल किया जाता है, इसलिए उनके लिए बेहतर उपकरण विकसित करना महत्वपूर्ण है।

3. **मूल्य वर्धन (Value Addition):** कच्चे लावे के अलावा, मूल्य वर्धित मखाना उत्पादों (जैसे विभिन्न स्वादों में भुना हुआ मखाना, मखाना खीर मिक्स, मखाना आटा, मखाना स्नैक्स बार) के विकास और उत्पादन को बढ़ावा देना। इसके लिए छोटे और मध्यम स्तर की प्रसंस्करण इकाइयाँ स्थापित करने के लिए उद्यमियों को प्रोत्साहित करना और वित्तीय सहायता प्रदान करना।

4. **गुणवत्ता नियंत्रण और प्रमाणन:** मखाने की गुणवत्ता सुनिश्चित करने के लिए मानक स्थापित करना और प्रमाणन (जैसे ऑर्गेनिक सर्टिफिकेशन, जीआई टैग का प्रभावी उपयोग) की व्यवस्था करना।

5. **संगठित विपणन और ब्रांडिंग:** किसानों को बेहतर मूल्य दिलाने के लिए किसान उत्पादक संगठनों (FPOs) को मजबूत करना। 'मिथिला मखाना' या 'बिहार मखाना' को एक प्रीमियम राष्ट्रीय और अंतरराष्ट्रीय ब्रांड के रूप में

स्थापित करना। ई-कॉमर्स प्लेटफॉर्म, सुपरमार्केट चेन और निर्यातकों के साथ सीधे संबंध स्थापित करना।

6. अनुसंधान एवं विकास: मखाने की नई किस्मों, बेहतर खेती तकनीकों, प्रसंस्करण विधियों और नए उत्पादों पर निरंतर अनुसंधान को बढ़ावा देना।

7. समर्पित हब: दरभंगा में पैकेजिंग और निर्यात हब बनाने का सुझाव एक अच्छा कदम है। ऐसे क्लस्टर आधारित दृष्टिकोण अपनाए जा सकते हैं। दरभंगा हवाई अड्डा, जो वर्तमान में घरेलू उड़ानों के लिए कार्यरत है, यदि इसे अंतरराष्ट्रीय हवाई अड्डे के रूप में विकसित किया जाए साथ ही, दरभंगा को एक एयर कार्गो हब के रूप में विकसित करने से स्थानीय कृषि, मछलीपालन, हस्तशिल्प और उद्योगों के उत्पादों को वैश्विक बाजारों में भेजा जा सकेगा।

* लागत और प्रभाव: उद्योग के विकास के लिए हज़ारों करोड़ रुपये के निवेश का अनुमान है, जो मुख्यतः प्रसंस्करण इकाइयों, भंडारण, ब्रांडिंग और अनुसंधान पर केंद्रित होगा। इससे न केवल किसानों और प्रसंस्करण में लगे लोगों की आय बढ़ेगी, बल्कि यह मिथिला क्षेत्र की ग्रामीण अर्थव्यवस्था के लिए एक प्रमुख चालक बन सकता है।

(iii) मधुबनी पेंटिंग: लोक कला को वैश्विक मंच देना

मधुबनी पेंटिंग, जिसे मिथिला पेंटिंग भी कहा जाता है, बिहार की सबसे प्रसिद्ध और अंतरराष्ट्रीय स्तर पर प्रशंसित लोक कला शैलियों में से एक है। यह पारंपरिक रूप से मिथिला क्षेत्र की महिलाओं द्वारा त्योहारों, विवाहों और अन्य शुभ अवसरों पर अपने घरों की दीवारों और आंगनों पर बनाई जाती थी। इसमें उंगलियों, टहनियों, ब्रश और निब-पेन का उपयोग करके प्राकृतिक रंगों से देवी-देवताओं, प्रकृति, और सामाजिक जीवन के जटिल और जीवंत चित्र उकेरे जाते हैं। इसकी कई विशिष्ट शैलियाँ (जैसे भरनी, कचनी, तांत्रिक, गोदना, कोहबर) हैं।

* वर्तमान स्थिति और क्षमता: हालाँकि मधुबनी पेंटिंग को वैश्विक पहचान मिली है और यह कागज, कपड़े, कैनवास और अन्य माध्यमों पर भी बनाई जाने लगी है, फिर भी अधिकांश कलाकार, विशेषकर ग्रामीण महिलाएँ, गरीबी और अवसरों की कमी से जूझ रही हैं। उन्हें अपनी कला का उचित मूल्य नहीं मिलता, और वे बिचौलियों तथा बाजार की पहुँच की कमी के कारण शोषित होती हैं। इसमें एक महत्वपूर्ण सांस्कृतिक उद्योग बनने की अपार क्षमता है, जो हजारों महिला कलाकारों को सशक्त बना सकता है।

* विकास के लिए कदम:

1. **कलाकारों का कौशल उन्नयन और प्रशिक्षण:** हजारों युवा कारीगरों को प्रशिक्षण देने का प्रस्ताव है। मौजूदा कलाकारों के कौशल को निखारने और नई पीढ़ी को इस कला को सिखाने के लिए नियमित कार्यशालाओं और प्रशिक्षण कार्यक्रमों का आयोजन करना। उन्हें नए डिजाइन, गुणवत्ता नियंत्रण और बाजार की मांगों के बारे में शिक्षित करना।

2. **कच्चे माल की उपलब्धता:** कलाकारों को अच्छी गुणवत्ता वाले कागज, कैनवास, कपड़े और प्राकृतिक रंग आसानी से और उचित मूल्य पर उपलब्ध कराना।

3. **प्रत्यक्ष बाजार संपर्क:** कलाकारों को बिचौलियों से मुक्त कराने और उन्हें सीधे खरीदारों (घरेलू और अंतरराष्ट्रीय) से जोड़ने के लिए मंच प्रदान करना। इसके लिए:

* **ऑनलाइन मार्केटप्लेस:** एक समर्पित ऑनलाइन पोर्टल या प्रमुख ई-कॉमर्स प्लेटफॉर्म पर एक विशेष खंड बनाना जहाँ कलाकार अपनी पेंटिंग सीधे बेच सकें। (#मिथिलायोजना इकॉमर्स सामान... की शिक्षा)

* **नियमित प्रदर्शनियाँ और हाट:** प्रमुख शहरों और पर्यटन स्थलों (जैसे जानकी सर्किट) पर नियमित रूप से प्रदर्शनियों, मेलों और 'मिथिला हाट' का आयोजन करना।

* **सरकारी खरीद और प्रोत्साहन:** सरकारी भवनों, कार्यालयों और कार्यक्रमों में मधुबनी पेंटिंग का उपयोग करना। कलाकारों को राष्ट्रीय और अंतरराष्ट्रीय कला मेलों में भाग लेने के लिए सहायता प्रदान करना।

4. **बौद्धिक संपदा अधिकार (IPR) संरक्षण:** मधुबनी पेंटिंग की नकल और दुरुपयोग को रोकने के लिए कलाकारों को उनके डिजाइनों के लिए कॉपीराइट और अन्य आईपीआर सुरक्षा प्राप्त करने में मदद करना। जीआई टैग का प्रभावी ढंग से उपयोग करना।

5. **कला का विविधीकरण:** पेंटिंग के अलावा, मधुबनी कला का उपयोग अन्य उत्पादों जैसे वस्त्र (साड़ी, दुपट्टे, कुर्ते,रुमाल, तौलिए), घर की सजावट के सामान (कुशन कवर, लैंपशेड, दीवार घड़ियाँ), सिलाई, बुनाई, शिल्प, कारपेन्टरी, खिलौना, स्टेशनरी, और लाइफस्टाइल उत्पादों पर भी करने को बढ़ावा देना। इसके लिए लाखों युवा कारीगरों को प्रशिक्षण देने का प्रस्ताव है।

6. **कला ग्राम और केंद्र:** मधुबनी और आसपास के क्षेत्रों में 'कला ग्राम' या उत्कृष्टता केंद्र स्थापित करना जहाँ कलाकार काम कर सकें, प्रशिक्षण प्राप्त कर सकें, और पर्यटक उनकी कला को देख और खरीद सकें।

* **लागत और प्रभाव:** सैकड़ों करोड़ रुपये का अनुमान है, जो मुख्यतः प्रशिक्षण, विपणन, बुनियादी ढाँचा और कच्चे माल की सहायता पर केंद्रित होगा। इससे हजारों महिला कलाकारों को स्थायी आजीविका मिलेगी, मिथिला की सांस्कृतिक पहचान मजबूत होगी और यह कला रूप आने वाली पीढ़ियों के लिए संरक्षित रहेगा।

(iv) विक्रमशिला और अन्य सांस्कृतिक स्थल: पर्यटन की अपार संभावनाएं

बिहार ऐतिहासिक और पुरातात्विक स्थलों का खजाना है, लेकिन पर्यटन के क्षेत्र में इसका स्थान नालंदा को छोड़कर काफी हद तक उपेक्षित रहा है। विक्रमशिला महाविहार, जो पाल काल का एक प्रमुख बौद्ध विश्वविद्यालय था, इसके खंडहर आज भी भागलपुर के पास अपनी ऐतिहासिक भव्यता की झलक दिखाते हैं। इसके अलावा, वैशाली, बोधगया, राजगीर, पावापुरी, पटना साहिब, बराबर गुफाएं, शेरशाह का मकबरा और अंगकालीन स्मृतियाँ जैसे स्थल भी पर्यटन की अपार संभावनाएं रखते हैं। हालांकि, इन स्थलों का उचित संरक्षण, प्रचार और बुनियादी सुविधाओं का अभाव उन्हें पर्यटकों के लिए आकर्षक बनाने में बाधा डालता है। इन स्थलों को विकसित करने से न केवल बिहार की सांस्कृतिक विरासत का संरक्षण होगा, बल्कि स्थानीय अर्थव्यवस्था को भी बढ़ावा मिलेगा।

विक्रमशिला को नालंदा की तर्ज पर एक प्रमुख बौद्ध तीर्थस्थल और पर्यटन केंद्र के रूप में विकसित करने की व्यापक संभावनाएं हैं। इसके लिए वैज्ञानिक संरक्षण, उत्खनन, विश्व स्तरीय व्याख्या केंद्र और संग्रहालय की स्थापना, पर्यटकों के लिए बुनियादी सुविधाओं का विकास, बौद्ध सर्किट के साथ एकीकरण और राष्ट्रीय-अंतरराष्ट्रीय स्तर पर प्रचार जैसे कदम उठाए जा सकते हैं। विक्रमशिला के विकास में सैकड़ों करोड़ रुपये का निवेश और अन्य स्थलों के विकास में और अधिक लागत अनुमानित है। फिर भी, यह निवेश लाखों पर्यटकों को आकर्षित कर सकता है, जिससे हजारों रोजगार सृजित होंगे और स्थानीय अर्थव्यवस्था को मजबूती मिलेगी।

(v) निष्कर्ष: सांस्कृतिक पुनर्जागरण से आर्थिक समृद्धि

मिथिला और बिहार की सांस्कृतिक संपदा केवल अतीत का अवशेष नहीं है, यह भविष्य के निर्माण का एक शक्तिशाली संसाधन है। मखाना उद्योग को वैश्विक स्तर पर ले जाना, मधुबनी पेंटिंग को एक स्थायी आजीविका का साधन बनाना, और विक्रमशिला जैसे ऐतिहासिक स्थलों को विश्व स्तरीय पर्यटन केंद्रों के रूप में विकसित करना - ये सभी पहल न केवल राज्य की अर्थव्यवस्था को विविधता और मजबूती प्रदान करेंगी, बल्कि बिहार के खोए हुए सांस्कृतिक गौरव

को भी पुनर्स्थापित करेंगी। यह सांस्कृतिक पुनर्जागरण लोगों में आत्मविश्वास और आशा का संचार करेगा, जो राज्य के समग्र विकास के लिए आवश्यक है। इसके लिए सरकार, स्थानीय समुदायों, कलाकारों, उद्यमियों और नागरिक समाज को मिलकर काम करना होगा।

4. निष्कर्ष और आह्वान: सामूहिक संकल्प से नव बिहार का निर्माण

(i) अतीत से सीख, वर्तमान का यथार्थ, भविष्य की दृष्टि

यह यात्रा बिहार के हृदय से होकर गुजरी है। हमने इसके गौरवशाली अतीत के सुनहरे पन्नों को पलटा - मगध का उत्कर्ष, अशोक का धम्म, नालंदा का ज्ञान, मिथिला की संस्कृति। हमने वर्तमान की उन कठोर सच्चाइयों का भी सामना किया जो इस गौरव पर ग्रहण लगाती हैं - बाढ़ की विनाशलीला, शिक्षा-स्वास्थ्य का पतन, औद्योगिक-कृषि संकट, पलायन का दर्द, और भ्रष्टाचार का दीमक। हमने उन महान विचारधाराओं - गांधीवाद, समाजवाद, लोहिया-जेपी की क्रांति - से प्रेरणा ली जिन्होंने न्याय, समानता और परिवर्तन का मार्ग दिखाया। हमने समस्याओं की गहराई में उतरकर उनके कारणों और प्रभावों को समझा। और अंततः, हमने "बिहार समृद्धि पंचसूत्री परियोजना" के रूप में समाधान का एक महत्वाकांक्षी खाका प्रस्तुत किया, जिसे ऊर्जा, पर्यावरण, सुशासन और सांस्कृतिक पुनरुद्धार के सहायक स्तंभों पर टिकाया गया है।

अतीत हमें सिखाता है कि बिहार में महानता प्राप्त करने की क्षमता है। नालंदा हमें ज्ञान की शक्ति सिखाता है, अशोक शांति का मार्ग दिखाता है, चंपारण अहिंसक प्रतिरोध की ताकत दिखाता है, और मिथिला सांस्कृतिक लचीलेपन का उदाहरण प्रस्तुत करता है। ये सबक आज भी प्रासंगिक हैं। "बचपन से सुनता आया हूँ कि बीती ताहि बिसारिये, बीत गई जो बात गई।" लेकिन यहाँ बिसारने का अर्थ भूलना नहीं, बल्कि अतीत के बोझ (जैसे विभाजनकारी राजनीति, सामंती मानसिकता) को त्यागना और उसकी सकारात्मक विरासतों (ज्ञान, शांति, रचनात्मकता, संघर्ष क्षमता) को अपनाना है। अमेरिका और जापान ने युद्ध की विभीषिका से सीखकर विकास का रास्ता चुना; बिहार को भी अपने संकटों से सीखकर आगे बढ़ना होगा ("हिंसा से सिर्फ और सिर्फ विध्वंश होता है। विकास सिर्फ शान्ति, शिक्षा एवं भाईचारे से ही संभव है।")।

वर्तमान का यथार्थ कठोर है। बिहार आज भी विकास के कई सूचकांकों पर पिछड़ा हुआ है। समस्याएँ गहरी और आपस में जुड़ी हुई हैं। लेकिन यथार्थ को स्वीकार करना निराशा का कारण नहीं, बल्कि बदलाव की पहली शर्त है। "जैसे रोग को अनदेखा करने से बढ़ता जाता है, लाइलाज हो जाता है । उसी तरह स्तिथि

परिस्तिथि को झुठलाने से, अनदेखा करने से समस्या बढ़ती जाती है ।"

भविष्य की दृष्टि स्पष्ट है - एक ऐसा बिहार जो बाढ़ से सुरक्षित हो, जहाँ हर बच्चे को गुणवत्तापूर्ण शिक्षा और स्वास्थ्य मिले, जहाँ युवाओं को रोजगार के लिए पलायन न करना पड़े, जहाँ उद्योग फलें-फूलें और कृषि समृद्ध हो, जहाँ प्रशासन पारदर्शी और जवाबदेह हो, जहाँ सांस्कृतिक विरासत संरक्षित हो और आर्थिक समृद्धि लाए, और जहाँ शांति, सद्भाव और भाईचारा हो। मिथिला समृद्धि पंचसूत्री और इस अध्याय में प्रस्तावित अन्य कदम उसी भविष्य की ओर ले जाने वाला मार्ग हैं।

(ii) कार्यान्वयन के लिए 'बिहार रिवाइवल फोरम': एक सामूहिक मंच

इतनी महत्वाकांक्षी योजनाओं को साकार करने के लिए केवल सरकारी प्रयास पर्याप्त नहीं होंगे। इसके लिए एक बहु-हितधारक (Multi-stakeholder) दृष्टिकोण की आवश्यकता है जो सरकार, नागरिक समाज, विशेषज्ञ, निजी क्षेत्र और सबसे महत्वपूर्ण, आम नागरिकों को एक साथ लाए।

- **प्रस्ताव - "बिहार रिवाइवल फोरम":** इसे एक स्थायी, अधिकार प्राप्त और स्वायत्त निकाय के रूप में स्थापित किया जा सकता है, जिसका उद्देश्य पंचसूत्री परियोजना और बिहार के समग्र पुनर्निर्माण के प्रयासों का समन्वय, निगरानी और मूल्यांकन करना होगा। यह फोरम/प्राधिकरण एक थिंक टैंक और एक एक्शन टैंक दोनों के रूप में काम करेगा, जो बिहार के पुनर्निर्माण के प्रयासों को एक दिशा और गति प्रदान करेगा। यह उस सामूहिक इच्छाशक्ति का प्रतीक होगा जो बदलाव के लिए आवश्यक है।

(iii) शांति, शिक्षा और नैतिकता: पुनर्निर्माण के मूल मंत्र

आर्थिक विकास और बुनियादी ढाँचा महत्वपूर्ण हैं, लेकिन बिहार का स्थायी पुनर्निर्माण केवल इन्हीं पर आधारित नहीं हो सकता। इसके लिए समाज की नींव को भी मजबूत करना होगा, और इसके मूल मंत्र हैं - शांति, शिक्षा और नैतिकता।

- **शांति और अहिंसा:** गांधी की भूमि होने के नाते, बिहार को शांति और अहिंसा के मूल्यों को अपने विकास मॉडल के केंद्र में रखना चाहिए। सामाजिक सद्भाव, धार्मिक सहिष्णुता और राजनीतिक संवाद को बढ़ावा देना होगा। घृणा और विभाजन की राजनीति को सिरे से खारिज करना होगा। कानून-व्यवस्था को मजबूत करना होगा ताकि सभी नागरिक सुरक्षित महसूस करें। विकास तभी संभव है जब समाज में शांति हो।

- **शिक्षा का पुनरुत्थान:** नालंदा की विरासत को केवल याद नहीं करना है, उसे पुनर्जीवित करना है। शिक्षा को सर्वोच्च प्राथमिकता देनी होगी। हर बच्चे तक

गुणवत्तापूर्ण शिक्षा की पहुँच सुनिश्चित करनी होगी। स्कूलों और विश्वविद्यालयों को केवल डिग्री बांटने की मशीन नहीं, बल्कि ज्ञान, कौशल और चरित्र निर्माण का केंद्र बनाना होगा। शिक्षकों का सम्मान और उनकी क्षमता का विकास करना होगा। लक्ष्य 2035 तक 95% से अधिक साक्षरता और उच्च शिक्षा में नामांकन दर को दोगुना करना होना चाहिए।

- नैतिकता और शुचिता: भ्रष्टाचार और नैतिक पतन ने बिहार को बहुत नुकसान पहुँचाया है। सार्वजनिक जीवन में ईमानदारी, निष्ठा और सेवा की भावना को पुनः स्थापित करना होगा। नेताओं, अधिकारियों और नागरिकों - सभी को अपनी जिम्मेदारी समझनी होगी। भ्रष्टाचार के खिलाफ जीरो टॉलरेंस की नीति केवल कागजों पर नहीं, बल्कि व्यवहार में दिखनी चाहिए।

शांति, शिक्षा और नैतिकता - ये वे अदृश्य धागे हैं जो एक मजबूत और जीवंत समाज का ताना-बाना बुनते हैं। इनके बिना आर्थिक समृद्धि भी खोखली और अस्थायी साबित होगी।

(v) अंतिम निष्कर्ष: एक उज्ज्वल भविष्य की ओर

यह पुस्तक बिहार की एक जटिल और बहुआयामी तस्वीर प्रस्तुत करती है - उसके अतीत के गौरव से लेकर वर्तमान के संकटों तक, प्रेरक विचारधाराओं से लेकर समस्याओं की गहराई तक, और अंततः, समाधान के एक महत्वाकांक्षी रोडमैप तक। "बिहार समृद्धि पंचसूत्री परियोजना" और उसके सहायक तत्व - ऊर्जा, पर्यावरण, सुशासन, और सांस्कृतिक पुनरुद्धार - मिलकर बिहार को 2035 तक एक समृद्ध, हरित, न्यायपूर्ण और ज्ञान-आधारित समाज बनाने की क्षमता रखते हैं।

यह किसी एक व्यक्ति या एक संस्था का काम नहीं है। यह एक सामूहिक संकल्प है। बिहार को दुनिया के साथ कदम मिलाने के लिए अब रेंगना नहीं, उड़ना होगा (#बिहार #मिथिला दुनियासे वर्षों पीछे,रेंगना नहीं उड़ना पड़ेगा")।

यह यात्रा कठिन होगी, बाधाएँ अनेक आएंगी, लेकिन बिहार के लोगों के अदम्य साहस और संकल्प के सामने कोई भी चुनौती टिक नहीं सकती। यह समय है अतीत के गौरव से प्रेरणा लेने का, वर्तमान की सच्चाइयों का सामना करने का, और एक साझा दृष्टिकोण के साथ भविष्य का निर्माण करने का।

8

नव बिहार का सूर्योदय - एकीकृत दृष्टि, डिजिटल छलांग और सामूहिक संकल्प

प्रस्तावनाः भविष्य की ओर एक साहसिक उड़ान

नमस्ते। मैं अविनाश , एक बार पुनः आपके समक्ष, इस पुस्तक के समापन चरण में, लेकिन एक नई ऊर्जा, एक विस्तृत दृष्टि और कुछ अतिरिक्त, शायद अधिक साहसिक, विचारों के साथ। पिछले अध्यायों में हमने बिहार के पुनर्निर्माण की एक व्यापक यात्रा की है – हमने उसके गौरवशाली अतीत की गहराइयों को छुआ, वर्तमान की जटिल और अक्सर दर्दनाक सच्चाइयों का सामना किया, महान विचारधाराओं से प्रेरणा ग्रहण की, समस्याओं की जड़ों को कुरेदा, "बिहार समृद्धि पंचसूत्री" के रूप में समाधान का एक महत्वाकांक्षी खाका खींचा, और उसे लागू करने के लिए आवश्यक ऊर्जा, पर्यावरण तथा शासन संबंधी रणनीतियों पर विचार किया।

लेकिन बिहार का पुनर्निर्माण केवल कुछ बड़ी परियोजनाओं या पारंपरिक सुधारों तक ही सीमित नहीं रह सकता। 21वीं सदी की चुनौतियाँ और अवसर अभूतपूर्व हैं। यदि बिहार को वास्तव में दशकों की जड़ता तोड़कर एक लंबी छलांग लगानी है, यदि उसे केवल रेंगना नहीं, बल्कि उड़ना है, तो हमें और अधिक नवोन्मेषी (Innovative), अधिक साहसिक और शायद कुछ अपरंपरागत विचारों

को भी अपनाने के लिए तैयार रहना होगा।

यह विशेष पूरक अध्याय उसी दिशा में एक प्रयास है। यह पिछले अध्याय का विस्तार है, जिसमें न केवल ऊर्जा, पर्यावरण, भ्रष्टाचार उन्मूलन और सांस्कृतिक समृद्धि पर हमारी चर्चा को और गहरा किया गया है, बल्कि इसमें अनेक अतिरिक्त, परिवर्तनकारी विचारों को भी एकीकृत किया गया है जो बिहार के विकास को अप्रत्याशित गति दे सकते हैं। ये विचार शिक्षा में डिजिटल क्रांति लाने, स्वास्थ्य सेवाओं को गांवों तक पहुँचाने, निवेशकों को रणनीतिक रूप से आकर्षित करने, आईटी विकास को विकेन्द्रीकृत करने, किसानों और कारीगरों को सीधे वैश्विक बाजार से जोड़ने, अंतरराष्ट्रीय सांस्कृतिक आदान-प्रदान को बढ़ावा देने, वैश्विक आईटी अवसरों का लाभ उठाने, और यहाँ तक कि कुछ संवेदनशील लेकिन महत्वपूर्ण राजनीतिक एवं प्रशासनिक मुद्दों को संबोधित करने से संबंधित हैं।

ये अतिरिक्त विचार मेरे व्यक्तिगत चिंतन, विभिन्न मंचों पर हुई चर्चाओं, "बिहार रिवाइवल फोरम" के अनुभवों और आप जैसे प्रबुद्ध नागरिकों से प्राप्त सुझावों का परिणाम हैं। इनमें से कुछ विचार (जैसे सैटेलाइट आईटी सिटी, ई-कॉमर्स सशक्तिकरण, फार्म-टू-किचन, ट्विन सिटीज़, निवेशकों को लक्षित करने की रणनीति, आईटी/आईओटी अवसर, कृषि निर्यात) मेरे द्वारा विभिन्न मंचों पर प्रस्तावित किए गए हैं और पंचसूत्री योजना के पूरक हैं। कुछ अन्य विचार (जैसे सीमांचल मतदाता सूची विसंगति, पृथक मिथिला राज्य का मुद्दा) बिहार के वर्तमान राजनीतिक और सामाजिक विमर्श में मौजूद हैं, जिन्हें अनदेखा नहीं किया जा सकता, भले ही वे संवेदनशील और विवादास्पद हों। इस अध्याय में उन्हें यथासंभव तटस्थता और विश्लेषणात्मक दृष्टिकोण से प्रस्तुत करने का प्रयास किया गया है।

यह विशेष अध्याय उस भविष्य की तस्वीर पेश करता है जहाँ बिहार न केवल अपनी समस्याओं से उबरता है, बल्कि ज्ञान, प्रौद्योगिकी, संस्कृति और सुशासन के बल पर भारत के अग्रणी राज्यों में अपना स्थान पुनः प्राप्त करता है। यह एक आह्वान है - यथास्थिति को चुनौती देने का, लीक से हटकर सोचने का, और नव बिहार के सूर्योदय के लिए सामूहिक संकल्प लेने का।

खंड 1: डिजिटल बिहार - ज्ञान, स्वास्थ्य और अवसर की क्रांति

1.1 प्रस्तावना: डिजिटल लीपफ्रॉगिंग से भविष्य का निर्माण

21वीं सदी निस्संदेह डिजिटल प्रौद्योगिकी का युग है। आर्टिफिशियल इंटेलिजेंस (AI), जेनेरेटिव AI (GenAI), इंटरनेट ऑफ थिंग्स (IoT), क्लाउड कंप्यूटिंग, बिग डेटा – ये केवल तकनीकी शब्दजाल नहीं हैं, बल्कि ये वे शक्तियाँ

हैं जो अर्थव्यवस्थाओं, समाजों और हमारे जीवन जीने के तरीके को मौलिक रूप से बदल रही हैं। बिहार, जो पारंपरिक विकास के कई पैमानों पर पीछे रह गया है, के पास इस डिजिटल क्रांति के माध्यम से लीपफ्रॉग (Leapfrog) करने, यानी विकास के कई चरणों को तेजी से पार करने का एक अनूठा अवसर है।

लेकिन इसके लिए हमें अपनी शिक्षा प्रणाली, स्वास्थ्य सेवा वितरण और रोजगार सृजन की रणनीतियों में आमूल-चूल परिवर्तन लाना होगा। हमें अपने विश्वविद्यालयों को केवल डिग्री बांटने वाले संस्थानों से बदलकर नवाचार और भविष्य की प्रौद्योगिकी के केंद्रों में बदलना होगा। हमें शिक्षा और स्वास्थ्य को डिजिटल माध्यमों से हर गाँव, हर घर तक पहुँचाना होगा, ताकि गुणवत्ता और पहुँच की खाई को पाटा जा सके। और हमें वैश्विक डिजिटल अर्थव्यवस्था, विशेष रूप से IoT और सॉफ्टवेयर आउटसोर्सिंग के विशाल अवसरों का लाभ उठाने के लिए अपने युवाओं को तैयार करना होगा और आवश्यक बुनियादी ढाँचा तैयार करना होगा। यह खंड इन्हीं उद्देश्यों को प्राप्त करने के लिए एक एकीकृत डिजिटल रणनीति प्रस्तुत करता है।

1.2 विश्वविद्यालयों का कायाकल्प: भविष्य के लिए प्रतिभा निर्माण

बिहार के विश्वविद्यालय, जिनका कभी नालंदा और विक्रमशिला के रूप में एक गौरवशाली अतीत था, आज अक्सर गुणवत्ता, प्रासंगिकता और नवाचार की कमी से जूझ रहे हैं। उन्हें 21वीं सदी की जरूरतों के अनुरूप ढालना होगा। ए आई, ए आई ओ टी, बिग डाटा, मेटवर्स, डिजिटल ट्विन, सेमीकंडक्टर जैसी आधुनिक तकनीक क्षेत्र में कम से कम दस बारह करोड़ प्रशिक्षित लोगों की जरूरत होगी। यह बिहार के युवाओं के बौद्धिक टैलेंट का इस्तमाल कर कॉम्पिटिटिव दर पर उनका श्रम दुनिया को मुहैया करने का बड़ा अवसर है। अतः हर जिले में इंजीनियरिंग कॉलेज, एग्रीकल्चरल कॉलेज, मेडिकल कॉलेज एंड हॉस्पिटल, आउटसोर्सिंग सर्विसेज एंड डेवलपमेन्ट ट्रैनिंग सेंटर, हर शहर के हर कॉलेज में BCA /MCA की शिक्षा का प्रस्ताव है. प्रत्येक गांव टेलीमेडिसन केंद्र, रोजगारोन्मुख वोकेशनल एवं कंप्यूटर प्रशिक्षण केंद्र का प्रस्ताव है।

- रणनीति: विश्वविद्यालयों को आधुनिक आईटी, जेनरेटिव AI, और अन्य उभरती प्रौद्योगिकियों (जैसे ब्लॉकचेन, साइबर सुरक्षा, बायोटेक, नैनोटेक) के शिक्षण और अनुसंधान के केंद्रों के रूप में विकसित करना। उन्हें केवल सैद्धांतिक ज्ञान तक सीमित न रखकर व्यावहारिक कौशल, उद्योग संपर्क और वैश्विक सहयोग पर जोर देना होगा।

* **कार्यान्वयन के कदम:**

1. पाठ्यक्रम का आधुनिकीकरण:

- सभी विश्वविद्यालयों और कॉलेजों (विशेषकर इंजीनियरिंग, कंप्यूटर साइंस, प्रबंधन) के पाठ्यक्रमों को नियमित रूप से अपडेट करना ताकि वे नवीनतम उद्योग रुझानों और प्रौद्योगिकियों (IT, GenAI, AI, IoT, बिग डाटा, मेटवर्स, डिजिटल ट्विन, सेमीकंडक्टर, डेटा साइंस, क्लाउड, IoT, साइबर सुरक्षा) को प्रतिबिंबित करें।

- उद्योग जगत के विशेषज्ञों के परामर्श से पाठ्यक्रम डिजाइन करना।

- सॉफ्ट स्किल्स (संचार, टीम वर्क, समस्या-समाधान) और उद्यमिता (Entrepreneurship) को पाठ्यक्रम का अभिन्न अंग बनाना।

2. उभरती प्रौद्योगिकियों पर उत्कृष्टता केंद्र (Centres of Excellence - CoEs):

- प्रमुख विश्वविद्यालयों में AI/GenAI, IoT, ब्लॉकचेन, साइबर सुरक्षा, बायोटेक्नोलॉजी आदि पर समर्पित उत्कृष्टता केंद्र स्थापित करना। ये केंद्र न केवल उच्च-स्तरीय अनुसंधान करेंगे, बल्कि विशेष प्रशिक्षण कार्यक्रम भी चलाएंगे और स्टार्टअप्स को इनक्यूबेट करेंगे।

3. ओपन सोर्स संस्कृति को बढ़ावा:

- महत्व: ओपन सोर्स सॉफ्टवेयर (जैसे Linux, Python, Apache, और विकास उपकरण जैसे Eclipse, VS Code) आज आईटी उद्योग की रीढ़ हैं। ओपन सोर्स समुदायों में योगदान करना छात्रों के लिए सीखने और वैश्विक नेटवर्क बनाने का एक शानदार तरीका है।

- कदम:

- विश्वविद्यालयों को अपने कंप्यूटर लैब और पाठ्यक्रम में ओपन सोर्स सॉफ्टवेयर के उपयोग को बढ़ावा देना।

- Eclipse, GitHub, GitLab जैसे ओपन सोर्स प्लेटफॉर्म और समुदायों को होस्ट (Hosting) करने या उनसे सक्रिय रूप से जुड़ने के लिए प्रोत्साहित करना।

- अनिवार्य ओपन सोर्स योगदान: स्नातक या स्नातकोत्तर (विशेषकर आईटी/सीएस) के छात्रों के लिए किसी ओपन सोर्स प्रोजेक्ट में योगदान करना पाठ्यक्रम का अनिवार्य हिस्सा बनाना। इससे छात्रों को वास्तविक दुनिया की परियोजनाओं पर काम करने, कोड लिखने, बग ठीक करने और वैश्विक डेवलपर्स के साथ सहयोग करने का अनुभव मिलेगा, जो उनके रिज्यूमे को बेहद मजबूत बनाएगा।

- विश्वविद्यालयों में ओपन सोर्स क्लब और हैकाथॉन आयोजित करना।

- अनिवार्य विदेशी भाषा शिक्षण: वैश्विक आईटी बाजार और अंतरराष्ट्रीय सहयोग के लिए अंग्रेजी के अलावा कम से कम एक प्रमुख विदेशी भाषा (जैसे जर्मन, फ्रेंच, जापानी, स्पेनिश, मंदारिन) का अध्ययन सभी तकनीकी और व्यावसायिक पाठ्यक्रमों में अनिवार्य या प्रमुख वैकल्पिक विषय के रूप में शामिल करना। इससे हमारे स्नातक वैश्विक रोजगार बाजार के लिए बेहतर रूप से तैयार होंगे और 'ट्विन सिटीज' जैसी पहलों में भी मदद मिलेगी।

4. उद्योग-अकादमिक सहयोग:

- आईटी कंपनियों के साथ इंटर्नशिप, गेस्ट लेक्चर, संयुक्त अनुसंधान परियोजनाओं और प्लेसमेंट के लिए मजबूत संबंध स्थापित करना।

- उद्योग की जरूरतों के अनुरूप कौशल-आधारित सर्टिफिकेट कोर्स शुरू करना।

5. संकाय विकास (Faculty Development): शिक्षकों को नवीनतम तकनीकों और शिक्षण विधियों में प्रशिक्षित करने के लिए नियमित कार्यक्रम आयोजित करना। उद्योग जगत के पेशेवरों को सहायक प्रोफेसर (Adjunct Faculty) के रूप में आमंत्रित करना।

6. बुनियादी ढाँचा: हाई-स्पीड इंटरनेट, आधुनिक कंप्यूटर लैब, और अनुसंधान सुविधाओं में पर्याप्त निवेश करना।

7. BCA/MCA को बढ़ावा: सुझाव है, इंजीनियरिंग कॉलेजों की स्थापना महंगी है और उनकी फीस भी अधिक है। आईटी क्षेत्र में करियर बनाने के लिए बैचलर ऑफ कंप्यूटर एप्लीकेशन (BCA) और मास्टर ऑफ कंप्यूटर एप्लीकेशन (MCA) उत्कृष्ट विकल्प हैं। मौजूदा कॉलेजों, पॉलिटेक्निकों को BCA/MCA पाठ्यक्रम शुरू करने या उन्हें मजबूत करने के लिए प्रोत्साहित और वित्त पोषित किया जाना चाहिए। इससे कम लागत पर बड़ी संख्या में आईटी पेशेवर तैयार किए जा सकते हैं।

इन कदमों से बिहार के विश्वविद्यालय न केवल बेहतर शिक्षा प्रदान करेंगे, बल्कि राज्य के आईटी उद्योग और ज्ञान अर्थव्यवस्था के विकास के लिए आवश्यक प्रतिभा पूल भी तैयार करेंगे।

1.3 डिजिटल शिक्षा: गुणवत्तापूर्ण ज्ञान हर द्वार तक (नर्सरी से विश्वविद्यालय)

बिहार में शिक्षा की गुणवत्ता में भारी असमानता है। शहरों के अच्छे निजी स्कूलों और दूरदराज के गांवों के सरकारी स्कूलों के बीच एक गहरी खाई है। इस खाई को पाटने और सभी बच्चों को समान गुणवत्ता वाली शिक्षा प्रदान करने के

लिए डिजिटल प्रौद्योगिकी एक शक्तिशाली उपकरण हो सकती है।

- रणनीति: नर्सरी से लेकर विश्वविद्यालय तक, सभी स्तरों पर एक समग्र डिजिटल लर्निंग इकोसिस्टम का निर्माण करना, जो पारंपरिक कक्षा शिक्षण का पूरक हो और दूरस्थ शिक्षा को संभव बनाए।

- कार्यान्वयन के कदम:

1. राज्यव्यापी डिजिटल लर्निंग प्लेटफॉर्म:

- एक केंद्रीकृत, बहुभाषी (हिंदी, मैथिली, भोजपुरी, उर्दू, अंग्रेजी) डिजिटल लर्निंग प्लेटफॉर्म (वेबसाइट और मोबाइल ऐप) विकसित करना।

- इस प्लेटफॉर्म पर नर्सरी से कक्षा 12 तक के लिए राज्य बोर्ड पाठ्यक्रम के अनुरूप उच्च गुणवत्ता वाली, आकर्षक और इंटरैक्टिव डिजिटल सामग्री (वीडियो लेक्चर, एनिमेशन, सिमुलेशन, क्विज़, ई-पुस्तकें) उपलब्ध कराना। यह सामग्री राज्य के सर्वश्रेष्ठ शिक्षकों और विषय विशेषज्ञों द्वारा तैयार की जानी चाहिए।

- विश्वविद्यालय और कॉलेज स्तर के लिए भी प्रमुख विषयों पर डिजिटल पाठ्यक्रम (MOOCs - Massive Open Online Courses) विकसित करना या राष्ट्रीय (जैसे SWAYAM) और अंतरराष्ट्रीय प्लेटफार्मों (जैसे Coursera, edX, Udemy) के साथ साझेदारी करना।

2. हर स्कूल में डिजिटल इन्फ्रास्ट्रक्चर:

- लक्ष्य: अगले 5 वर्षों में राज्य के प्रत्येक सरकारी स्कूल (प्राथमिक से उच्च माध्यमिक) में कम से कम एक स्मार्ट क्लासरूम सुनिश्चित करना।

- उपकरण: प्रत्येक स्मार्ट क्लासरूम में एक बड़ा टीवी स्क्रीन या प्रोजेक्टर, एक कंप्यूटर/लैपटॉप, और विश्वसनीय इंटरनेट कनेक्टिविटी (जैसे भारतनेट या सैटेलाइट इंटरनेट के माध्यम से) होनी चाहिए।

- उपयोग: शिक्षक इस टीवी स्क्रीन का उपयोग केंद्रीकृत डिजिटल लर्निंग प्लेटफॉर्म से पाठ्यक्रम सामग्री चलाने, शैक्षिक वीडियो दिखाने और ऑनलाइन संसाधनों तक पहुँचने के लिए कर सकते हैं। इससे उन स्कूलों में भी गुणवत्तापूर्ण शिक्षण सामग्री पहुँचेगी जहाँ योग्य शिक्षकों की कमी है या बुनियादी सुविधाओं का अभाव है।

3. छात्रों के लिए डिवाइस और कनेक्टिविटी:

चुनौती: सभी छात्रों, विशेषकर गरीब परिवारों के बच्चों के पास स्मार्टफोन या लैपटॉप और इंटरनेट की सुविधा नहीं है।

समाधान:

- सामुदायिक डिजिटल केंद्र: पंचायतों या स्कूलों में डिजिटल लर्निंग सेंटर स्थापित करना जहाँ छात्र स्कूल के बाद या छुट्टियों में कंप्यूटर और इंटरनेट का उपयोग कर सकें।

- डिवाइस सहायता योजना: मेधावी और जरूरतमंद छात्रों (विशेषकर लड़कियों) को स्मार्टफोन या टैबलेट खरीदने के लिए वित्तीय सहायता या डिवाइस प्रदान करना।

- सस्ती कनेक्टिविटी: ग्रामीण क्षेत्रों में इंटरनेट कनेक्टिविटी में सुधार करना और छात्रों के लिए रियायती डेटा पैक उपलब्ध कराना।

4. शिक्षक प्रशिक्षण: शिक्षकों को डिजिटल उपकरणों और प्लेटफार्मों का प्रभावी ढंग से उपयोग करने के लिए प्रशिक्षित करना। उन्हें केवल सामग्री चलाने वाला नहीं, बल्कि एक सूत्रधार (Facilitator) बनाना जो डिजिटल उपकरणों का उपयोग करके सीखने की प्रक्रिया को अधिक आकर्षक और इंटरैक्टिव बना सके।

5. मूल्यांकन और प्रगति ट्रैकिंग: डिजिटल प्लेटफॉर्म के माध्यम से छात्रों के सीखने की प्रगति को ट्रैक करना और व्यक्तिगत प्रतिक्रिया (Personalized Feedback) प्रदान करना। ऑनलाइन परीक्षाएं और मूल्यांकन आयोजित करना।

* प्रभाव:

- गुणवत्ता में समानता: दूरदराज के गांवों के छात्रों को भी वही उच्च गुणवत्ता वाली शिक्षण सामग्री उपलब्ध होगी जो शहरों के छात्रों को मिलती है।

- सीखने में सुधार: इंटरैक्टिव और आकर्षक सामग्री से छात्रों की सीखने की रुचि बढ़ेगी और समझ बेहतर होगी।

- शिक्षकों की सहायता: यह शिक्षकों पर बोझ कम करेगा और उन्हें व्यक्तिगत ध्यान देने के लिए अधिक समय देगा।

- भविष्य के लिए तैयारी: छात्र कम उम्र से ही डिजिटल उपकरणों और तकनीकों का उपयोग करना सीखेंगे, जो भविष्य के लिए आवश्यक कौशल है।

डिजिटल शिक्षा बिहार की शिक्षा व्यवस्था में क्रांति ला सकती है, गुणवत्ता की खाई को पाट सकती है और हर बच्चे के लिए बेहतर भविष्य का द्वार खोल सकती है।

1.4 टेलीमेडिसिन, रिमोट हेल्थकेयर: स्वास्थ्य सेवा हर गाँव तक

बिहार में स्वास्थ्य सेवाओं की पहुँच, खासकर ग्रामीण क्षेत्रों में, एक बड़ी चुनौती है। डॉक्टरों और विशेषज्ञों की भारी कमी है, और लोगों को इलाज के लिए मीलों दूर शहरों में जाना पड़ता है, जिसमें समय और पैसा दोनों बर्बाद होता है। डिजिटल प्रौद्योगिकी इस समस्या का एक प्रभावी समाधान प्रदान कर सकती है।

* रणनीति: टेलीमेडिसिन और रिमोट हेल्थकेयर तकनीकों का उपयोग करके विशेषज्ञ चिकित्सा सलाह और सेवाओं को राज्य के हर गाँव तक पहुँचाना।

* कार्यान्वयन के कदम:

1. हर पंचायत में टेलीमेडिसिन केंद्र:

- लक्ष्य: राज्य की सभी पंचायतों में मौजूदा स्वास्थ्य उप-केंद्रों (Health Sub-centres) या कॉमन सर्विस सेंटरों (CSCs) को टेलीमेडिसिन केंद्रों के रूप में अपग्रेड करना। कुछ निजी केंद्र खुले लेकिन बजट के अभाव में बंद हो गए - इसे सरकारी पहल के रूप में स्थायी बनाना होगा।

- सुविधाएँ: प्रत्येक केंद्र में एक कंप्यूटर, वेबकैम, बेसिक डायग्नोस्टिक उपकरण (जैसे डिजिटल स्टेथोस्कोप, बीपी मशीन, ग्लूकोमीटर, पल्स ऑक्सीमीटर), और विश्वसनीय इंटरनेट कनेक्टिविटी होनी चाहिए।

2. प्रशिक्षित स्वास्थ्य सहायक (Community Health Officers - CHOs / Medical Staff):

- भूमिका: प्रत्येक टेलीमेडिसिन केंद्र पर कम से कम एक प्रशिक्षित स्वास्थ्य सहायक या नर्स (CHO) तैनात करना। ये सहायक मरीज की प्रारंभिक जांच करेंगे, उसका मेडिकल इतिहास लेंगे, बेसिक डायग्नोस्टिक टेस्ट करेंगे, और वीडियो कॉन्फ्रेंसिंग के माध्यम से दूर बैठे डॉक्टर (रिमोट डॉक्टर) से मरीज की बात कराएंगे। वे डॉक्टर द्वारा बताई गई दवाएं (जो केंद्र पर उपलब्ध हों) देंगे और फॉलो-अप में मदद करेंगे।

- विशेष प्रशिक्षण: इन स्वास्थ्य सहायकों के लिए टेलीमेडिसिन संचालन और बेसिक डायग्नोस्टिक्स में विशेष प्रशिक्षण पाठ्यक्रम चलाना। उन्हें सामान्य बीमारियों की पहचान और प्राथमिक उपचार में भी प्रशिक्षित करना।

3. रिमोट डॉक्टर नेटवर्क:

- राज्य स्तरीय हब: पटना और अन्य प्रमुख शहरों में टेलीमेडिसिन कमांड सेंटर या हब स्थापित करना, जहाँ सामान्य चिकित्सकों (GPs) और विभिन्न विशेषज्ञ डॉक्टरों (जैसे बाल रोग विशेषज्ञ, स्त्री रोग विशेषज्ञ, हृदय रोग विशेषज्ञ, त्वचा रोग विशेषज्ञ) की एक टीम उपलब्ध हो जो वीडियो कॉल पर ग्रामीण केंद्रों से जुड़कर परामर्श दे सके।

- निजी डॉक्टरों और प्रवासियों का जुड़ाव: निजी क्षेत्र के डॉक्टरों और देश-विदेश में बसे बिहारी डॉक्टरों को भी इस नेटवर्क से स्वैच्छिक या अंशकालिक रूप से जुड़ने के लिए प्रोत्साहित किया जा सकता है।

4. **मोबाइल टेलीमेडिसिन इकाइयाँ:** दूरदराज के और दुर्गम क्षेत्रों के लिए मोबाइल वैन आधारित टेलीमेडिसिन इकाइयाँ शुरू की जा सकती हैं।

5. **ई-संजीवनी का उपयोग:** केंद्र सरकार के ई-संजीवनी टेलीमेडिसिन प्लेटफॉर्म का प्रभावी ढंग से उपयोग और विस्तार करना।

6. **ई-फार्मेसी और डायग्नोस्टिक्स:** टेलीमेडिसिन केंद्रों को ई-फार्मेसी से जोड़ना ताकि दवाएं सीधे मरीज के गांव तक पहुँच सकें। दूरस्थ डायग्नोस्टिक सेवाओं (जैसे एक्स-रे, ईसीजी रिपोर्ट को डिजिटल रूप से भेजना) को भी एकीकृत करना।

- **प्रभाव:**

- **स्वास्थ्य सेवाओं की पहुँच:** विशेषज्ञ चिकित्सा सलाह राज्य के दूरस्थ कोनों तक पहुँचेगी।

- **लागत और समय की बचत:** मरीजों को शहरों तक यात्रा करने की आवश्यकता कम होगी, जिससे उनका समय और पैसा बचेगा।

- **बीमारियों का शीघ्र निदान:** समय पर डॉक्टरी सलाह मिलने से बीमारियों का शीघ्र निदान और उपचार संभव होगा, जिससे गंभीर जटिलताओं और मृत्यु दर को कम किया जा सकता है।

- **प्राथमिक स्वास्थ्य देखभाल का सुदृढ़ीकरण:** यह मौजूदा प्राथमिक स्वास्थ्य ढांचे को मजबूत करेगा।

टेलीमेडिसिन बिहार के ग्रामीण स्वास्थ्य सेवा परिदृश्य में क्रांति ला सकता है, जिससे लाखों लोगों को बेहतर और सुलभ स्वास्थ्य सेवाएँ मिलेंगी।

1.5 सैटेलाइट आईटी सिटीज: विकास का विकेन्द्रीकरण

अध्याय 5 में हमने पटना के पास एक बड़ी, विश्व स्तरीय आईटी सिटी बनाने का प्रस्ताव रखा था। लेकिन बिहार जैसे बड़े और विविधतापूर्ण राज्य के लिए, विकास को केवल राजधानी तक सीमित रखना पर्याप्त नहीं है। विकास को विकेन्द्रीकृत (Decentralized) करने और उसके लाभों को राज्य के अन्य हिस्सों तक पहुँचाने के लिए, हमें सैटेलाइट आईटी सिटीज या आईटी पार्कों का एक नेटवर्क बनाने की आवश्यकता है।

- **अवधारणा:** पटना में मुख्य आईटी हब के साथ-साथ, राज्य के प्रत्येक संसदीय क्षेत्र (या कम से कम प्रत्येक प्रमंडल मुख्यालय या प्रमुख शहर) में छोटे से मध्यम आकार के आईटी पार्क या मिनी आईटी सिटीज स्थापित करना। उद्देश्य है एक विश्व स्तरीय, सौर ऊर्जा चालित, हरित आईटी सिटी का निर्माण करना, जो वैश्विक निवेश आकर्षित करे, लाखों उच्च-तकनीकी रोजगार पैदा करे और प्रवासी बिहारियों (NRBs - Non Resident Biharis) को वापस लौटने का

अवसर दे। राज्य के प्रत्येक प्रमंडल मुख्यालय या प्रमुख शहर में सौ एकड़ में वर्ल्ड क्लास सोलर पॉवर्ड ग्रीन आई टी सिटी निर्माण का प्रस्ताव है। हर आई टी सिटी में आई टी पार्क, हजारों रेजिडेंशियल फ्लैट्स, स्कूल, शौपिंग एंड रिक्रियेशन माल, हॉस्पिटल, गेस्ट हाउस का प्रस्ताव है। रेजिडेंशियल फ्लैट्स देश विदेश में बसे प्रवासी मैथिल को सब्सिडाइज दर में अलॉट करने का प्रस्ताव है, इससे ये स्किल्ड रिसोर्सेज बिहार आ के टीम लीड कर सकते हैं और लाखो जॉब्स जेनेरेट कर सकते हैं। अनुमानन वर्ष 2030 तक विश्व में 125 बिलियन सामान जैसे की घरेलु उत्पाद पंखा, लाइट, चूल्हा, ए सी कूलर वाशिंग मशीन टी वी फ्रीज़, ऑफिस उत्पाद, ट्रैफिक, इंफ्रास्ट्रक्चर इत्यादि इंटरनेट से जुड़ी होंगी। ए आई, ए आई ओ टी, बिग डाटा, मेटवर्स, डिजिटल ट्विन, सेमीकंडक्टर जैसी आधुनिक तकनीक क्षेत्र में कम से कम दस बारह करोड़ प्रशिक्षित लोगों की जरुरत होगी। यह बिहार के युवाओं के बौद्धिक टैलेंट का इस्तमाल कर कॉम्पिटिटिव दर पर उनका श्रम दुनिया को मुहैया करने का बड़ा अवसर है। हर शहर के हर कॉलेज में BCA/MCA कोर्स शुरू करने का प्रस्ताव है।

- **स्वरूप:** ये सैटेलाइट केंद्र मुख्य हब जितने बड़े नहीं होंगे (शायद 50-100 एकड़), लेकिन इनमें भी विश्व स्तरीय 'प्लग-एंड-प्ले' ऑफिस स्पेस, विश्वसनीय बिजली और इंटरनेट कनेक्टिविटी, और बुनियादी सहायक सुविधाएँ होंगी। इनमें स्कूल, अस्पताल, मॉल और आवासीय स्थान जैसी सामाजिक सुविधाएँ भी एकीकृत की जा सकती हैं ताकि एक आत्मनिर्भर छोटा टाउनशिप बन सके।

- **लक्ष्य:**

- छोटे और मध्यम आईटी उद्यमों (SMEs) और स्टार्टअप्स को आकर्षित करना जो शायद बड़ी आईटी सिटी का खर्च वहन न कर सकें।

- BPO/KPO और अन्य आईटी-सक्षम सेवाओं (ITeS) को लक्षित करना, जिनके लिए लागत एक प्रमुख कारक होती है।

- **स्थानीय प्रतिभा का उपयोग:** स्थानीय कॉलेजों और प्रशिक्षण संस्थानों से निकलने वाले युवाओं को उनके अपने क्षेत्र में रोजगार प्रदान करना, जिससे पलायन रुकेगा।

- **क्षेत्रीय विकास:** राज्य के पिछड़े क्षेत्रों में आधुनिक उद्योग और रोजगार लाना, जिससे क्षेत्रीय असंतुलन कम होगा।

- **एनआरबी (NRB) आकर्षण:** इन सैटेलाइट आईटी सिटीज में इकाइयाँ स्थापित करने या निवेश करने के लिए रियायती दरों पर स्थान या अन्य प्रोत्साहन दिए जा सकते हैं। रेजिडेंशियल फ्लैट्स देश विदेश में बसे प्रवासी मैथिल

को सब्सिडाइज दर में अलॉट करने का प्रस्ताव है, इससे ये स्किल्ड रिसोर्सेज बिहार आ के टीम लीड कर सकते हैं और लाखो जॉब्स जेनेरेट कर सकते हैं।

- क्रियान्वयन: इन्हें भी PPP मॉडल पर विकसित किया जा सकता है, जिसमें राज्य सरकार भूमि और बाहरी बुनियादी ढाँचा प्रदान करे और निजी डेवलपर्स आंतरिक विकास करें। इन्हें मुख्य आईटी सिटी और प्रस्तावित SEZs के साथ एकीकृत किया जाना चाहिए।

यह विकेन्द्रीकृत मॉडल सुनिश्चित करेगा कि आईटी क्रांति का लाभ पटना तक ही सीमित न रहे, बल्कि बिहार के कोने-कोने तक पहुँचे, जिससे अधिक समावेशी और संतुलित विकास होगा।

1.6 वैश्विक आईटी अवसर, निम्न लागत लाभ और कौशल विकास

बिहार के पास वैश्विक आईटी आउटसोर्सिंग बाजार में एक महत्वपूर्ण खिलाड़ी बनने का एक सुनहरा अवसर है, खासकर यदि वह अपनी 'निम्न लागत' (Low Cost) की अद्वितीय बिक्री प्रस्ताव (USP) का सही ढंग से लाभ उठाए।

* वैश्विक संदर्भ:

- AIoT का विस्फोट: जैसा कि उल्लेख है, 2030 तक दुनिया में 125 बिलियन AIoT (AI+IoT) डिवाइस होंगे, जिन्हें प्रबंधित करने के लिए 12.5 करोड़ (125 मिलियन) आईटी पेशेवरों की आवश्यकता होगी। यह एक विशाल अवसर है। भारत को इसमें से कम से कम 2 करोड़ नौकरियां लक्षित करनी चाहिए, जिससे 8-10 करोड़ अतिरिक्त अप्रत्यक्ष रोजगार पैदा होंगे।

- आउटसोर्सिंग का बदलता परिदृश्य: भारत के बड़े शहरों (बैंगलोर, हैदराबाद) में आईटी पेशेवरों का वेतन और परिचालन लागत काफी बढ़ गई है। अमेरिकी और यूरोपीय कंपनियाँ अब समान या कम लागत पर कनाडा, मैक्सिको, पूर्वी यूरोप (पोलैंड, पुर्तगाल, ग्रीस), या दक्षिण-पूर्व एशिया (वियतनाम, फिलीपींस) जैसे 'नियरशोर' (Nearshore) या 'अन्य ऑफशोर' (Other Offshore) स्थानों की ओर देख रही हैं, जहाँ समय क्षेत्र का अंतर भी कम होता है।

* बिहार का अवसर:

- निम्न लागत लाभ (Low cost advantage): बिहार, अपनी कम जीवनयापन लागत और बड़ी युवा आबादी के साथ, इन बड़े शहरों की तुलना में काफी कम लागत पर आईटी संसाधन प्रदान कर सकता है। यह बिहार की सबसे बड़ी USP बन सकती है।

- विशाल प्रतिभा पूल : यदि शिक्षा और कौशल विकास पर ध्यान दिया जाए, तो बिहार लाखों की संख्या में प्रशिक्षित आईटी पेशेवर तैयार कर सकता है।

* **लक्ष्य:** अगले 10-20 वर्षों में बिहार से 10-20 लाख निम्न-लागत (जैसे $500 - $1000 प्रति माह वेतन) वाले सॉफ्टवेयर पेशेवर वैश्विक बाजार के लिए तैयार करना। (World class IT/ITeS resource to world for low cost of $5000-10000 per year). यदि 5-10 लाख कर्मचारियों को भी औसतन $10,000 प्रति वर्ष पर वैश्विक कंपनियों को आउटसोर्स किया जाता है, तो यह 5-10 बिलियन डॉलर प्रति वर्ष आय(Revenue) उत्पन्न कर सकता है! इससे बिहार सरकार को Corporate Tax, GST, Employee Income Tax, PF & ESIC इत्यादि से सैकड़ों मिलियन डॉलर का राजस्व प्राप्त हो सकता है, यह बिहार की अर्थव्यवस्था के लिए एक क्रांतिकारी बदलाव होगा।

* **रणनीति:**

- कौशल विकास पर फोकस: बड़े पैमाने पर BCA/MCA और पॉलिटेक्निक स्नातकों को तैयार करना। ऑनलाइन शिक्षण प्लेटफार्मों (Udemy, Coursera आदि) का उपयोग करके विशिष्ट आईटी कौशलों (कोडिंग, टेस्टिंग, डेटा एंट्री, टेक सपोर्ट, IoT प्रबंधन) में तेजी से प्रशिक्षण प्रदान करना। प्रशिक्षण को उद्योग की जरूरतों के अनुरूप बनाना।

- बुनियादी ढाँचा: प्रस्तावित आईटी सिटी और सैटेलाइट आईटी पार्कों में कम लागत वाला, लेकिन विश्वसनीय बुनियादी ढाँचा (ऑफिस स्पेस, इंटरनेट, बिजली) प्रदान करना।

- सरकारी प्रोत्साहन: बिहार में अपनी इकाइयाँ स्थापित करने वाली या यहाँ से आउटसोर्सिंग करने वाली सॉफ्टवेयर कंपनियों को विशेष वित्तीय प्रोत्साहन (टैक्स छूट, सब्सिडी) प्रदान करना।

- मार्केटिंग: वैश्विक कंपनियों को बिहार के 'निम्न लागत, उच्च गुणवत्ता' मॉडल के बारे में आक्रामक रूप से प्रचारित करना।

- 'विन-विन' स्थिति: यह मॉडल वैश्विक कंपनियों के लिए लागत कम करेगा, बिहार के युवाओं को रोजगार देगा, और राज्य के लिए विदेशी मुद्रा अर्जित करेगा।

बिहार को इस वैश्विक अवसर को चूकना नहीं चाहिए। सही रणनीति और कार्यान्वयन के साथ, यह भारत का अगला बड़ा 'लो-कॉस्ट आईटी हब' बन सकता है।

1.7 आर्टिफिशियल इंटेलिजेंस (AI) और रोजगार: भय नहीं, अवसर का रूपांतरण

आर्टिफिशियल इंटेलिजेंस (AI) के बढ़ते प्रभाव को लेकर रोजगार खोने का भय स्वाभाविक है। यह सच है कि स्वचालन (Automation) और AI कुछ

पारंपरिक कार्यों को अप्रचलित बना सकते हैं, ठीक वैसे ही जैसे वाशिंग मशीन ने धोबियों के काम को, ऑटोरिक्शा, गाडी ने टमटम वालों को प्रभावित किया या कंप्यूटर ने कई लिपिकीय कार्यों को बदला। लेकिन इतिहास गवाह है कि हर तकनीकी क्रांति पुराने रोजगारों की जगह नए और अक्सर अधिक कुशल रोजगारों का सृजन करती है। वाशिंग मशीन ने निर्माण, आपूर्ति श्रृंखला, सर्विसिंग और बड़े पैमाने पर लॉन्ड्री सेवाओं जैसे नए क्षेत्र खोले। आईटी क्रांति ने सॉफ्टवेयर डेवलपमेंट, डेटा विश्लेषण, डिजिटल मार्केटिंग जैसे करोड़ों नए रोजगार पैदा किए, जिनकी पहले कल्पना भी नहीं की जा सकती थी।

इसी तरह, AI भी डेटा वैज्ञानिक, AI प्रशिक्षक, एथिक्स ऑफिसर, AI सिस्टम मेंटेनर, रोबोटिक्स इंजीनियर और AI-संचालित सेवाओं जैसे अनगिनत नए भूमिकाओं और उद्योगों को जन्म देगा। चुनौती नौकरियों के खत्म होने की नहीं, बल्कि कौशल के रूपांतरण (Skill Transformation) की है। हमें डरने के बजाय, अपने युवाओं और कार्यबल को AI और संबंधित उभरती प्रौद्योगिकियों में प्रशिक्षित करने पर ध्यान केंद्रित करना होगा। शिक्षा प्रणाली को भविष्य के इन कौशलों को अपनाने की जरूरत है। AI हमारी उत्पादकता (Productivity) बढ़ा सकता है, नए समाधान खोज सकता है और जीवन की गुणवत्ता में सुधार कर सकता है। इसे एक खतरे के रूप में देखने के बजाय, हमें इसे एक अवसर के रूप में अपनाना चाहिए और इसके लाभों को सभी तक पहुँचाने के लिए तैयार रहना चाहिए।

1.8 रचनात्मक उद्योगों के लिए डिजिटल हब: स्थानीय प्रतिभा, वैश्विक मंच

बिहार में कला, संगीत, कहानी कहने और प्रदर्शन कला की एक समृद्ध परंपरा है, लेकिन स्थानीय कलाकारों और प्रतिभाओं को अक्सर अपनी रचनात्मकता को पेशेवर रूप से प्रस्तुत करने और उससे आजीविका कमाने के लिए आवश्यक संसाधनों और मंचों का अभाव होता है। डिजिटल मीडिया और जेनरेटिव AI इस खाई को पाट सकते हैं।

* **अवधारणा:** राज्य के प्रमुख शहरों और धीरे-धीरे जिला स्तरों पर अत्याधुनिक 'डिजिटल क्रिएटिव हब' या 'फिल्म स्टूडियो' स्थापित करना, जो स्थानीय कलाकारों, संगीतकारों, फिल्म निर्माताओं, कंटेंट क्रिएटर्स और इन्फ्लुएंसर्स को विश्व स्तरीय सुविधाएँ और प्रशिक्षण प्रदान करें।

* **परियोजना:**

1. स्टूडियोइन्फ्रास्ट्रक्चरः इनहबमेंनिम्नलिखितसुविधाएँहोंगी:

* हाई-डेफिनिशन वीडियो रिकॉर्डिंग और एडिटिंग सूटः ग्रीन स्क्रीन, आधुनिक कैमरे, लाइटिंग, एडिटिंग सॉफ्टवेयर।

* प्रोफेशनल ऑडियो रिकॉर्डिंग और मिक्सिंग स्टूडियोः संगीत रिकॉर्डिंग, डबिंग, वॉयस-ओवर, पॉडकास्ट निर्माण के लिए।

* एनिमेशन और VFX लैब्सः 2D/3D एनिमेशन, विजुअल इफेक्ट्स बनाने के लिए आवश्यक हार्डवेयर और सॉफ्टवेयर (जैसे Blender - ओपन सोर्स)।

* GenAI आधारितरचनात्मकउपकरणः

- संगीत निर्माण (Music Generation): AI टूल जो स्थानीय लोक धुनों या मूड के आधार पर पृष्ठभूमि संगीत या नई धुनें बनाने में मदद करें।

- स्क्रिप्ट लेखन सहायताः AI टूल जो कहानी के विचार विकसित करने, संवाद लिखने या स्क्रिप्ट का अनुवाद करने में मदद करें।

- इमेज/वीडियो जनरेशनः AI टूल जो दृश्यों, पात्रों या मार्केटिंग सामग्री के लिए छवियाँ या वीडियो क्लिप उत्पन्न करें।

2. प्रशिक्षणपाठ्यक्रमः

* फिल्म निर्माण, वीडियो एडिटिंग, साउंड इंजीनियरिंग, एनिमेशन, VFX, डिजिटल मार्केटिंग, सोशल मीडिया कंटेंट क्रिएशन, और GenAI रचनात्मक उपकरणों का उपयोग करने पर व्यावसायिक प्रशिक्षण पाठ्यक्रम चलाना।

* स्थानीय कलाकारों को अपनी कला (जैसे मधुबनी) को डिजिटल प्रारूप में ढालने का प्रशिक्षण देना।

3. बहुभाषीसामग्रीनिर्माणपरजोरः

* कलाकारों और कंटेंट क्रिएटर्स को न केवल हिंदी, मैथिली, भोजपुरी आदि में, बल्कि प्रमुख अंतरराष्ट्रीय भाषाओं (अंग्रेजी, फ्रेंच, जर्मन, स्पेनिश, जापानी आदि) में भी सामग्री (जैसे सबटाइटल, डबिंग, मूल सामग्री) बनाने के लिए प्रोत्साहित और प्रशिक्षित करना। इससे उनकी पहुँच वैश्विक दर्शकों तक बढ़ेगी। विदेशी भाषा सीखने पर विशेष जोर देना होगा।

4. मंचऔरनेटवर्किंगः

* इन हब को स्थानीय प्रतिभाओं के लिए नेटवर्किंग, सहयोग और प्रदर्शन का केंद्र बनाना।

* राष्ट्रीय और अंतरराष्ट्रीय फिल्म समारोहों, OTT प्लेटफार्मों, विज्ञापन एजेंसियों और गेमिंग कंपनियों के साथ संबंध स्थापित करना ताकि स्थानीय प्रतिभाओं को अवसर मिल सके।

* प्रभावः

- गुणवत्तापूर्ण सामग्री निर्माण: स्थानीय कलाकार और क्रिएटर्स पेशेवर गुणवत्ता वाली ऑडियो-विजुअल सामग्री बना सकेंगे।

- रोजगार सृजन: फिल्म निर्माण, संगीत, एनिमेशन, गेमिंग, डिजिटल मार्केटिंग और कंटेंट क्रिएशन जैसे रचनात्मक उद्योगों (Creative Industries) में हजारों नए रोजगार पैदा होंगे।

- सांस्कृतिक निर्यात: बिहार की कहानियों, संगीत और कला को वैश्विक दर्शकों तक पहुँचाया जा सकेगा, जिससे राज्य की सॉफ्ट पावर बढ़ेगी।

- प्रतिभा पलायन पर रोक: स्थानीय प्रतिभाओं को राज्य में ही विश्व स्तरीय सुविधाएँ और अवसर मिलेंगे।

- वैश्विक कॉल सेंटर/सहायता: विदेशी भाषा में प्रशिक्षित युवा वैश्विक कॉल सेंटरों या वर्चुअल असिस्टेंट नौकरियों के लिए भी तैयार होंगे।

यह पहल बिहार को एक प्रमुख 'क्रिएटिव हब' के रूप में स्थापित कर सकती है, जो न केवल आर्थिक विकास में योगदान देगा, बल्कि राज्य की सांस्कृतिक पहचान को भी समृद्ध करेगा।

1.9 निष्कर्ष: डिजिटल भविष्य की ओर बिहार की उड़ान

डिजिटल प्रौद्योगिकी बिहार के लिए केवल एक विकल्प नहीं, बल्कि एक अनिवार्यता है। विश्वविद्यालयों को भविष्य की प्रौद्योगिकी के लिए तैयार करना, डिजिटल माध्यमों से गुणवत्तापूर्ण शिक्षा और स्वास्थ्य को हर गाँव तक पहुँचाना, विकास को विकेन्द्रीकृत करने के लिए सैटेलाइट आईटी सिटीज का निर्माण करना, और वैश्विक आईटी अवसरों का लाभ उठाने के लिए निम्न-लागत कौशल पूल विकसित करना - ये सभी कदम मिलकर बिहार को 21वीं सदी की ज्ञान अर्थव्यवस्था में एक लंबी छलांग लगाने में सक्षम बनाएंगे। यह डिजिटल क्रांति न केवल लाखों रोजगार पैदा करेगी और पलायन रोकेगी, बल्कि यह शासन में पारदर्शिता लाएगी, सेवाओं की गुणवत्ता में सुधार करेगी और अंततः बिहार के हर नागरिक के जीवन को बेहतर बनाएगी। यह बिहार के सूर्योदय का डिजिटल आयाम है।

खंड 2: आर्थिक विविधीकरण और वैश्विक जुड़ाव

2.1 प्रस्तावना: कृषि और शिल्प से वैश्विक बाजार तक

बिहार की अर्थव्यवस्था वर्तमान में काफी हद तक कृषि और प्रवासियों द्वारा भेजे गए धन (रेमिटेंस) पर निर्भर है। औद्योगिक आधार कमजोर है और सेवा क्षेत्र अविकसित। यह निर्भरता अर्थव्यवस्था को कमजोर और अस्थिर बनाती है। स्थायी और समावेशी विकास के लिए अर्थव्यवस्था का विविधीकरण

(Diversification) और उसे उच्च मूल्य वर्धित गतिविधियों (High Value-added Activities) तथा वैश्विक बाजारों (Global Markets) से जोड़ना अनिवार्य है।

बिहार के पास कृषि और पारंपरिक शिल्पों में अपार क्षमता है, लेकिन किसान और कारीगर अक्सर बिचौलियों के शोषण, बाजार तक पहुँच की कमी और मूल्यवर्धन के अभाव के कारण गरीबी में जीने को मजबूर हैं। दूसरी ओर, पर्यटन की अपार संभावनाएं भी काफी हद तक अछूती रह गई हैं।

यह खंड कुछ ऐसे नवोन्मेषी विचारों और रणनीतियों पर केंद्रित है जो बिहार के किसानों, कारीगरों (विशेषकर महिलाओं) और पर्यटन क्षेत्र को सीधे राष्ट्रीय और अंतरराष्ट्रीय बाजारों से जोड़कर उनकी आय बढ़ाने, रोजगार सृजित करने और राज्य की अर्थव्यवस्था को मजबूत करने में मदद कर सकते हैं। इसमें शामिल हैं: किसानों को सीधे उपभोक्ताओं से जोड़ने वाली 'फार्म-टू-किचन' योजना, ग्रामीण महिलाओं और कारीगरों के लिए ई-कॉमर्स सशक्तिकरण, बिहार के शहरों और गांवों को यूरोपीय समकक्षों के साथ जोड़ने वाली 'ट्विन सिटीज' पहल, और बिहार के कृषि उत्पादों के लिए प्रत्यक्ष निर्यात के अवसर तलाशना।

2.2 फार्म-टू-किचन योजना: किसानों के लिए सीधा बाजार, उपभोक्ताओं के लिए ताजा उत्पाद

बिहार के किसान, विशेषकर छोटे और सीमांत किसान, अक्सर अपनी उपज को स्थानीय मंडियों में बिचौलियों को औने-पौने दाम पर बेचने को मजबूर होते हैं। कटाई के बाद के नुकसान (Post-harvest losses) भी अधिक होते हैं। दूसरी ओर, शहरों में उपभोक्ता ताजा, गुणवत्तापूर्ण और उचित मूल्य पर कृषि उत्पाद प्राप्त करने के लिए संघर्ष करते हैं। इस खाई को पाटने के लिए 'फार्म-टू-किचन' (Farm-to-Kitchen) योजना एक क्रांतिकारी कदम हो सकती है।

- अवधारणा: एक ऐसी प्रणाली विकसित करना जहाँ किसान अपनी उपज (फल, सब्जियाँ, अनाज, दालें, दूध आदि) को बिना बिचौलियों के सीधे शहरी उपभोक्ताओं या बड़े खरीदारों (जैसे रेस्तरां, होटल, रिटेल चेन) तक पहुँचा सकें।

- कार्यान्वयन के कदम:

1. किसान उत्पादक संगठनों (FPOs) का सुदृढ़ीकरण: किसानों को FPOs या सहकारी समितियों में संगठित करना। ये संगठन उपज के एकत्रीकरण (Aggregation), छंटाई (Sorting), ग्रेडिंग और प्राथमिक प्रसंस्करण (Primary processing) का कार्य करेंगे।

2. **डिजिटल प्लेटफॉर्म (ऐप/वेबसाइट):** एक उपयोगकर्ता-अनुकूल मोबाइल ऐप और वेबसाइट विकसित करना जहाँ:

- किसान अपनी उपलब्ध उपज और अपेक्षित मूल्य को सूचीबद्ध कर सकें।

- उपभोक्ता (व्यक्तिगत या संस्थागत) सीधे किसानों या FPOs से ऑर्डर कर सकें।

- पारदर्शी मूल्य निर्धारण और सुरक्षित ऑनलाइन भुगतान की व्यवस्था हो।

3. **लॉजिस्टिक्स और सप्लाई चेन इन्फ्रास्ट्रक्चर:** यह योजना की सफलता के लिए सबसे महत्वपूर्ण है।

- **गांव स्तर पर संग्रह केंद्र (Collection Centres):** FPOs द्वारा संचालित संग्रह केंद्र जहाँ किसान अपनी उपज ला सकें। यहाँ बुनियादी छंटाई, ग्रेडिंग और पैकेजिंग की सुविधा हो।

- **कोल्ड स्टोरेज नेटवर्क:** ग्रामीण और शहरी हब पर कोल्ड स्टोरेज और रेफ्रिजरेटेड वैन का एक नेटवर्क स्थापित करना ताकि जल्दी खराब होने वाली वस्तुओं (फल, सब्जियाँ, दूध) को ताजा रखा जा सके। इसे PPP मॉडल पर विकसित किया जा सकता है।

- **कुशल परिवहन:** संग्रह केंद्रों से शहरी वितरण हब या सीधे उपभोक्ताओं तक उपज को तेजी से पहुँचाने के लिए एक कुशल परिवहन नेटवर्क (छोटे ट्रक, रेफ्रिजरेटेड वैन) स्थापित करना। इसमें स्थानीय युवाओं को परिवहन उद्यमी बनने के लिए प्रोत्साहित किया जा सकता है।

- **अंतिम छोर तक डिलीवरी (Last-mile Delivery):** शहरी क्षेत्रों में उपभोक्ताओं तक सीधी डिलीवरी के लिए स्थानीय डिलीवरी नेटवर्क (जैसे ई-कॉमर्स कंपनियाँ करती हैं) स्थापित करना।

4. **गुणवत्ता आश्वासन और पता लगाने की क्षमता (Traceability):** उपज की गुणवत्ता सुनिश्चित करने के लिए मानक तय करना और उपभोक्ताओं को यह जानने की सुविधा देना कि उत्पाद किस खेत से आया है (QR कोड आदि के माध्यम से)।

5. **क्षमता निर्माण:** किसानों और FPOs को गुणवत्ता प्रबंधन, पैकेजिंग, डिजिटल प्लेटफॉर्म का उपयोग और बुनियादी व्यावसायिक कौशल में प्रशिक्षित करना। अतः गाँव-गाँव रोजगारोन्मुख वोकेशनल एवं कंप्यूटर प्रशिक्षण केंद्!

- **प्रभाव:**

- **किसानों की आय में वृद्धि:** बिचौलियों के हटने से किसानों को उनकी उपज का बेहतर मूल्य मिलेगा, जिससे उनकी आय में उल्लेखनीय वृद्धि हो सकती है।

- उपभोक्ताओं को लाभ: उपभोक्ताओं को ताजा, गुणवत्तापूर्ण उत्पाद उचित मूल्य पर सीधे खेत से मिलेंगे।

- नुकसान में कमी: बेहतर सप्लाई चेन से कटाई के बाद होने वाले नुकसान में कमी आएगी।

- रोजगार सृजन: लॉजिस्टिक्स, पैकेजिंग, वितरण, आईटी प्लेटफॉर्म प्रबंधन आदि में नए रोजगार पैदा होंगे।

- कृषि विविधीकरण: बेहतर बाजार मिलने से किसान उच्च मूल्य वाली फसलों (High-value crops) की खेती के लिए प्रोत्साहित होंगे।

यह योजना बिहार के कृषि क्षेत्र में क्रांति ला सकती है और किसानों तथा उपभोक्ताओं दोनों के लिए फायदेमंद साबित हो सकती है।

2.3 ई-कॉमर्स सशक्तिकरण: गाँव की महिलाओं और कारीगरों के लिए वैश्विक बाजार

बिहार के गाँवों में लाखों महिलाएँ और कारीगर हैं जिनके पास अद्भुत पारंपरिक कौशल (जैसे सिलाई, बुनाई, कढ़ाई, हस्तशिल्प, मधुबनी पेंटिंग, सिक्की घास कला, टेराकोटा) है, लेकिन बाजार तक पहुँच न होने के कारण वे अपनी प्रतिभा को आय में परिवर्तित नहीं कर पाते और अक्सर गरीबी में जीवनयापन करते हैं। ई-कॉमर्स (E-commerce) उन्हें सीधे वैश्विक ग्राहकों से जोड़ने और वित्तीय स्वतंत्रता प्राप्त करने का एक अभूतपूर्व अवसर प्रदान करता है।

- अवधारणा: ग्रामीण महिलाओं, स्वयं सहायता समूहों (SHGs) और कारीगरों को आवश्यक कौशल, बुनियादी ढाँचा और समर्थन प्रदान करना ताकि वे अपने द्वारा बनाए गए उत्पादों (जैसे वस्त्र, हस्तशिल्प, घर की सजावट के सामान, पारंपरिक खाद्य उत्पाद) को Amazon, Flipkart, Etsy जैसे राष्ट्रीय और अंतरराष्ट्रीय ई-कॉमर्स प्लेटफॉर्म पर सीधे बेच सकें।

- कार्यान्वयन के कदम:

1. कौशल विकास और उत्पाद डिजाइन:

- कारीगरों को न केवल उनके पारंपरिक कौशल में निखार लाने, बल्कि आधुनिक बाजार के रुझानों (Market Trends) और गुणवत्ता मानकों के अनुसार उत्पाद डिजाइन करने का प्रशिक्षण देना।

- पैकेजिंग, ब्रांडिंग और उत्पाद फोटोग्राफी का प्रशिक्षण देना।

2. डिजिटल साक्षरता और ई-कॉमर्स प्रशिक्षण:

- महिलाओं और कारीगरों को स्मार्टफोन और इंटरनेट का उपयोग करना सिखाना। अतः गाँव-गाँव रोजगारोन्मुख वोकेशनल एवं कंप्यूटर प्रशिक्षण केंद्र!

- ई-कॉमर्स प्लेटफॉर्म पर अपना स्टोर कैसे बनाएं, उत्पादों को कैसे सूचीबद्ध करें, ऑर्डर कैसे प्रबंधित करें, ऑनलाइन भुगतान कैसे प्राप्त करें, और ग्राहक सेवा कैसे प्रदान करें - इसका व्यावहारिक प्रशिक्षण देना।

3. सामुदायिक सुविधा केंद्र (Common Facility Centres - CFCs):

- पंचायत या ब्लॉक स्तर पर CFCs स्थापित करना जहाँ कारीगरों को साझा कार्य स्थान (Co-working space), बेहतर उपकरण (जैसे सिलाई मशीन, डिजाइनिंग सॉफ्टवेयर), उत्पाद फोटोग्राफी स्टूडियो , पैकेजिंग सामग्री और उच्च गति इंटरनेट की सुविधा मिल सके।

- ये CFCs प्रशिक्षण केंद्र और उत्पादों के संग्रह तथा शिपिंग के लिए हब के रूप में भी काम कर सकते हैं।

4. लॉजिस्टिक्स और शिपिंग सहायता:

- ई-कॉमर्स प्लेटफॉर्म और लॉजिस्टिक्स कंपनियों (जैसे इंडिया पोस्ट, निजी कूरियर कंपनियाँ) के साथ साझेदारी करके ग्रामीण क्षेत्रों से उत्पादों की पिकअप और शिपिंग की एक सस्ती और विश्वसनीय व्यवस्था बनाना। CFCs इस प्रक्रिया को सुगम बना सकते हैं।

5. वित्त तक पहुँच: कारीगरों और SHGs को कच्चा माल खरीदने और अपना व्यवसाय बढ़ाने के लिए माइक्रो-क्रेडिट (Micro-credit) या आसान ऋण उपलब्ध कराना।

6. गुणवत्ता नियंत्रण और ब्रांडिंग: उत्पादों की गुणवत्ता सुनिश्चित करने के लिए एक तंत्र विकसित करना। 'बिहार क्राफ्ट' या 'मिथिला मेड' जैसे सामूहिक ब्रांड (Collective Brand) बनाने पर विचार करना ताकि उत्पादों को प्रामाणिकता और पहचान मिले।

- प्रभाव:

- वित्तीय स्वतंत्रता: यह पहल लाखों ग्रामीण महिलाओं और कारीगरों को बिचौलियों से मुक्त करके सीधे ग्राहकों से जोड़ेगी, जिससे उनकी आय कई गुना बढ़ सकती है और वे वित्तीय रूप से स्वतंत्र बन सकेंगी।

- महिला सशक्तिकरण: यह विशेष रूप से महिलाओं को आर्थिक और सामाजिक रूप से सशक्त बनाएगी।

- पारंपरिक कलाओं का संरक्षण: जब कला लाभकारी होगी, तो युवा पीढ़ी भी उसे अपनाने के लिए प्रेरित होगी, जिससे बिहार की लुप्त होती पारंपरिक कलाएं

और शिल्प पुनर्जीवित होंगे।

- ग्रामीण अर्थव्यवस्था को बढ़ावा: इससे ग्रामीण क्षेत्रों में गैर-कृषि आय के स्रोत पैदा होंगे और स्थानीय अर्थव्यवस्था मजबूत होगी।

- 'मेक इन बिहार' को बढ़ावा: यह 'मेक इन इंडिया' और 'आत्मनिर्भर भारत' के साथ-साथ 'मेक इन बिहार' की भावना को भी मजबूत करेगा।

यह ई-कॉमर्स सशक्तिकरण पहल बिहार के गाँवों में छिपी हुई उद्यमशीलता की भावना को उजागर कर सकती है और लाखों लोगों के जीवन में वास्तविक बदलाव ला सकती है।

2.4 ट्विन सिटीज विद यूरोप: सांस्कृतिक आदान-प्रदान से पर्यटन तक

बिहार की समृद्ध सांस्कृतिक विरासत और ग्रामीण जीवन का अनुभव अंतरराष्ट्रीय पर्यटकों, विशेष रूप से यूरोपीय लोगों, के लिए एक बड़ा आकर्षण हो सकता है जो प्रामाणिक और अनूठे अनुभवों की तलाश में रहते हैं। लेकिन वर्तमान में बिहार अंतरराष्ट्रीय पर्यटन मानचित्र पर लगभग नगण्य है। इस स्थिति को बदलने के लिए, हमें सक्रिय रूप से वैश्विक जुड़ाव बनाना होगा।

- अवधारणा: बिहार के कुछ चुनिंदा शहरों (जैसे पटना, राजगीर, बोधगया, दरभंगा) और यहाँ तक कि कुछ सांस्कृतिक रूप से समृद्ध गांवों को यूरोप के समान आकार और रुचि वाले शहरों या क्षेत्रों के साथ 'ट्विन सिटी' (Twin City) या 'सिस्टर सिटी' (Sister City) के रूप में जोड़ना। इस साझेदारी का उपयोग सांस्कृतिक आदान-प्रदान, पर्यटन को बढ़ावा देने और ज्ञान साझा करने के लिए किया जा सकता है।

- कार्यान्वयन के कदम:

1. भागीदार शहरों/क्षेत्रों का चयन: यूरोप में ऐसे शहरों या क्षेत्रों की पहचान करना जिनकी बिहार के शहरों/गांवों के साथ ऐतिहासिक, सांस्कृतिक या आर्थिक समानताएं हों, या जहाँ भारतीय संस्कृति में रुचि हो।

2. औपचारिक साझेदारी स्थापित करना: दोनों तरफ की स्थानीय सरकारों (नगर पालिकाओं, जिला परिषदों) के बीच औपचारिक समझौता ज्ञापन (MoU) पर हस्ताक्षर करना।

3. सांस्कृतिक आदान-प्रदान कार्यक्रम: छात्रों, कलाकारों, कारीगरों, शिक्षकों और पेशेवरों के लिए नियमित आदान-प्रदान कार्यक्रम आयोजित करना। कला प्रदर्शनियों, संगीत समारोहों और फिल्म समारोहों का आयोजन करना।

4. पर्यटन को बढ़ावा:

- यूरोपीय टूर ऑपरेटरों और ट्रैवल एजेंटों को लक्षित करना: उन्हें बिहार के 'ट्विन सिटी' क्षेत्रों और गांवों का दौरा करने के लिए आमंत्रित करना और उन्हें विशेष टूर पैकेज विकसित करने के लिए प्रोत्साहित करना।

- ग्रामीण और अनुभवात्मक पर्यटन: बिहार के सांस्कृतिक रूप से समृद्ध गांवों (जैसे मधुबनी पेंटिंग वाले गांव, पारंपरिक हस्तशिल्प वाले गांव, ऐतिहासिक पृष्ठभूमि वाले गांव) को 'पर्यटन ग्राम' के रूप में विकसित करना। यहाँ यूरोपीय पर्यटकों के लिए 1-2 सप्ताह के प्रवास (Stay) की व्यवस्था करना, जहाँ वे:

- स्थानीय परिवारों के साथ होमस्टे (Homestay) में रह सकें।

- स्थानीय संस्कृति, कला, शिल्प और संगीत का प्रत्यक्ष अनुभव कर सकें।

- मैथिल या बिहारी व्यंजनों को बनाना और चखना सीख सकें।

- कृषि गतिविधियों या स्थानीय त्योहारों में भाग ले सकें।

- **बुनियादी ढाँचा:** इन गांवों में पर्यटकों के लिए स्वच्छ आवास (होमस्टे का उन्नयन), पश्चिमी शैली के शौचालय, स्थानीय गाइड (जिन्हें अंग्रेजी या अन्य यूरोपीय भाषा का बुनियादी ज्ञान हो) और सुरक्षा सुनिश्चित करना।

- **पर्यटकों की सुरक्षा :** पर्यटन को बढ़ावा देने और पर्यटकों की सुरक्षा सुनिश्चित करने के लिए प्रभावी कदम उठाना बेहद आवश्यक है। वर्तमान समय में पर्यटकों को सुरक्षा की चिंता बनी रहती है, जिससे राज्य की छवि और पर्यटन पर नकारात्मक असर पड़ता है। 24x7 हेल्पलाइन नंबर, उपग्रह (सैटेलाइट) पुलिस स्टेशन, और प्रमुख पर्यटन स्थलों व राष्ट्रीय राजमार्गों पर नियमित गश्ती व्यवस्था की शुरुआत की जानी चाहिए। इसके साथ-साथ एक आधिकारिक Twitter (X) हैंडल भी बनाया जाए जो किसी भी शिकायत या सवाल का 5 मिनट के अंदर जवाब दे और शिकायत की गंभीरता के अनुसार 30 मिनट के भीतर मौके पर सहायता पहुंचाई जाए। इस योजना से पर्यटकों के मन में सुरक्षा का भरोसा बढ़ेगा, बिहार की सकारात्मक छवि बनेगी और पर्यटन के माध्यम से राज्य की अर्थव्यवस्था को मजबूती मिलेगी।

- **दरभंगा हवाई अड्डा:** दरभंगा हवाई अड्डा, जो वर्तमान में घरेलू उड़ानों के लिए कार्यरत है, यदि इसे अंतरराष्ट्रीय हवाई अड्डे के रूप में विकसित किया जाए, तो यह न केवल काठमांडू के विकल्प के रूप में कार्य कर सकता है, बल्कि बिहार के लिए एक बड़ा आर्थिक अवसर भी बन सकता है। पर्यटक सीधे दरभंगा में लैंड कर बिहार की सांस्कृतिक विरासत का अनुभव कर सकते हैं और फिर सड़क मार्ग से नेपाल की ओर यात्रा कर सकते हैं। इससे दो देशों के पर्यटन को बल मिलेगा। साथ ही, दरभंगा को एक एयर कार्गो हब के रूप में विकसित करने से स्थानीय कृषि,

मछलीपालन, हस्तशिल्प और उद्योगों के उत्पादों को वैश्विक बाजारों में भेजा जा सकेगा। इससे न केवल राज्य की अर्थव्यवस्था को गति मिलेगी, बल्कि युवाओं के लिए रोजगार और व्यापार के नए अवसर भी पैदा होंगे। जो वर्तमान में घरेलू उड़ानों के लिए कार्यरत है, यदि इसे अंतरराष्ट्रीय हवाई अड्डे के रूप में विकसित किया जाए, तो यह न केवल काठमांडू के विकल्प के रूप में कार्य कर सकता है, बल्कि बिहार के लिए एक बड़ा आर्थिक अवसर भी बन सकता है। पर्यटक सीधे दरभंगा में लैंड कर बिहार की सांस्कृतिक विरासत का अनुभव कर सकते हैं और फिर सड़क मार्ग से नेपाल की ओर यात्रा कर सकते हैं। इससे दो देशों के पर्यटन को बल मिलेगा।

5. **ज्ञान साझाकरण:** शहरी नियोजन, अपशिष्ट प्रबंधन, नवीकरणीय ऊर्जा, या शिक्षा जैसे क्षेत्रों में यूरोपीय शहरों के सर्वोत्तम अभ्यासों (Best Practices) से सीखना और उन्हें बिहार में अपनाने की संभावना तलाशना।

- प्रभाव:

- **अंतरराष्ट्रीय पर्यटन में वृद्धि:** इससे बिहार में, विशेषकर ग्रामीण क्षेत्रों में, उच्च-व्यय करने वाले अंतरराष्ट्रीय पर्यटकों का आगमन बढ़ेगा।

- **स्थानीय आय और रोजगार:** होमस्टे, स्थानीय गाइड, कारीगरों और छोटे भोजनालयों के लिए आय के नए अवसर पैदा होंगे।

- **सांस्कृतिक समझ और सद्भावना:** दोनों क्षेत्रों के लोगों के बीच आपसी समझ और सद्भावना बढ़ेगी।

- **बिहार की वैश्विक छवि में सुधार:** यह बिहार को एक पिछड़े राज्य की छवि से निकालकर एक सांस्कृतिक रूप से समृद्ध और स्वागत करने वाले गंतव्य के रूप में प्रस्तुत करेगा।

यह 'ट्विन सिटीज' पहल बिहार को दुनिया से जोड़ने और उसकी सॉफ्ट पावर (Soft Power) का उपयोग करके आर्थिक लाभ प्राप्त करने का एक अनूठा तरीका हो सकती है।

2.5 प्रत्यक्ष कृषि-निर्यात: यूरोप के बाजार पर नजर

यूरोप में लगभग 2 मिलियन (20 लाख) भारतीय मूल के लोग रहते हैं (स्रोत: NRIOL.com)। वे अक्सर भारतीय फल और सब्जियाँ खरीदना पसंद करते हैं, लेकिन ये वहाँ बहुत महंगी होती हैं (6 से 12 यूरो प्रति किलो तक)। वर्तमान में, इनमें से अधिकांश उत्पाद हवाई मार्ग से गुजरात जैसे राज्यों के निर्यातकों द्वारा भेजे जाते हैं, जो अक्सर अन्य राज्यों से माल खरीदते हैं और फिर निर्यात करते हैं। बिहार, जो उच्च गुणवत्ता वाले फल (आम, लीची), सब्जियाँ और अन्य कृषि

उत्पाद उगाता है, के पास इस आकर्षक यूरोपीय बाजार में सीधे प्रवेश करने का एक बड़ा अवसर है।

- **अवधारणा:** बिहार के किसान उत्पादक संगठनों (FPOs) या सहकारी समितियों को सीधे यूरोपीय बाजारों (विशेषकर भारतीय किराना स्टोर, रेस्तरां और आयातक) को ताजा फल और सब्जियाँ हवाई मार्ग से निर्यात (Direct Export) करने के लिए सक्षम और सुगम बनाना।

- **कार्यान्वयन के कदम:**

1. **निर्यात-योग्य उपज की पहचान और उत्पादन:** यूरोपीय बाजार की मांग के अनुरूप उच्च गुणवत्ता वाले, निर्यात-मानकों (जैसे GlobalG.A.P.) को पूरा करने वाले फलों और सब्जियों (जैसे जर्दालु आम, शाही लीची, हरी मिर्च, परवल, भिंडी) के उत्पादन को बढ़ावा देना।

2. **किसान समूहों का गठन और क्षमता निर्माण:** किसानों को FPOs या निर्यात-केंद्रित सहकारी समितियों में संगठित करना। उन्हें निर्यात प्रक्रियाओं, गुणवत्ता मानकों, फाइटोसैनिटरी आवश्यकताओं (Phytosanitary requirements) और पैकेजिंग के बारे में प्रशिक्षित करना। किसानों, व्यवासियों को एक्सपोर्ट प्रक्रिया, लाइसेंस पर प्रशिक्षण देना एवं एक्सपोर्ट लाइसेंस मुहैया करवाना।

3. **कटाई के बाद प्रबंधन और कोल्ड चेन:** उत्पादों की ताजगी बनाए रखने के लिए फार्म स्तर पर प्री-कूलिंग इकाइयाँ, पैक हाउस, कोल्ड स्टोरेज और रेफ्रिजरेटेड परिवहन का एक निर्बाध कोल्ड चेन नेटवर्क स्थापित करना।

4. **एयर कार्गो सुविधाएँ:** पटना हवाई अड्डे पर perishable cargo (जल्दी खराब होने वाले माल) के लिए समर्पित एयर कार्गो टर्मिनल और कस्टम क्लीयरेंस सुविधाओं का विकास करना। यूरोपीय गंतव्यों के लिए सीधी या कनेक्टिंग कार्गो उड़ानों की व्यवस्था करना। दरभंगा हवाई अड्डा, जो वर्तमान में घरेलू उड़ानों के लिए कार्यरत है, यदि इसे अंतरराष्ट्रीय हवाई अड्डे के रूप में विकसित किया जाए, तो यह न केवल काठमांडू के विकल्प के रूप में कार्य कर सकता है, बल्कि बिहार के लिए एक बड़ा आर्थिक अवसर भी बन सकता है। साथ ही, दरभंगा को एक एयर कार्गो हब के रूप में विकसित करने से स्थानीय कृषि, मछलीपालन, हस्तशिल्प और उद्योगों के उत्पादों को वैश्विक बाजारों में भेजा जा सकेगा। इससे न केवल राज्य की अर्थव्यवस्था को गति मिलेगी, बल्कि युवाओं के लिए रोजगार और व्यापार के नए अवसर भी पैदा होंगे।

5. बाजार संपर्क: यूरोप में भारतीय डायस्पोरा स्टोर, आयातकों और वितरकों के साथ सीधे संबंध स्थापित करना। ऑनलाइन B2B प्लेटफॉर्म का उपयोग करना।

6. सरकारी सहायता: निर्यातकों को वित्तीय प्रोत्साहन (जैसे निर्यात सब्सिडी), ऋण सुविधाएँ और प्रमाणन प्राप्त करने में सहायता प्रदान करना।

- प्रभाव:

- किसानों को बेहतर मूल्य: सीधे निर्यात से बिचौलिए खत्म होंगे और किसानों को उनकी उपज का काफी बेहतर मूल्य मिलेगा।

- विदेशी मुद्रा अर्जन: राज्य के लिए बहुमूल्य विदेशी मुद्रा अर्जित होगी।

- रोजगार सृजन: उत्पादन, प्रसंस्करण, पैकेजिंग, लॉजिस्टिक्स और निर्यात प्रबंधन में नए रोजगार पैदा होंगे।

- बिहार की ब्रांडिंग: बिहार के कृषि उत्पादों को अंतरराष्ट्रीय पहचान मिलेगी।

यह पहल बिहार के कृषि क्षेत्र को वैश्विक बाजार से जोड़कर किसानों की आय बढ़ाने और राज्य की अर्थव्यवस्था को मजबूत करने का एक महत्वपूर्ण अवसर प्रदान करती है।

2.6 खंड निष्कर्ष: स्थानीय क्षमता से वैश्विक समृद्धि

बिहार की वास्तविक शक्ति उसके खेतों, उसके गांवों और उसके लोगों के कौशल में निहित है। 'फार्म-टू-किचन' योजना किसानों को सशक्त बनाएगी, ई-कॉमर्स ग्रामीण महिलाओं और कारीगरों के लिए वैश्विक बाजार खोलेगा, 'ट्विन सिटीज' पहल सांस्कृतिक आदान-प्रदान और पर्यटन को बढ़ावा देगी, और प्रत्यक्ष कृषि-निर्यात बिहार के उत्पादों को दुनिया भर में पहुँचाएगा। ये सभी पहलें अर्थव्यवस्था के विविधीकरण, स्थानीय आय में वृद्धि, रोजगार सृजन और वैश्विक जुड़ाव के माध्यम से बिहार के समग्र पुनर्निर्माण में महत्वपूर्ण योगदान देंगी। यह दिखाता है कि सही रणनीति और समर्थन के साथ, बिहार अपनी स्थानीय शक्तियों का उपयोग करके वैश्विक अवसरों का लाभ उठा सकता है।

खंड 3: रणनीतिक निवेशक आउटरीच: बिहार में निवेश का आमंत्रण

3.1 प्रस्तावना: निवेश क्यों और कैसे आकर्षित करें?

"बिहार समृद्धि पंचसूत्री" और इस अध्याय में प्रस्तावित अन्य महत्वाकांक्षी योजनाओं (जैसे सैटेलाइट आईटी सिटीज, कृषि निर्यात बुनियादी ढाँचा) को साकार करने के लिए भारी मात्रा में निजी निवेश (Private Investment) की आवश्यकता होगी। सरकारी संसाधन अकेले पर्याप्त नहीं हो सकते। लेकिन सवाल यह उठता है, जो मैं खुद से बीस साल से पूछता आ रहा हूँ: "कोई निवेशक पहले से

फलते-फूलते राज्यों या देशों के बजाय बिहार क्यों आएगा?"

यह एक वैध और महत्वपूर्ण प्रश्न है। बिहार की पिछली छवि (पिछड़ापन, खराब बुनियादी ढाँचा, लालफीताशाही, कानून-व्यवस्था की समस्याएँ) निवेशकों को हतोत्साहित करती रही है। इस धारणा को बदलने और बिहार को एक आकर्षक निवेश गंतव्य (Attractive Investment Destination) के रूप में प्रस्तुत करने के लिए एक प्रोएक्टिव, रणनीतिक और लक्षित निवेशक आउटरीच अभियान की आवश्यकता है। हमें केवल इंतजार नहीं करना है कि निवेशक खुद आएं, बल्कि हमें सक्रिय रूप से उन तक पहुँचना होगा, उन्हें बिहार की बदलती तस्वीर दिखानी होगी, उन्हें यहाँ निवेश करने के ठोस कारण (Unique Selling Points - USPs) बताने होंगे, और उन्हें हर कदम पर सुविधा तथा समर्थन प्रदान करना होगा। यह खंड उसी रणनीतिक आउटरीच योजना की रूपरेखा प्रस्तुत करता है।

3.2 बिहार की यूएसपी (USPs) और आकर्षक प्रस्ताव तैयार करना

निवेशकों को आकर्षित करने के लिए, हमें स्पष्ट रूप से बताना होगा कि बिहार उन्हें क्या अद्वितीय लाभ प्रदान करता है। सिर्फ कम लागत ही काफी नहीं है।

* संभावित यूएसपी:

- विशाल और बढ़ता बाजार: बिहार की बड़ी युवा आबादी एक महत्वपूर्ण उपभोक्ता बाजार है।

- रणनीतिक स्थान: पूर्वी भारत का प्रवेश द्वार, नेपाल और पूर्वी राज्यों तक पहुँच। प्रस्तावित जलमार्गों और राजमार्गों से बेहतर कनेक्टिविटी।

- प्रचुर प्राकृतिक संसाधन: उपजाऊ भूमि, जल संसाधन (प्रबंधन के बाद), और कुछ खनिज।

- कम परिचालन लागत: बड़े शहरों की तुलना में भूमि, श्रम और अन्य परिचालन लागतें कम होना (विशेषकर प्रस्तावित आईटी हब और SEZs में)।

- उपलब्ध और प्रशिक्षित होने योग्य श्रमशक्ति: बड़ी संख्या में युवा आबादी, जिसे लक्षित कौशल विकास कार्यक्रमों (जैसे आईटी, परिधान, खाद्य प्रसंस्करण) के माध्यम से प्रशिक्षित किया जा सकता है।

- आकर्षक प्रोत्साहन: राज्य सरकार द्वारा प्रदान की जाने वाली विशेष सब्सिडी, टैक्स छूट, और अन्य वित्तीय प्रोत्साहन (इन्हें और अधिक प्रतिस्पर्धी और पारदर्शी बनाने की आवश्यकता है)।

- सुधारवादी सरकार (Projected): निवेश को सुगम बनाने और 'ईज ऑफ डूइंग बिजनेस' में सुधार के लिए प्रतिबद्ध सरकार की छवि प्रस्तुत करना।

- **विशिष्ट क्षेत्रों में अवसरः** खाद्य प्रसंस्करण, वस्त्र, आईटी/आईटीईएस (निम्न लागत), चमड़ा, पर्यटन, नवीकरणीय ऊर्जा जैसे क्षेत्रों में विशेष अवसर।

- **आकर्षक प्रस्तावः** इन यूएसपी के आधार पर, विभिन्न क्षेत्रों (Sectors) के निवेशकों के लिए लक्षित निवेश प्रस्ताव (Tailored Investment Proposals) तैयार करने होंगे। इनमें स्पष्ट रूप से बताया जाना चाहिए कि बिहार में निवेश करने से उन्हें क्या लाभ होगा, कौन सी सब्सिडी और प्रोत्साहन उपलब्ध हैं, भूमि आवंटन की प्रक्रिया क्या है, और उन्हें किस प्रकार का समर्थन मिलेगा।

3.3 लक्षित विपणन और संचार अभियान (Targeted Marketing & Communication Campaign)

सही निवेशकों तक पहुँचने और उन्हें बिहार की क्षमता के बारे में बताने के लिए एक पेशेवर और आक्रामक विपणन अभियान चलाना होगा।

* **लक्ष्य दर्शक (Target Audience):** संभावित निवेशक (घरेलू और अंतरराष्ट्रीय), उद्योग संघ, निवेश सलाहकार, वेंचर कैपिटलिस्ट, प्रवासी बिहारी (NRIs), और विदेशी दूतावास/वाणिज्य दूतावास।

* **संचार सामग्री (Marketing Content):**

- **सफलता की कहानियाँ (Success Stories):** बिहार में पहले से सफल उद्यमों और उद्योगों के आकर्षक 30-सेकंड के वीडियो प्रशंसापत्र (Video Testimonials) बनाना। वास्तविक उद्यमियों को अपनी कहानी बताते हुए दिखाना अधिक प्रभावी होता है।

- **यूएसपी वीडियो और ग्राफिक्सः** बिहार की यूएसपी (प्रोत्साहन, सब्सिडी, टैक्स ब्रेक, कुशल कार्यबल, कम लागत लाभ आदि) को उजागर करने वाले संक्षिप्त, प्रभावशाली वीडियो और इन्फोग्राफिक्स बनाना। इन्हें लक्षित निवेशकों की जरूरतों के अनुरूप ढालना।

- **बुनियादी ढाँचा वीडियोः** मौजूदा और नियोजित बुनियादी ढाँचा परियोजनाओं (SEZs, आईटी पार्क, भूमि उपलब्धता और आवंटन प्रक्रिया, कनेक्टिविटी - सड़क, रेल, वायु, जलमार्ग, बिजली और नवीकरणीय ऊर्जा क्षमता, डिजिटल इन्फ्रा - ऑप्टिकल फाइबर, टेक पार्क) को उजागर करने वाले छोटे वीडियो बनाना।

- **क्षेत्र-विशिष्ट ब्रोशर और प्रस्तुतियाँः** खाद्य प्रसंस्करण, आईटी, वस्त्र आदि जैसे प्राथमिकता वाले क्षेत्रों के लिए विस्तृत जानकारी और निवेश के अवसरों वाले ब्रोशर और प्रस्तुतियाँ तैयार करना।

* **निवेश पोर्टल:** एक व्यापक और उपयोगकर्ता-अनुकूल वेबसाइट (निवेश पोर्टल) बनाना जहाँ सभी प्रासंगिक जानकारी, नीतियाँ, आवेदन पत्र और संपर्क विवरण उपलब्ध हों।

* **संचार चैनल (Communication Channels):**

- डिजिटल और सोशल मीडिया अभियान: लिंक्डइन (LinkedIn), ट्विटर (X), यूट्यूब, इंस्टाग्राम जैसे प्लेटफार्मों पर एक लक्षित प्रचार अभियान शुरू करना। संक्षिप्त, उच्च-प्रभाव वाले वीडियो सामग्री का उपयोग करना। संभावित निवेशकों और प्रभावशाली लोगों को लक्षित करने के लिए डिजिटल विज्ञापन का उपयोग करना।

- राष्ट्रीय और अंतर्राष्ट्रीय मीडिया: प्रमुख व्यापारिक समाचार पत्रों, पत्रिकाओं और टीवी चैनलों में लेख, विज्ञापन और साक्षात्कार प्रकाशित/प्रसारित करना।

- निवेश शिखर सम्मेलन और रोड शो: बिहार में और देश के प्रमुख शहरों तथा विदेशों (जैसे दुबई, सिंगापुर, लंदन, न्यूयॉर्क) में निवेश शिखर सम्मेलनों (Investment Summits) और रोड शो (Roadshows) का आयोजन करना।

- उद्योग संघों के साथ भागीदारी: CII, FICCI, NASSCOM जैसे राष्ट्रीय और अंतरराष्ट्रीय उद्योग संघों के साथ मिलकर कार्यक्रमों का आयोजन करना और उनके नेटवर्क का लाभ उठाना।

3.4 व्यक्तिगत आउटरीच और संबंध निर्माण

मास मार्केटिंग के अलावा, प्रमुख निवेशकों तक व्यक्तिगत रूप से पहुँचना और उनके साथ संबंध बनाना अत्यंत महत्वपूर्ण है।

* **व्यक्तिगत निमंत्रण:** प्राथमिकता वाले क्षेत्रों (Prioritized Sectors) के प्रमुख निवेशकों और निर्णय लेने वालों (CEOs, MDs) को व्यक्तिगत रूप से बिहार आने और अवसरों को देखने के लिए आमंत्रित करना। उन्हें राज्य के शीर्ष नेतृत्व (मुख्यमंत्री, मंत्री, वरिष्ठ अधिकारी) से मिलने का अवसर प्रदान करना।

* **एनआरआई और दूतावासों तक पहुँच:**

- प्रभावशाली एनआरआई: देश-विदेश में बसे प्रभावशाली और सफल बिहारियों (NRIs) की पहचान करना और उनसे संपर्क साधना। उन्हें बिहार में निवेश करने या निवेश लाने में मदद करने के लिए प्रेरित करना। उन्हें 'बिहार का ब्रांड एंबेसडर' बनाना।

- वाणिज्य दूतावास: 'मेक इन इंडिया' और भारत में निवेश को बढ़ावा देने में सक्रिय भारतीय दूतावासों और वाणिज्य दूतावासों से संपर्क करना। उनके माध्यम से विदेशी निवेशकों तक पहुँचना। प्रभावशाली व्यक्तियों से संपर्क कर यूरोप में

बिहार की निवेश क्षमता का प्रचार करने का अनुरोध करना।

- **संबंध प्रबंधन (Relationship Management):** संभावित निवेशकों के साथ निरंतर संवाद बनाए रखना, उनकी शंकाओं का समाधान करना और उन्हें हर संभव सहायता प्रदान करना।

3.5 समर्पित निवेशक सहायता प्रणाली

निवेशकों को आकर्षित करने और उन्हें बनाए रखने के लिए एक कुशल और उतरदायी सहायता प्रणाली आवश्यक है।

* **एकल खिड़की प्रणाली (Single Window System):** सभी आवश्यक मंजूरी (भूमि, पर्यावरण, बिजली, पानी, श्रम आदि) प्राप्त करने के लिए एक वास्तविक, प्रभावी और समयबद्ध एकल खिड़की प्रणाली स्थापित करना। यह केवल नाम के लिए नहीं, बल्कि वास्तव में काम करने वाली होनी चाहिए।

* **समर्पित निवेशक सहायता हेल्पडेस्कः** एक 24x7 समर्पित निवेशक सहायता हेल्पडेस्क/हेल्पलाइन स्थापित करना, जहाँ निवेशक किसी भी जानकारी, सहायता या शिकायत के लिए संपर्क कर सकें। यह हेल्पडेस्क बहुभाषी होनी चाहिए और प्रशिक्षित पेशेवरों द्वारा संचालित होनी चाहिए।

* **इन्वेस्टमेंट प्रमोशन एजेंसीः** एक पेशेवर और स्वायत्त 'इन्वेस्ट बिहार' (Invest Bihar) जैसी एजेंसी का गठन करना जो निवेश प्रोत्साहन, सुविधा प्रदान करने और निवेशक संबंध प्रबंधन के लिए जिम्मेदार हो।

3.6 खंड निष्कर्ष: बिहार को निवेश के लिए तैयार करना

बिहार में निजी निवेश आकर्षित करना एक बड़ी चुनौती है, लेकिन यह असंभव नहीं है। इसके लिए केवल नीतियां बनाना या प्रोत्साहन देना ही काफी नहीं है, बल्कि एक समग्र, रणनीतिक और निरंतर प्रयास की आवश्यकता है। बिहार को अपनी यूएसपी को पहचानना होगा, एक आकर्षक प्रस्ताव तैयार करना होगा, लक्षित विपणन अभियान चलाना होगा, प्रमुख निवेशकों तक व्यक्तिगत रूप से पहुँचना होगा, और उन्हें हर कदम पर विश्व स्तरीय समर्थन प्रदान करना होगा। यदि इन कदमों को ईमानदारी और व्यावसायिकता के साथ उठाया जाए, तो बिहार निश्चित रूप से निवेशकों का विश्वास जीत सकता है और राज्य के औद्योगिक तथा आर्थिक विकास के लिए आवश्यक पूंजी आकर्षित कर सकता है। यह 'निवेशक बिहार क्यों आएगा?' प्रश्न का सकारात्मक उतर देने का तरीका है।

खंड 4: प्रणालीगत सुधार और राजनीतिक संवेदनशीलताएं

प्रस्तावनाः अनदेखी सच्चाइयों का सामना

बिहार का पुनर्निर्माण केवल आर्थिक और ढाँचागत परियोजनाओं तक ही सीमित नहीं रह सकता। हमें कुछ ऐसी गहरी प्रणालीगत समस्याओं और संवेदनशील राजनीतिक वास्तविकताओं का भी सामना करना होगा, जिन्हें अक्सर अनदेखा कर दिया जाता है या जिन पर बात करने से बचा जाता है। ये मुद्दे भले ही विवादास्पद हों, लेकिन ये राज्य के भविष्य, उसकी सामाजिक संरचना और उसकी लोकतांत्रिक प्रक्रियाओं को गहराई से प्रभावित करते हैं।

इस खंड में, हम दो संवेदनशील मुद्दों पर विचार करेंगे: पहला, सीमांचल क्षेत्र में मतदाता सूचियों में कथित असामान्य वृद्धि और उससे जुड़े संभावित मुद्दे; और दूसरा, एक अलग मिथिला राज्य की बढ़ती मांग और उसके राजनीतिक निहितार्थ। इन मुद्दों पर चर्चा का उद्देश्य किसी विशेष पक्ष का समर्थन करना या विवाद खड़ा करना नहीं है, बल्कि इन वास्तविकताओं को स्वीकार करना और उनके संभावित प्रभावों तथा समाधानों पर एक संतुलित परिप्रेक्ष्य प्रस्तुत करना है। क्योंकि जब तक हम इन अनदेखी या असुविधाजनक सच्चाइयों का सामना नहीं करते, तब तक बिहार का समग्र और स्थायी पुनर्निर्माण अधूरा रह सकता है।

4.1 सीमांचल मतदाता सूची विसंगति: पारदर्शिता और जांच की आवश्यकता

* **उठाया गया मुद्दा:** एक गंभीर चिंता है कि सीमांचल क्षेत्र (पूर्णिया, कटिहार, अररिया, किशनगंज) की कुछ विधानसभाओं में कुछ वर्षों के दौरान मतदाताओं की संख्या में अविश्वसनीय रूप से 200 से 1000 प्रतिशत की वृद्धि हुई थी। ये मतदाता संभावित रूप से अवैध बांग्लादेशी अप्रवासी हो सकते हैं, सुझाव दिया है कि चुनाव आयोग से 1990 के बाद से सीमांचल क्षेत्र की विधानसभाओं में मतदाताओं की वार्षिक वृद्धि का आधिकारिक डेटा मांगा जाए और इसे विधानसभा तथा मीडिया में साझा किया जाए ताकि शीर्ष नेतृत्व का ध्यान आकर्षित हो सके।

* **संवेदनशीलता और महत्व:** यह एक अत्यंत संवेदनशील मुद्दा है, जिसके गंभीर राजनीतिक, सामाजिक और राष्ट्रीय सुरक्षा संबंधी निहितार्थ हो सकते हैं। मतदाता सूचियों में अप्राकृतिक वृद्धि वास्तव में चिंता का विषय है और यह चुनावी प्रक्रिया की शुचिता पर सवाल खड़े करती है। यदि यह वृद्धि अवैध अप्रवासन के कारण है, तो यह राष्ट्रीय सुरक्षा और स्थानीय जनसांख्यिकी संतुलन के लिए भी खतरा है।

* **प्रस्तावित दृष्टिकोण और कार्रवाई:**

1. **आधिकारिक डेटा का सत्यापन:** सबसे पहला और महत्वपूर्ण कदम है बिहार चुनाव आयोग (Election Commission of Bihar) से आधिकारिक तौर

पर 1990 से लेकर अब तक सीमांचल क्षेत्र की सभी विधानसभाओं के लिए मतदाताओं की वार्षिक वृद्धि दर (Year-on-Year Growth Rate) का डेटा प्राप्त करना। यह डेटा सार्वजनिक रूप से उपलब्ध होना चाहिए।

2. डेटा का विश्लेषण: प्राप्त आधिकारिक डेटा का निष्पक्ष और गहन विश्लेषण किया जाना चाहिए ताकि यह पता लगाया जा सके कि क्या वास्तव में कुछ विधानसभाओं में अप्राकृतिक या असामान्य वृद्धि हुई है। इस विश्लेषण में जन्म दर, मृत्यु दर, और आंतरिक प्रवासन जैसे कारकों को भी ध्यान में रखा जाना चाहिए।

3. पारदर्शिता और सार्वजनिक प्रकटीकरण: यदि विश्लेषण में महत्वपूर्ण विसंगतियाँ पाई जाती हैं, तो इन तथ्यों को पूरी पारदर्शिता के साथ विधानसभा के पटल पर और मीडिया के माध्यम से जनता के सामने रखा जाना चाहिए। उद्देश्य भय फैलाना या किसी समुदाय को लक्षित करना नहीं, बल्कि चुनावी प्रक्रिया में पारदर्शिता और जवाबदेही की मांग करना होना चाहिए।

4. चुनाव आयोग से जांच का अनुरोध: यदि डेटा असामान्य वृद्धि की पुष्टि करता है, तो भारत के चुनाव आयोग से इन विसंगतियों की उच्च-स्तरीय और निष्पक्ष जांच कराने का अनुरोध किया जाना चाहिए। जांच में यह पता लगाया जाना चाहिए कि इस वृद्धि के कारण क्या थे, क्या इसमें अवैध पंजीकरण शामिल था, और यदि हाँ, तो इसके लिए कौन जिम्मेदार था।

5. मतदाता सूची का शुद्धिकरण: जांच के निष्कर्षों के आधार पर, चुनाव आयोग को मतदाता सूचियों के सत्यापन और शुद्धिकरण (Verification and Purification) के लिए एक विशेष अभियान चलाना चाहिए ताकि यह सुनिश्चित हो सके कि केवल पात्र भारतीय नागरिक ही मतदाता सूची में शामिल हों। आधार और अन्य बायोमेट्रिक डेटा का उपयोग इस प्रक्रिया में सहायक हो सकता है।

6. सुरक्षा पहलुओं पर ध्यान: यदि अवैध अप्रवासन की पुष्टि होती है, तो गृह मंत्रालय और संबंधित सुरक्षा एजेंसियों को सीमा प्रबंधन और अवैध घुसपैठ को रोकने के लिए आवश्यक कदम उठाने चाहिए।

* सावधानी: इस मुद्दे को उठाते समय अत्यधिक सावधानी बरतने की आवश्यकता है ताकि इसे सांप्रदायिक या राजनीतिक रंग न दिया जा सके। फोकस चुनावी प्रक्रिया की शुचिता, पारदर्शिता और राष्ट्रीय सुरक्षा पर होना चाहिए, न कि किसी विशेष समुदाय या राजनीतिक दल पर। तथ्यों को जिम्मेदारी से प्रस्तुत किया जाना चाहिए।

* **प्रभाव:** इस मुद्दे को सही ढंग से उठाने से न केवल चुनावी प्रक्रिया में सुधार हो सकता है, बल्कि यह राष्ट्रीय सुरक्षा और सीमा प्रबंधन जैसे महत्वपूर्ण मुद्दों पर भी ध्यान आकर्षित कर सकता है। यह शासन में पारदर्शिता और जवाबदेही की मांग को भी मजबूत करेगा।

4.2 पृथक मिथिला राज्य आंदोलन: आकांक्षाएँ और राजनीतिक यथार्थ

* **पृष्ठभूमि:** बिहार के उत्तरी भाग, जिसे ऐतिहासिक और सांस्कृतिक रूप से मिथिला क्षेत्र के रूप में जाना जाता है (जिसमें मोटे तौर पर दरभंगा, मधुबनी, सीतामढ़ी, समस्तीपुर, सहरसा, सुपौल, मधेपुरा, और आसपास के जिले शामिल हैं), में एक पृथक मिथिला राज्य बनाने की मांग दशकों से समय-समय पर उठती रही है। हाल के वर्षों में, युवा कार्यकर्ताओं के बीच यह आंदोलन फिर से गति पकड़ता दिख रहा है।

* **मांग के आधार:** इस मांग के पीछे कई कारण बताए जाते हैं:

- **विशिष्ट सांस्कृतिक और भाषाई पहचान:** मिथिला की अपनी अनूठी मैथिली भाषा, समृद्ध साहित्य (विद्यापति), कला (मधुबनी पेंटिंग), और विशिष्ट सामाजिक-सांस्कृतिक परंपराएं हैं, जिन्हें अलग राज्य में बेहतर संरक्षण और बढ़ावा मिल सकता है।

- **आर्थिक पिछड़ापन और उपेक्षा:** मिथिला क्षेत्र के लोगों में यह भावना व्याप्त है कि पटना स्थित राज्य सरकार द्वारा उनके क्षेत्र की लगातार उपेक्षा की गई है, खासकर बाढ़ नियंत्रण, औद्योगिक विकास और बुनियादी ढांचे के मामले में। उन्हें लगता है कि अलग राज्य बनने से क्षेत्र का विकास तेजी से होगा।

- **प्रशासनिक सुगमता:** छोटे राज्य का प्रशासन अधिक कुशल और जन-केंद्रित हो सकता है।

* **चुनौतियाँ और जटिलताएँ:**

- **राजनीतिक सहमति:** नए राज्य के गठन के लिए व्यापक राजनीतिक सहमति और संवैधानिक प्रक्रिया की आवश्यकता होती है, जो आसान नहीं है। हालाँकि, बिहार के प्रमुख राजनितिक दलों ने मिथिला राज्य के गठन पर सहमति जताई है।

- **आर्थिक व्यवहार्यता:** क्या प्रस्तावित मिथिला राज्य आर्थिक रूप से आत्मनिर्भर हो पाएगा? संसाधनों का बँटवारा कैसे होगा?

- **सीमांकन विवाद:** राज्य की सटीक सीमाएँ क्या होंगी, इसे लेकर विवाद हो सकता है।

*** क्या छोटा राज्य समाधान है?:** यह भी बहस का विषय है कि क्या केवल राज्य का बंटवारा ही विकास की गारंटी है, या समस्या शासन और नीतियों की है (जैसा झारखंड के अनुभव से भी कुछ हद तक दिखता है)।

*** निष्कर्ष और दृष्टिकोण:** पृथक मिथिला राज्य की मांग एक वास्तविक सामाजिक-राजनीतिक आकांक्षा है जिसे पूरी तरह से खारिज नहीं किया जा सकता। इसकी व्यवहार्यता, लाभ और हानियों पर एक खुला और ईमानदार विमर्श होना चाहिए। हालाँकि, राज्य का बंटवारा या केंद्र शासित प्रदेश बनाना जैसे कदम अत्यंत जटिल हैं और इनके दूरगामी परिणाम होते हैं। इन पर कोई भी निर्णय लेने से पहले व्यापक विचार-विमर्श, सभी हितधारकों की सहमति और राष्ट्रीय एकता तथा संघीय ढांचे के सिद्धांतों को ध्यान में रखना अनिवार्य है। इस पुस्तक का उद्देश्य इस मांग का समर्थन या विरोध करना नहीं, बल्कि इसे बिहार के राजनीतिक परिदृश्य की एक महत्वपूर्ण वास्तविकता के रूप में स्वीकार करना और इसके विभिन्न पहलुओं पर विचार करना है।

4.4 खंड निष्कर्ष: संवेदनशील मुद्दों का समाधान

सीमांचल में मतदाता सूची की विसंगतियाँ और पृथक मिथिला राज्य की मांग जैसे मुद्दे बिहार के भविष्य से जुड़े संवेदनशील लेकिन महत्वपूर्ण पहलू हैं। इन्हें नजरअंदाज करने या दबाने से समस्याएँ और बढ़ सकती हैं। आवश्यकता है कि इन मुद्दों को पारदर्शिता, तथ्यों और लोकतांत्रिक संवाद के माध्यम से संबोधित किया जाए। मतदाता सूची की शुचिता सुनिश्चित करना लोकतंत्र के लिए अनिवार्य है, जबकि क्षेत्रीय आकांक्षाओं को समझना और उनका सम्मान करना संघीय ढांचे के लिए महत्वपूर्ण है। इन मुद्दों का समाधान ढूँढना बिहार के समग्र और स्थायी पुनर्निर्माण की प्रक्रिया का एक अभिन्न अंग होना चाहिए, जिसमें सभी पक्षों को ध्यान में रखा जाए और राष्ट्रीय हित तथा संवैधानिक मूल्यों को सर्वोपरि रखा जाए।

खंड 5: कार्यान्वयन, निगरानी और सामूहिक आह्वान

5.1 प्रस्तावना: योजनाओं से यथार्थ तक का सफर

इस पुस्तक में, विशेषकर अध्याय 5, 6, 7 और इस विशेष पूरक अध्याय में, हमने बिहार के पुनर्निर्माण के लिए एक महत्वाकांक्षी और बहुआयामी रोडमैप प्रस्तुत किया है – जिसमें अद्भुत समृद्धि नहर से लेकर सैटेलाइट आईटी सिटीज़ तक, और ई-कॉमर्स सशक्तिकरण से लेकर भ्रष्टाचार उन्मूलन तक अनेक योजनाएँ और सुधार शामिल हैं। लेकिन सबसे अच्छी योजनाएँ भी केवल कागजों पर रह जाती हैं यदि उन्हें प्रभावी ढंग से लागू (Implement) न किया जाए,

उनकी निगरानी (Monitor) न की जाए, और उनके प्रति सामूहिक प्रतिबद्धता (Collective Commitment) न हो।

यह अंतिम खंड इसी महत्वपूर्ण पहलू पर केंद्रित है। हम देखेंगे कि इन सपनों को हकीकत में बदलने के लिए क्या आवश्यक है, कैसे कार्यान्वयन की प्रक्रिया को सुनिश्चित किया जाए, और कैसे बिहार के हर नागरिक और हितधारक को इस नव-निर्माण के महायज्ञ में अपनी भूमिका निभाने के लिए प्रेरित किया जाए।

5.2 कार्यान्वयन के लिए 'बिहार रिवाइवल फोरम': एक समन्वयकारी और निगरानी निकाय

इतनी व्यापक और परस्पर जुड़ी हुई योजनाओं के सफल कार्यान्वयन के लिए एक समर्पित, अधिकार प्राप्त और बहु-हितधारक समन्वय तथा निगरानी निकाय की स्थापना अत्यंत महत्वपूर्ण है।

- प्रस्ताव: जैसा कि मेरे पहले के प्रस्तावों में शामिल है, एक Offcial "बिहार रिवाइवल फोरम" (या बिहार पुनर्निर्माण प्राधिकरण) का गठन किया जाना चाहिए।

- संरचना: इसमें सरकार (मुख्यमंत्री कार्यालय, मुख्य सचिव, संबंधित मंत्री/ सचिव), विशेषज्ञ (तकनीकी, आर्थिक, सामाजिक, पर्यावरणीय), नागरिक समाज, निजी क्षेत्र, शिक्षाविद और प्रवासी बिहारियों के प्रतिनिधि शामिल हों। यह एक स्वायत्त निकाय होना चाहिए जिसे राजनीतिक हस्तक्षेप से मुक्त रखा जाए।

- कार्य:

- एकीकृत कार्य योजना: पंचसूत्री परियोजना और अन्य सभी संबंधित पहलों को मिलाकर एक विस्तृत, समयबद्ध और एकीकृत मास्टर कार्य योजना (Integrated Master Action Plan) तैयार करना, जिसमें प्रत्येक कार्य के लिए जिम्मेदार एजेंसी, लक्ष्य, मील के पत्थर (Milestones) और प्रदर्शन संकेतक (KPIs) स्पष्ट रूप से परिभाषित हों।

- अंतर-विभागीय समन्वय: विभिन्न सरकारी विभागों और एजेंसियों के बीच प्रभावी समन्वय सुनिश्चित करना, ताकि साइलो (Silos) में काम न हो।

- निगरानी और मूल्यांकन (M&E): परियोजनाओं की प्रगति की नियमित और कठोर निगरानी करना (जैसे हर तिमाही)। आधुनिक तकनीकों (जैसे डैशबोर्ड, जियो-टैगिंग, ड्रोन) का उपयोग करना। स्वतंत्र तृतीय-पक्ष मूल्यांकन (Third-party evaluation) कराना।

- बाधा निवारण: कार्यान्वयन में आने वाली बाधाओं (जैसे भूमि अधिग्रहण, मंजूरी में देरी, वित्तपोषण की समस्या) को सक्रिय रूप से पहचानना और उन्हें दूर

करने के लिए हस्तक्षेप करना।

- पारदर्शिता और संचार: सभी योजनाओं, प्रगति रिपोर्टों और व्यय का विवरण सार्वजनिक डोमेन में उपलब्ध कराना। जनता के साथ निरंतर संवाद बनाए रखना।

- नीतिगत सलाह: सरकार को दीर्घकालिक नीतिगत मुद्दों पर विशेषज्ञ सलाह प्रदान करना।

- वित्तपोषण: फोरम के संचालन के लिए राज्य बजट में एक समर्पित कोष (जैसे सैकड़ों करोड़ रुपये का प्रारंभिक अनुमान) का प्रावधान होना चाहिए।

यह फोरम बिहार के पुनर्निर्माण के प्रयासों के लिए एक 'कमांड सेंटर' और 'थिंक एंड एक्शन टैंक' के रूप में कार्य करेगा, जो कार्यान्वयन को गति देगा और जवाबदेही सुनिश्चित करेगा।

5.3 अतीत से सीख: गलतियों को न दोहराना, सफलताओं को अपनाना

"बचपन से सुनता आया हूँ कि बीती ताहि बिसारिये, बीत गई जो बात गई।" लेकिन इतिहास हमें सिखाता है कि जो कौमें अपने अतीत से नहीं सीखतीं, वे उन्हीं गलतियों को दोहराने के लिए अभिशप्त होती हैं। बिहार के पुनर्निर्माण के लिए, हमें अपने अतीत से सही सबक लेने होंगे:

* ज्ञान और शिक्षा का महत्व: नालंदा और विक्रमशिला की विरासत हमें याद दिलाती है कि ज्ञान और शिक्षा ही प्रगति की कुंजी हैं। हमें शिक्षा को सर्वोच्च प्राथमिकता देनी होगी और उसे गुणवत्तापूर्ण तथा प्रासंगिक बनाना होगा।

*- शांति और सहिष्णुता का मार्ग: अशोक का धम्म और गांधी का सत्याग्रह हमें सिखाते हैं कि हिंसा और घृणा से विनाश ही होता है, जबकि शांति, सहिष्णुता और भाईचारे से ही स्थायी विकास संभव है। हमें विभाजनकारी राजनीति को नकारना होगा।

* सुशासन की अनिवार्यता: मौर्य साम्राज्य का कुशल प्रशासन और शेरशाह के सुधार हमें याद दिलाते हैं कि प्रभावी और ईमानदार शासन विकास के लिए कितना महत्वपूर्ण है। हमें भ्रष्टाचार और अक्षमता को जड़ से उखाड़ना होगा।

* जल प्रबंधन का पारंपरिक ज्ञान: 'पग-पग पोखर' की संस्कृति हमें सिखाती है कि स्थानीय और पारंपरिक ज्ञान अक्सर आधुनिक समस्याओं का टिकाऊ समाधान प्रदान कर सकता है। हमें अपनी जड़ों की ओर लौटना होगा।

* विफलताओं से सीखना: हमें अतीत की विफलताओं – चाहे वह बाढ़ नियंत्रण के असफल प्रयास हों, बंद पड़ी चीनी मिलें हों, या लागू न हो पाई योजनाएँ हों – का ईमानदारी से विश्लेषण करना होगा ताकि हम उन गलतियों को न दोहराएं।

अतीत हमारा मार्गदर्शक बन सकता है, यदि हम उससे सही सबक लें।

5.4 शांति और शिक्षा पर स्थायी जोर: विकास की कुंजी

यद्यपि यह पुस्तक मुख्य रूप से बिहार पर केंद्रित है, लेकिन ये राष्ट्रीय और अंतरराष्ट्रीय मुद्दे – प्रौद्योगिकी का दुरुपयोग, निगरानी, भ्रष्टाचार का गठजोड़, दुष्प्रचार, सामाजिक विघटन और नागरिक सतर्कता की आवश्यकता – उल्लेखनीय रूप से प्रासंगिक हैं। बिहार भी इन्हीं राष्ट्रीय प्रवृत्तियों और चुनौतियों से अछूता नहीं है।

प्रौद्योगिकी के दुरुपयोग के साथ-साथ, एक और गंभीर समस्या जो लोकतंत्र और राष्ट्र के विकास को कमजोर कर रही है, वह है राजनीति, पूंजीवाद और भ्रष्टाचार का बढ़ता हुआ अपवित्र गठजोड़। यह एक ऐसा तंत्र है जिसमें सत्ता का उपयोग व्यक्तिगत और कॉर्पोरेट लाभ के लिए किया जाता है, जिससे न केवल सरकारी खजाने को भारी नुकसान होता है, बल्कि आम करदाताओं पर बोझ बढ़ता है, सामाजिक ताना-बाना बिखरता है और देश की संप्रभुता भी प्रभावित हो सकती है।

हाल के वर्षों में पेगासस (Pegasus) जैसे अत्यंत परिष्कृत स्पाइवेयर के कथित उपयोग ने पूरी दुनिया में चिंता पैदा की है। यह स्पाइवेयर किसी व्यक्ति के फोन में घुसकर उसकी लगभग हर गतिविधि – कॉल, मैसेज, ईमेल, लोकेशन, कैमरा, माइक्रोफोन – पर नजर रख सकता है। मूल रूप से इसे केवल सरकारी एजेंसियों को आतंकवाद और गंभीर अपराधों से लड़ने के लिए बेचा जाता था। लेकिन आरोप लगे हैं कि कई देशों में सरकारों ने इसका इस्तेमाल पक्ष-विपक्ष के नेताओं, अपने-परायों, पत्रकारों, मानवाधिकार कार्यकर्ताओं, न्यायाधीशों और अन्य प्रभावशाली व्यक्तियों की जासूसी करने के लिए किया।

यह एक प्रकार की 'जीरो ट्रस्ट' (Zero Trust) नीति का आभास देता है, जहाँ सत्ता प्रतिष्ठान अपने ही नागरिकों पर भरोसा नहीं करता और हर किसी को संभावित खतरे के रूप में देखता है। ऐसा लगता है कि कोई भी सुरक्षित नहीं है – न पक्ष-विपक्ष के नेता, न गठबंधन के साथी, न प्रशासन या न्यायपालिका के लोग, न सामाजिक कार्यकर्ता, न प्रभावशाली आवाजें। हर कोई निगरानी के दायरे में है, हर किसी की निजी बातचीत और कमजोरियों को रिकॉर्ड किया जा सकता है। इस भय से कोई आगे नहीं आता है। व्हिस्टलब्लोवर भी चुप ही रहते हैं।

5.4.1. भ्रष्ट तंत्र: ब्लैकमेलिंग, नियंत्रण और अक्षमता

यह एक कड़वी सच्चाई है कि राजनीति और प्रशासन के कई स्तरों पर भ्रष्टाचार व्याप्त है। लोग विभिन्न तरीकों से अवैध संपत्ति अर्जित करते हैं या गलत कार्यों में लिप्त होते हैं।

* पकड़े जाने पर नियंत्रण: जब ऐसे भ्रष्ट लोग पकड़े जाते हैं, तो उन्हें दंडित करने के बजाय अक्सर ब्लैकमेल कर या तो हाशिए पर धकेल दिया जाता है या फिर कठपुतली की तरह इस्तेमाल किया जाता है। उन्हें चुप रहने या सत्ता के इशारों पर काम करने के लिए मजबूर किया जाता है।

* अक्षमता और चापलूसी को बढ़ावा: इस तंत्र में, योग्यता और ईमानदारी पीछे छूट जाती है। महत्वपूर्ण पदों पर अक्सर अक्षम या चापलूस लोग बैठ जाते हैं, जिससे पूरी प्रशासनिक व्यवस्था अप्रभावी हो जाती है।

5.4.2. राजनीति और पूंजीवाद का विवाह: करदाताओं पर दोहरा बोझ

जब राजनीति और बड़े पूंजीपतियों के बीच अपारदर्शी गठजोड़ बन जाता है, तो इसके परिणाम आम जनता और देश की अर्थव्यवस्था के लिए विनाशकारी होते हैं।

* राजस्व की हानि: यह गठजोड़ अक्सर चुनिंदा कॉर्पोरेट घरानों को अनुचित लाभ पहुँचाता है (जैसे करों में छूट, सस्ते दामों पर संसाधन आवंटन, ठेकों में पक्षपात), जिससे सरकारी खजाने को भारी राजस्व की हानि होती है।

* करदाताओं पर अतिरिक्त लागत: इस हानि की भरपाई अक्सर आम करदाताओं पर अतिरिक्त कर या सरचार्ज लगाकर की जाती है।

* चुनावी चंदे का खेल: राजनीतिक दल, विशेषकर सत्ताधारी दल, चुनावों के लिए बड़े कॉर्पोरेट घरानों से भारी चंदा (अक्सर अपारदर्शी) प्राप्त करते हैं और सत्ता में आने के बाद उन्हें लाभ पहुँचाने के लिए बाध्य महसूस करते हैं। यह लोकतंत्र को खोखला करता है।

5.4.3. भ्रष्टाचार के मॉडल का अंतरराष्ट्रीय विस्तार और उसके खतरे

चिंता की बात यह है कि भ्रष्टाचार का यह आजमाया और परखा (tried and tested) मॉडल अन्य देशों में भी विस्तार करने का प्रयास कर सकता है।

समस्या तब उत्पन्न होती है जब:

* दूसरे देश में सरकार बदल जाती है: नई सरकार पुराने सौदों की जांच कर सकती है या उन्हें रद्द कर सकती है, जिससे भारतीय कंपनियों और सरकार की प्रतिष्ठा को नुकसान पहुँच सकता है।

* अन्य देशों में कानूनी मामले: यदि सत्ता के करीबी माने जाने वाले व्यवसायियों के खिलाफ विदेशों में वित्तीय अनियमितताओं, धोखाधड़ी या

भ्रष्टाचार के मामले दर्ज होते हैं, तो यह भारत के लिए एक बड़ी कूटनीतिक और आर्थिक शर्मिंदगी का कारण बन सकता है।

* **विदेशी सरकारों को मोलभाव की शक्ति:** जब किसी देश की सरकार या नियामक एजेंसियां भारतीय कंपनियों या व्यवसायियों (खास कर जब वो सरकार की करीबी हो) के खिलाफ जांच कर रही होती हैं, तो यह उस विदेशी सरकार को भारत के साथ व्यापार वार्ता या अन्य द्विपक्षीय संबंधों में अत्यधिक मोलभाव की शक्ति (immense power of negotiations) प्रदान कर सकता है। वे इन मामलों का उपयोग भारत पर दबाव बनाने या अनुचित लाभ प्राप्त करने के लिए कर सकते हैं। इससे भारत की अंतरराष्ट्रीय प्रतिष्ठा और राष्ट्रीय हित दोनों प्रभावित होते हैं।

5.4.4. सामाजिक विघटन: घृणा और अनादर का बढ़ता माहौल

प्रौद्योगिकी के दुरुपयोग और राजनीतिक ध्रुवीकरण का एक और दुखद परिणाम समाज में घृणा, असहिष्णुता और अनादर का बढ़ना है। यह विघटन अब केवल राजनीतिक विरोधियों तक सीमित नहीं रहा, बल्कि हमारे सामाजिक संबंधों की बुनियाद को ही हिला रहा है।

* **रिश्तों में दरार:** राजनीतिक और वैचारिक मतभेदों के कारण अब दोस्तों, परिवारों और पड़ोसियों के बीच भी नफरत और संवादहीनता देखने को मिल रही है । सोशल मीडिया पर होने वाली बहसें अक्सर व्यक्तिगत हमलों और कटुता में बदल जाती हैं, जिससे वर्षों पुराने संबंध टूट रहे हैं।

* **बुजुर्गों और शिक्षितों का अनादर:** एक और चिंताजनक प्रवृत्ति है समाज में बुजुर्गों के अनुभव और शिक्षित तथा विचारशील लोगों के ज्ञान के प्रति अनादर का भाव बढ़ना। सोशल मीडिया पर अक्सर कम जानकारी रखने वाले या उग्र विचारधारा वाले लोग भी विशेषज्ञों, विद्वानों और वरिष्ठ नागरिकों का उपहास उड़ाते या उन्हें अपमानित करते दिखते हैं। यह प्रवृत्ति समाज के नैतिक और बौद्धिक पतन का संकेत है।

* **सुधार की आवश्यकता:** इस सामाजिक विघटन को ठीक करने की तत्काल आवश्यकता है । हमें आपसी संवाद, सहिष्णुता और सम्मान के मूल्यों को पुनः स्थापित करना होगा। बुजुर्गों का सम्मान और ज्ञान तथा शिक्षा का आदर किसी भी स्वस्थ और प्रगतिशील समाज की नींव होते हैं । हमें याद रखना होगा कि विचारों में मतभेद हो सकता है, लेकिन मानवीय संबंधों और सामाजिक शिष्टाचार का सम्मान बना रहना चाहिए।

5.4.5. नागरिक जागरूकता और व्यक्तिगत जिम्मेदारी: सतर्कता ही बचाव है

इन गंभीर परिस्थितियों में, केवल व्यवस्था या नेताओं को दोष देना पर्याप्त नहीं है। प्रत्येक नागरिक को भी जागरूक, सतर्क और जिम्मेदार बनने की आवश्यकता है।

* **जागरूकता और सतर्कता:** प्रत्येक व्यक्ति को यह समझना होगा कि राजनीति, पूंजीवाद और भ्रष्टाचार का यह गठजोड़, तथा नफरत और दुष्प्रचार का खेल कैसे काम करता है और यह उनके जीवन तथा समाज को कैसे प्रभावित करता है। उन्हें जागरूक रहना होगा और अधिकतम सावधानी बरतनी होगी। अपनी व्यक्तिगत जानकारी, डिजिटल फुटप्रिंट और वित्तीय लेन-देन के प्रति सतर्क रहें।

* **दुष्प्रचार और नफरत का प्रतिरोध:** सोशल मीडिया पर आने वाली हर सूचना पर आँख मूंदकर विश्वास न करें। जानकारी को फैलाना बंद करें और उसे तथ्य-जांच (Fact Check) करें। नफरत भरे संदेशों, अफवाहों और दुष्प्रचार का सक्रिय रूप से विरोध करें और उन्हें रिपोर्ट करें। समाज को बांटने वाली ताकतों के खिलाफ खड़े हों। आपसी संवाद और सम्मान को बढ़ावा दें।

* **हिंसा और धमकी से दूरी:** जो लोग सोशल मीडिया पर या वास्तविक जीवन में धमकी देने या हिंसा में शामिल होते हैं, उन्हें यह समझना चाहिए कि वे कानून से बच नहीं सकते। फर्जी खातों (Fake Account) से ट्रोलिंग, दुष्प्रचार, अपराध ऑनलाइन धमकियों का भी पुलिस द्वारा पता लगाया जा सकता है और गिरफ्तारी हो सकती है।

* **सत्ता और संरक्षण का भ्रम:** जो लोग सोचते हैं कि उन्हें किसी राजनीतिक दल या नेता का संरक्षण प्राप्त है, उन्हें याद रखना चाहिए कि यह संरक्षण क्षणिक है। सरकारें बदल सकती हैं, या वर्तमान संरक्षक ही उनके खिलाफ हो सकते हैं।

* **आत्म-चिंतन और सावधानी:** इसलिए, किसी भी गैर-कानूनी या अनैतिक गतिविधि में शामिल होने, नफरत फैलाने या हिंसा करने से पहले सोचें और आत्म-चिंतन करें। सावधानी बरतें और कानून तथा नैतिकता के दायरे में रहें। दूसरों के प्रति सम्मान का भाव रखें।

आर्थिक विकास और ढाँचागत निर्माण महत्वपूर्ण हैं, लेकिन सर्वोत्थान के लिए शिक्षा, एवं शांतिआवश्यक है।

* **शांति:** जैसा गांधीजी ने कहा, "शांति के बिना कोई प्रगति नहीं हो सकती।" हमें बिहार में एक ऐसा माहौल बनाना होगा जहाँ हर नागरिक सुरक्षित महसूस करे, जहाँ विभिन्न समुदायों के बीच सद्भाव हो, और जहाँ कानून का राज हो। इसके लिए पुलिस सुधार, त्वरित न्याय और सामाजिक सद्भाव के निरंतर प्रयासों की आवश्यकता होगी।

* शिक्षा: शिक्षा केवल डिग्री या नौकरी पाने का साधन नहीं है, यह व्यक्ति और समाज के रूपांतरण का माध्यम है। हमें गुणवत्तापूर्ण, समावेशी और मूल्य-आधारित शिक्षा को हर बच्चे तक पहुँचाना होगा। डिजिटल शिक्षा इसमें महत्वपूर्ण भूमिका निभा सकती है, लेकिन हमें स्कूलों के भौतिक बुनियादी ढाँचे और शिक्षकों की गुणवत्ता पर भी उतना ही ध्यान देना होगा। लक्ष्य केवल साक्षरता बढ़ाना नहीं, बल्कि ज्ञानवान, कुशल और नैतिक नागरिक तैयार करना होना चाहिए। हर स्कूल में शांति, नैतिकता और नागरिक कर्तव्यों की शिक्षा को पाठ्यक्रम का अभिन्न अंग बनाना होगा।

शांति और शिक्षा ही वह नींव हैं जिस पर एक स्थायी और समृद्ध बिहार का निर्माण एवं विश्वगुरु भारत हो सकता है।

राजनीति, पूंजीवाद और भ्रष्टाचार का गठजोड़, प्रौद्योगिकी का दुरुपयोग, और समाज में फैलती घृणा तथा अनादर लोकतंत्र और राष्ट्र के लिए गंभीर खतरे हैं। इनसे निपटने के लिए न केवल संस्थागत सुधार और राजनीतिक इच्छाशक्ति की आवश्यकता है, बल्कि प्रत्येक नागरिक की जागरूकता, सतर्कता, नैतिक जिम्मेदारी और आपसी सम्मान की भावना भी उतनी ही महत्वपूर्ण है। दुष्प्रचार का प्रतिरोध करना, हिंसा से दूर रहना, कानून का सम्मान करना और सामाजिक सद्भाव बनाए रखना हम सबका कर्तव्य है। यह समझ, जो बिहार के संदर्भ में भी उतनी ही महत्वपूर्ण है, हमें एक बेहतर और न्यायपूर्ण समाज तथा राष्ट्र बनाने में मदद करेगी।

5.5 अंतिम आह्वान: उठो बिहार, बदलो बिहार! यह हमारा सामूहिक संकल्प है!

बिहार आज एक ऐतिहासिक मोड़ पर खड़ा है। हमारे सामने दो रास्ते हैं – या तो हम अतीत के बोझ तले दबे रहें, वर्तमान की समस्याओं पर विलाप करते रहें, और भविष्य को अनिश्चितता के हवाले कर दें; या फिर हम साहस दिखाएं, अपनी अपार क्षमता को पहचानें, एकजुट हों, और अपनी नियति को अपने हाथों से लिखने का संकल्प लें।

यह पुस्तक, यह "बिहार समृद्धि पंचसूत्री परियोजना", यह विस्तृत कार्ययोजना – यह सब उसी दूसरे रास्ते का एक नक्शा है, एक आह्वान है, एक विश्वास है कि बदलाव संभव है, पुनर्निर्माण संभव है, एक नया, गौरवशाली बिहार संभव है।

लेकिन यह सपना, यह संकल्प, यह रोडमैप केवल मेरे या कुछ लोगों के प्रयास से साकार नहीं हो सकता। इसके लिए एक सामूहिक महायज्ञ की आवश्यकता है,

जिसमें बिहार के हर बेटे और बेटी को अपनी आहुति देनी होगी।

- मैं आह्वान करता हूँ बिहार के प्रत्येक नागरिक से: जागिए! अपनी शक्ति को पहचानिए। जाति, धर्म, क्षेत्र और दलगत राजनीति के संकीर्ण दायरों से ऊपर उठिए। अपने बच्चों के भविष्य के लिए, अपनी मिट्टी के सम्मान के लिए, एक बेहतर बिहार के लिए आवाज उठाइए। भ्रष्टाचार को 'ना' कहिए, गुणवत्ता की मांग कीजिए, अपने वोट की कीमत समझिए, और विकास की इस प्रक्रिया में सक्रिय भागीदार बनिए।

- मैं आह्वान करता हूँ बिहार के युवाओं से: आप बिहार की ऊर्जा हैं, आप बिहार की आशा हैं। निराशा को त्यागिए, अवसरों की प्रतीक्षा मत कीजिए, अवसर पैदा कीजिए। ज्ञान अर्जित कीजिए, नए कौशल सीखिए, संगठित होइए, सवाल पूछिए, नवाचार कीजिए, और बिहार के परिवर्तन का नेतृत्व अपने हाथों में लीजिए। आपको पलायन करने की जरूरत नहीं, आपको यहीं रहकर बिहार को बदलना है।

- मैं आह्वान करता हूँ देश-विदेश में बसे अपने करोड़ों प्रवासी बिहारी भाई-बहनों से:आप जहाँ भी रहें, बिहार आपके रगों में दौड़ता है। आपने अपनी मेहनत और प्रतिभा से दुनिया में नाम कमाया है। अब समय है अपनी जड़ों का, अपनी मिट्टी का कर्ज चुकाने का। अपनी विशेषज्ञता, अपने अनुभव, अपने संसाधन, अपने नेटवर्क – जो भी आप दे सकते हैं, बिहार के पुनर्निर्माण में योगदान दीजिए। आपकी भागीदारी अमूल्य है।

- मैं आह्वान करता हूँ देश-विदेश में बसे बिहार के मित्रों से:अपनी विशेषज्ञता, अपने अनुभव, अपने संसाधन, अपने नेटवर्क – जो भी आप दे सकते हैं, बिहार के पुनर्निर्माण में योगदान दीजिए। आपकी भागीदारी अमूल्य है।

- मैं आह्वान करता हूँ बिहार सरकार और सभी राजनीतिक दलों से: क्षणिक राजनीतिक लाभ-हानि से ऊपर उठकर बिहार के दीर्घकालिक भविष्य के बारे में सोचिए। इस पुस्तक में प्रस्तुत दृष्टि और योजनाओं पर गंभीरता से विचार कीजिए। उन्हें लागू करने के लिए अभूतपूर्व राजनीतिक इच्छाशक्ति और ईमानदारी दिखाइए। भ्रष्टाचार के खिलाफ कठोरतम कार्रवाई कीजिए और सुशासन को अपनी सर्वोच्च प्राथमिकता बनाइए। सत्ता केवल शासन करने के लिए नहीं, बल्कि सेवा करने के लिए है, इसे चरितार्थ कीजिए।

- मैं आह्वान करता हूँ बिहार की नौकरशाही और प्रशासन से: आप इस परिवर्तन के कार्यान्वयन की रीढ़ हैं। अपनी जिम्मेदारी को सेवा भाव, निष्ठा और दक्षता के साथ निभाइए। लालफीताशाही और जड़ता को त्यागिए। प्रक्रियाओं को सरल, पारदर्शी और जन-अनुकूल बनाइए। ईमानदारों को संरक्षण दीजिए और

भ्रष्टाचारियों को दंडित कीजिए। आप चाहें तो व्यवस्था को बदल सकते हैं।

- मैं आह्वान करता हूँ नागरिक समाज, मीडिया, शिक्षाविदों और बुद्धिजीवियों से: आप समाज के विवेक और प्रहरी हैं। सकारात्मक बदलाव के लिए जनमत तैयार कीजिए। सरकार की नीतियों का रचनात्मक मूल्यांकन कीजिए, जवाबदेही तय कीजिए, और बेहतर समाधान प्रस्तुत कीजिए। नफरत और विभाजन के खिलाफ सद्भाव और एकता की आवाज बुलंद कीजिए।

- अंततः मैं आह्वान करता हूँ, विनती करता हूँ सबसे , 16 लाख करोड़ और विशेष राज्य दर्जा की मांग को तत्परता से उठाने के लिए। मैं बार बार ये दोहरा रहा हूँ, ये बिहार का हक़ है। इससे बिहार का काया कल्प हो सकता है। "बिहार समृद्धि पंचसूत्री परियोजना" को पूरा कर बिहार का भाग्य बदला जा सकता है।

सरकार अनेक योजनाओ की घोषणा करती है। बहुत सारे काम शुरू भी होते हैं एवं हो रहे हैं। उनके प्रोग्रेस पर सार्वजनिक जानकारी होना आवश्यक है। हमें मिल कर सजग नागरिक की तरह उन योजनाओं पर निगरानी रखना होगा।

यह लड़ाई आसान नहीं है। चुनौतियाँ बड़ी हैं, रास्ते में बाधाएँ आएंगी, निहित स्वार्थ प्रतिरोध करेंगे। लेकिन यदि हम सब – बिहार के 13 करोड़ लोग और दुनिया भर में फैले करोड़ों बिहारी, बिहार के मित्र – एकजुट होकर, एक साझा दृष्टि के साथ, एक दृढ़ संकल्प के साथ प्रयास करें, तो कोई कारण नहीं कि हम बिहार को उसकी वर्तमान दुर्दशा से उबार न सकें।

"सृष्टि निर्माण एक धमाके के साथ हुआ था।" आइए, हम सब मिलकर बिहार के पुनर्निर्माण के लिए एक सकारात्मक ऊर्जा का, एक रचनात्मक विचारों का, एक सामूहिक संकल्प का ऐसा 'धमाका' करें, जिसकी गूंज सदियों तक सुनाई दे।

यह पुस्तक यहाँ समाप्त होती है, लेकिन नव बिहार के निर्माण की यात्रा यहीं से, अभी से, हम सबके साथ मिलकर शुरू होती है। आइए, उठें, जागें और तब तक न रुकें जब तक हम अपने लक्ष्य – एक समृद्ध, न्यायपूर्ण और गौरवशाली बिहार – को प्राप्त न कर लें!

जय मिथिला! जय बिहार! जय भारत!